上海市政工程设计研究总院（集团）有限公司

现代桥梁技术丛书

百年钢桁桥修复技术

陈 亮 编著

邵长宇 主审

REHABILITATION TECHNOLOGY OF CENTENNIAL STEEL TRUSS BRIDGE

人民交通出版社股份有限公司
China Communications Press Co.,Ltd.

内 容 提 要

本书以上海市浙江路桥大修工程为背景,对百年钢桁桥修复技术进行研究和总结,具有深远的意义。全书共分为6章,包括绪论,钢桁桥检测与评定、整体移运、大修改造,文物桥梁保护,大修工程信息化技术等内容。本书涵盖规划、设计、施工、管理、养护等各方面,内容丰富,图文并茂,有很强的指导性、实用性。

本书可供从事桥梁规范、设计、施工、管理与养护的专业技术人员使用,也可供大专院校相关专业师生学习参考。

图书在版编目(CIP)数据

百年钢桁桥修复技术 / 陈亮编著. — 北京 : 人民交通出版社股份有限公司, 2019.6

ISBN 978-7-114-15331-0

Ⅰ. ①百… Ⅱ. ①陈… Ⅲ. ①钢桁架桥—维修 Ⅳ. ①U448.21

中国版本图书馆 CIP 数据核字(2019)第 008671 号

上海市政工程设计研究总院(集团)有限公司
现代桥梁技术丛书

书　　名: 百年钢桁桥修复技术
著 作 者: 陈　亮
责任编辑: 卢俊丽　卢　珊
责任校对: 刘　芹
责任印制: 张　凯
出版发行: 人民交通出版社股份有限公司
地　　址: (100011)北京市朝阳区安定门外外馆斜街3号
网　　址: http://www.ccpress.com.cn
销售电话: (010)59757973
总 经 销: 人民交通出版社股份有限公司发行部
经　　销: 各地新华书店
印　　刷: 中国电影出版社印刷厂
开　　本: 787×1092　1/16
印　　张: 15
字　　数: 347千
版　　次: 2019年6月　第1版
印　　次: 2019年6月　第1次印刷
书　　号: ISBN 978-7-114-15331-0
定　　价: 90.00元

序

经过40年的大发展,我国的交通环境得到了极大的改善。目前,我国桥梁建设逐步进入维护高峰期。在桥梁维护中如何避免“大拆大建”“推倒重来”的粗放形式,秉持“既有桥梁综合利用”“文物桥梁修旧如旧”“城市桥梁低影响施工”等理念,是值得思考的重大问题。

上海市浙江路桥为鱼腹式钢桁架结构形式,充分体现了19世纪工业革命时期的艺术性和科学性,极具时代特点。桥梁在苏州河上已矗立了一个多世纪,具有城市道路、历史和景观三位一体的功能和重要地位。针对该桥存在的病害及桥面布置等问题,2015年以设计施工总承包模式,移桥上岸在厂房内对桥梁进行了全面维护改造,使其在交通功能、文物功能、耐久性各方面均得以提升,取得了良好的经济效益和社会效益。

与新建桥梁不同,大修工程往往不确定因素较多,从而使工程的设计施工技术难度增加,工程质量、安全风险加大。浙江路桥维护改造项目通过科技创新、精心策划,使百年老桥恢复了生机,为提升城市品质做出了积极贡献。浙江路桥维护改造的成功实施,为桥梁维护改造积累了丰富经验,形成了剩余寿命评估、桥梁整体移运、耐久性能提升、文物桥梁保护、大修工程BIM(建筑信息模型)应用等综合技术。本书图文并茂,既是对浙江路桥维护者们辛勤劳动成果的记载,又是对浙江路桥大修工程设计、施工、科研等的总结,可为类似桥梁修缮工程提供借鉴。

2018年10月

前　　言

上海市浙江路桥建成于 1908 年,采用非常罕见的鱼腹式钢桁架结构形式,跨越苏州河,属于上海市市级文物。作为一座运营时间超过百年,长期遭受环境侵蚀、荷载作用以及结构自然退化的老桥,浙江路桥于 2015 年进行了彻底的维护改造。4 月 18 日封闭交通开始施工,5 月 29 日老桥桥身整体移运至岸上的维修厂房内开始大修,10 月 18 日完成钢结构大修并将桥体重新移运至苏州河上就位,12 月 29 日恢复通车。大修工程设计与施工充分结合,在结构耐久性、桥面通行及桥下通航功能得以提升的同时,保持了文物桥梁的"原汁原味",使百年老桥焕发出新的活力。通过此次彻底大修,已经使用了 107 年的浙江路桥至少还可以继续使用 50 年。

本书系统介绍了浙江路桥的维护设计、施工经验及技术成果。第 1 章概述桥梁维护背景,桥梁维护总体方案;第 2 章介绍钢桁桥剩余寿命评估方法;第 3 章介绍钢桁桥"海、陆、空"整体移运方案;第 4 章介绍铆接钢桁桥大修设计,大修施工流程,铆接、涂装等关键工艺;第 5 章在讨论文物桥梁修复原则的基础上,介绍桥梁文物修复方案;第 6 章介绍大修工程中信息化技术的应用。

浙江路桥大修工程由上海市政工程设计研究总院(集团)有限公司采用 EPC 总承包模式完成,主要分包单位同济大学、上海市机械施工集团有限公司、中铁宝桥集团有限公司、上海公路桥梁(集团)有限公司等分别参与了桥梁检测评定、整体移运、钢结构维护及 BIM 技术开发应用等工作。浙江路桥大修项目的成功实施,离不开参建人员的共同努力。本书在编著过程中也得到了工程相关参建单位、个人的支持和帮助,在此表示感谢!

限于作者水平和时间,本书内容如有错误和不妥之处,恳请读者批评指正。

编著者

2018 年 9 月于上海

目　录

1 绪　论

至今,钢桥已经历了200多年的发展历史。钢桥最早的表现形式为铁桥,产生于18世纪中后期。通常认为,第一座铁桥为建造于1779年英国布鲁克代尔的Severn桥(图1.1),该桥也被称为古代桥梁的终结和近代第一桥。第一座全钢桥为1875年建成的美国密西西比州伊兹桥(Eads Bridge,图1.2),该桥为主跨158.6m的三跨无铰桁架拱桥,开启了桥梁工程领域的钢桥时代。1890年,英国建成了跨度达521.2m的英格兰福斯桥(图1.3),为双线铁路静定铆接悬臂桁架梁桥,成为近代钢桥的代表作之一。早期钢桥多采用铆接形式,直到1994年江西九江长江大桥(图1.4)建成,标志着我国已彻底完成了铆接钢桥向栓焊钢桥的过渡[1]。从1875年到1994年世界上建成了许多铆接钢桁桥。由桥梁发展史可见,铆接钢桁架桥梁曾为普遍采用的桥型,在桥梁建设发展的一百多年中具有很重要的地位。不少铆接钢桁桥已经成为时代的象征,作为经典一直留存。据统计,7批81座全国重点文物保护单位(桥梁)中,铆接钢桁桥共有7座,其余则大多为古代石拱桥。

图1.1　英国Severn桥

图1.2　美国伊兹桥

图1.3　英格兰福斯桥

图1.4　江西九江长江大桥

钢桁架桥因结构刚度大、自重轻、材料强度高，广泛应用于铁路桥梁中；城市内河宽度通常较窄，钢桁架桥造型优美多变，在城市桥梁应用中也备受青睐。我国存有不少铆接钢桁架桥，随着时间的推移，这些钢桥已经或即将步入“百岁老桥”的行列中。许多老桥承载了城市的沧桑变迁，不仅是城市地标，更是城市的文化遗产。表 1.1、图 1.5 ~ 图 1.16 给出了我国几座典型的具有重要历史文物价值的铆接钢桁架桥。

国内部分具有文物价值的铆接钢桁桥 表 1.1

桥　名	桥　型	建成年份	桥跨布置及桥宽	文物保护
上海外白渡桥	变高下承式简支铆接钢桁架桥	1907	桥长 2×52.178m，桥宽 18.592m	上海市优秀历史保护建筑
云南五家寨铁路桥	肋式三铰拱钢梁桥	1908	桥长 21.9m+2×14.75m+15.75m，桥宽 4.2m	全国第六批重点文物保护单位、云南省文物保护单位
兰州中山桥	变高五跨简支铆接钢桁拱桥	1909	桥长 5×46.7m=233.5m，桥宽 9.55m	全国第六批重点文物保护单位、国家档案遗产名录
京沪铁路淮河大铁桥	固定型桁梁桥	1911	全长 570m	蚌埠市级重点文物保护单位
泺口黄河铁路桥	支点变高下承铆接铁路桥	1912	12 孔全长 1255.2m，桥宽 9.4m	全国第七批重点文物保护单位
天津解放桥	变高开启式全铆接城市桥	1927	桥长 24.2m+46.9m+24.2m，桥宽 19.5m	
广州海珠桥	变高下承式简支铆接钢桁架桥	1933	桥长 67.1m+48.8m+67.1m，桥宽 33m	
三棵树松花江桥	平弦钢桁梁	1933	15 孔平弦钢桁梁，其中 12 孔为 64m 简支钢桁梁，第 3 ~ 5 孔为悬臂梁	
宁波灵桥	中承式三铰拱结构钢桥	1936	桥长 97.536m	浙江省文物保护建筑
钱塘江大桥	等高公铁两用铆接钢桁架桥	1937	桥长 16×65.84m，桥宽 9.1m	全国重点文物保护单位、首批中国 20 世纪建筑遗产
武汉长江大桥	等高公铁两用铆接钢桁梁桥	1957	8 墩 9 跨共长 1152m，桥宽 22.5m	全国第七批重点文物保护单位、首批中国 20 世纪建筑遗产
南京长江大桥	等高铆接钢桁架桥	1968	9 墩 10 跨共长 1576m，桥宽 19m	不可移动文物、首批中国 20 世纪建筑遗产名录

进入 21 世纪后，发达国家大兴土木的时期已告结束，桥梁学者与工程师的主要工作已由桥梁建造转变为养护维修，相关研究主要集中在既有桥梁的使用安全性分析和旧桥的维修、加固与改造，来确保老桥安全、可靠地使用。改革开放以来，我国的桥梁建设者将主要精力投入到了新建桥梁工程中，直到近年来桥梁养护维修才逐步受到重视，但相关维护技术、经验、理念

与发达国家仍存在较大差距。从20世纪初至新中国成立初期,我国修建了一定数量的桥梁,其中运营超过50年的铆接钢桥就有1万多孔。铆接钢桥常见的病害为锈蚀、疲劳和开裂等,结构、工艺、材质等存在先天的缺陷使其荷载等级偏低。另外,桥面布置无法满足新时代交通需求、抗震能力不足、桥下净空不足及作为历史文物保护的特殊要求等,也是在役铆接钢桥亟待解决的重要问题。以上事实充分说明,中国桥梁工程界也面临着发达国家同样的挑战,如何安全、经济、合理地使用老桥,迫切需要加以研究和解决。可见,老钢桥维护技术的推广应用具有重要的实际意义,并将带来显著的经济效益。

图1.5 上海外白渡桥

图1.6 云南五家寨铁路桥

图1.7 兰州中山桥

图1.8 京沪铁路淮河大铁桥

图1.9 泺口黄河铁路桥

图1.10 天津解放桥

图 1.11　广州海珠桥

图 1.12　三棵树松花江桥

图 1.13　宁波灵桥

图 1.14　钱塘江大桥

图 1.15　武汉长江大桥

图 1.16　南京长江大桥

1.1　我国著名钢桁桥维修

近十年来,我国对几座典型钢桁梁桥进行了较为彻底的大修改造。根据桥梁自身结构状况、大修后功能定位及相关条件的不同,维修方案也不尽相同,下面就几座桥梁的大修方案进行简要介绍。

1.1.1 上海外白渡桥

上海外白渡桥建于1907年，位于上海市区苏州河汇入黄浦江附近，是承载旧上海风貌的城市性地标。外白渡桥是沪上钢桥的"鼻祖"，也是我国最早的、仅存的不等高钢桁架桥梁。外白渡桥上部结构为两跨52.178m的下承式简支铆接钢桁架，总体布置如图1.17所示。每跨11个节间，每节长4.744m，桁高变化，中间高9.144m，主桁中心距为12.192m。原设计荷载为英制H-15级（相当于我国汽-11.3级）。

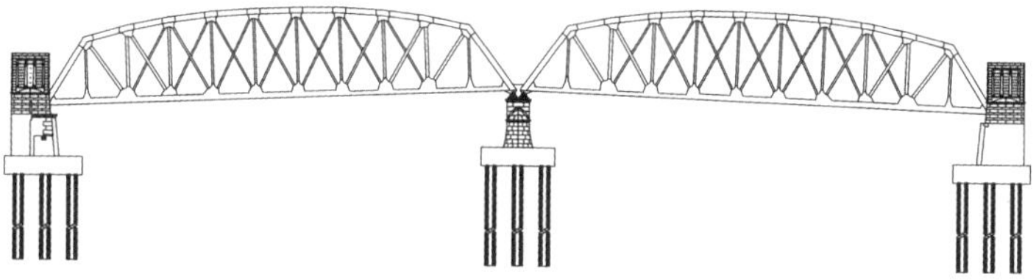

图1.17　外白渡桥总体布置

2008年外白渡桥进行最新一次主体和附属结构大修。维护前外白渡桥主要病害包括普遍存在铆钉锈蚀、缺陷、变形、铆钉孔缺陷以及焊缝开裂等；下弦附近铆钉存在烂头，主桁构件连接处铆钉存在浮高、飞边等病害；端横梁、主桁下弦节点板相邻构件、主桁腹杆角钢与缀条连接等部位构件存在锈蚀穿孔等病害；托架、下弦杆以及腹杆等位置构件存在变形等病害；桥梁原材料不适于焊接施工，历年来的加固焊缝对结构进一步造成损伤。

由于外白渡桥地理位置特殊，桥梁维护综合考虑了包括地面交通组织、管线搬迁、苏州河河面通航、防汛、文物保护、对俄罗斯领事馆的影响等多方面的问题。为满足保持外白渡桥原有建筑风格、发挥其历史文化和人文景观功能、继续成为上海的标志性建筑等要求，而结构性能又能得到较大的改善，最终确定采用以"修旧如旧"为基本原则的上部钢桁架船移大修、下部墩台原位拆建的"移桥法"保护方案。钢桁梁船移、上岸过程分别如图1.18、图1.19所示。

图1.18　驳船浮力顶升法移桥

图1.19　浮吊法移桥上岸

大修中将原混凝土桥面板更换为正交异性钢桥面板，置换了所有下弦节点及部分锈蚀铆钉，并进行了局部杆件加固和变形杆件热矫正。为恢复原有风貌，将1997年更换成直线型的上平联三角托架重新恢复为最初设计的圆弧形（图1.20），并结合维修工序对结构进行防腐涂装，整体风格与原桥保持一致[2]。大修后要求其在超龄服役百年后继续安全使用50年。

a)

b)

图1.20 大修前后三角托架对比

外白渡桥上部钢桁梁船移至船厂检修后，同步对原墩台进行全面保护性测绘。在取得完整资料后进行拆除，并在原位重建，最低水位线以上的墩台外形保持原有建筑风格[3]。

1.1.2 兰州中山桥

兰州中山桥始建于清光绪三十三年（1907年），1909年8月建成，由德商承包，委托美国桥梁公司设计。最初命名"兰州黄河铁桥"，1928年，为纪念孙中山先生，更名为"中山桥"。位于兰州市城关区滨河路中段白塔山下，被称为"天下黄河第一桥"，是全国重点文物保护建筑。其主体为五跨简支钢桁拱桥，全长5×46.7m=233.5m，桥宽9.55m，为双车道公路桥。原结构为平行弦杆桁架体系，钢桁架高5.7m，基础采用开口式木沉箱，中间灌注混凝土，嵌在基岩上。

1954年，在改造加固过程中，在原平行弦杆桁架体系上端增设了拱式桁架，杆件截面形式基本与原桥相同。即将原来钢桁架的上弦杆，由水平直线形改变为折线形，不是拱桥形似拱桥，提高了下承式钢桁架结构的刚度。改造后兰州中山桥总体布置如图1.21所示，改造前后实景对比如图1.22所示。

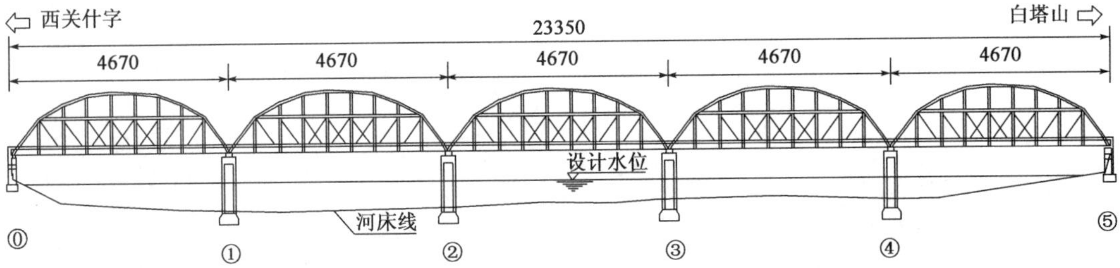

图1.21 中山桥总体布置（尺寸单位：cm）

中山桥最近的一次大规模维修加固于2010年11月15日开工，2011年6月1日竣工，维修后可继续使用50年。随着社会经济的高速发展，一些在役桥梁因桥下净空不足而不能满足使用的要求，有必要进行提升改造。中山桥为满足通航净空的需要，将五跨桁架整体水平抬高1.2m，上部结构整体提升是本次设计、施工的重点。为确保中山桥的万无一失，桥梁提升采用液压同步提升系统，5跨整体同步提升，采用200t连续提升油缸，全桥设置1个控制柜、6个泵站、12 台油缸,通过数字反馈和计算机程序控制提升的速度及同步性[4]。对桥墩进行外包混凝土加固,其他结构原样修复,体现“修旧如旧”的效果。

a) b)

图 1.22 1954 年加固改造前后对比

2013 年 3 月 30 日,为了保障行人、游客通行的安全,保护国家重点文物,当地政府及时、适宜地将这一公路桥改为步行桥(图 1.23)。兰州黄河铁桥,是在黄河流经 9 个省区的过程中,当时唯一穿越省会城市的桥梁,两岸高山坚挺,桥下河水奔流,空中缆车滑行,水中小船游弋,富有立体的、灵动的美感。因铁桥位于城市中心,长度适当,设施齐全,满足了旅游、文化、生活的需求。

图 1.23 中山桥实景

1.1.3 广州海珠桥

海珠桥位于广州市中心,横跨珠江,始建于 1929 年,1933 年通车,是广州市区第一座跨江大桥。该桥建成后经历两毁三建,属于文物桥梁。最初建成时,海珠桥为开合式三孔下承式简支钢桁架桥;1950 年重建,从英国购进下承式 PT 军用钢桁架改作为中跨,此后不具备开合功能;1999 年,采用自锚式吊杆体系方案对该桥中跨进行加固,加固改建后,为 67.7m + 49.1m + 67.7m 三跨连续索桁混合结构(图 1.24)。该桥中跨为钢桁梁结构,两侧边跨为对称钢桁拱结构,均采用铆接工艺。桥墩为变截面圆柱墩,采用沉箱基础。海珠桥运营时间已超过 80 年,桥梁的钢结构已普遍锈蚀,且有加速发展的趋势,疲劳累计损伤很高,各功能构件的腐蚀或损伤明显。经检测,评定该桥的技术状况等级为Ⅳ类危桥,需对其进行大修或改造。

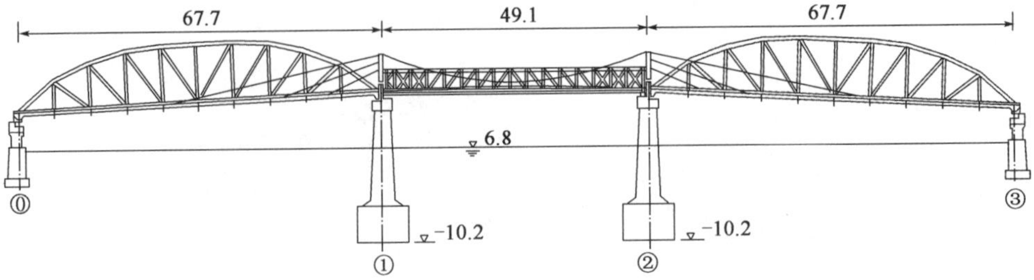

图 1.24　海珠桥总体布置(尺寸单位:m)

2012 年海珠桥正式封闭,进行为期 18 个月的大修。根据文物桥梁“修旧如旧”的维修加固原则,海珠桥维修加固目标是恢复 1950 年重建时的基本风貌。针对该桥病害情况,结合海珠桥桥下净空小、通航要求高的特点及环保、文明施工的要求,采用“变水上施工为岸上施工、变户外施工为工厂施工”的维修加固思路[5],其维修加固方案如下:

(1)利用提升吊架将中跨钢桁梁全部拆除,将新制作的中跨钢桁梁浮运到桥下,利用提升吊架将中跨钢桁梁安装到位(图 1.25)。

图 1.25　中跨钢桁梁拆除、浮运施工

(2)将两边跨钢桁梁整体拖拉至两岸引桥桥面的活动厂房内进行维修加固(图 1.26)。

图 1.26　边跨钢桁梁在两岸引桥桥面活动厂房大修

(3)中墩基础采用外包混凝土方式加固。采用分体式双壁钢围堰作为挡水结构,在桥墩周围形成无水环境,进行基础的加固施工。

(4)桥面及附属设施全部更换,以恢复原样为主,实现"景观协调"。

1.1.4 天津解放桥

天津解放桥最初建于1902年,于1923年重建,1927年10月建成,由美国芝加哥市施尔泽尔(Scherzer Rolling)桥梁公司设计,法国营造商组成的联合公司承包建造,建桥钢材为英国生产。原名"新万国桥",即国际桥之意。抗日战争胜利后,当时的国民政府以蒋介石的名字命名此桥,将"新万国桥"改为"中正桥"。1949年,天津解放后此桥正式更名为"解放桥",并沿用至今。天津解放桥已成为天津人民心目中的城市象征。解放桥的鸟瞰实景如图1.27所示。

图1.27 天津解放桥

解放桥跨越海河,为一座双叶立转式开启桥(图1.28),风格别致独特,为国内同类开启桥中仅存的一座。桥梁分为三跨,全长96.254m。中跨49.939m,为活动开启跨,边跨各24.232m,为固定跨。桥面宽12.20m,主桁左右各有2.75m的人行道。桥梁上部结构采用钢桁架形式,主桁中距14.48m。

图1.28 开启中的解放桥

由于在长期使用中遭受环境侵蚀,解放桥产生了诸多病害,主要为钢结构锈蚀、主桁结构变形、开启功能丧失等。为打造独特的城市文化景观带,保存与继续使用优秀的老龄桥梁,满足观光游艇和城市车辆通行需求，需要针对既有桥梁结构现状，进行系统的修复与加固，以恢复开启功能，使其重新焕发生命力。

解放桥维护改造于2005年开始，2006年底恢复通车。桥梁维护本着“修旧如旧”的原则进行，保留原有建筑风貌，尽可能利用现有的构件。另外，综合考虑解放桥的日车流量、航道规划通行的船只规格以及两岸道路接坡的限制，确定实施“小船自由通行，大船开启通行”的开启运营策略，即恢复解放桥开启功能，并且中跨采用优化的钢桥面系，以适当提高通行净空，同时减轻对车行交通的中断。修复总体方案如下[6]：

(1)拆除桥面板和平衡重，将中跨结构整体拆除并搬运至工厂内进行维修及除锈，更换或加强部分锈损构件。

(2)工厂制造齿座梁、弧形梁和部分判废齿条等开启关键构件以及钢桥面系。

(3)边跨整体顶升与除锈涂装。

(4)现场拼装与安装开启跨结构，并实施预拼、预压与称重试验。

(5)重新进行平衡设计与施工。

(6)完成桥面铺装后修改平衡重配置布置，安装开启机械与电气设备，进行开启调试。

解放桥是立转开启桥的经典活化石，是经典的城市景观建筑。解放桥开启功能的修复，既更好地满足了现行城市交通的需求，又延续了开启桥的历史。修复后解放桥日景如图1.29所示。

图1.29 修复后解放桥日景

1.2 浙江路桥修复概况

1.2.1 桥梁基本情况

上海市浙江路桥建成于1908年，迄今已有百余年的历史，属于上海市市级不可移动文物(编号:310108945180000037)，老桥实景如图1.30所示。该桥由英国人设计，所用钢构件为英国道门朗(Dorman Long)公司生产制造。

图 1.30 浙江路桥大修前实景图

浙江路桥一跨跨越苏州河，桥长 59.741m，为鱼腹式简支铆接钢桁梁，杆件截面均采用角钢组合而成，连接节点采用板式节点，通过铆钉连接在一起。桥梁共设 12 个节间，每节长 4.978m，桁架在“鱼腹处”高 9.101m，立面如图 1.31 所示。总宽 14.352m，主桁间净距 6.8m，设一个单向机动车道，主桁外为 2.16m 宽的非机动车道和 1.08m 宽的人行道，如图 1.32 所示。桥面采用传统梁板体系，横梁承重，通过吊柱下挂于鱼腹式桁架之下，上设混凝土桥面板和沥青混凝土铺装。

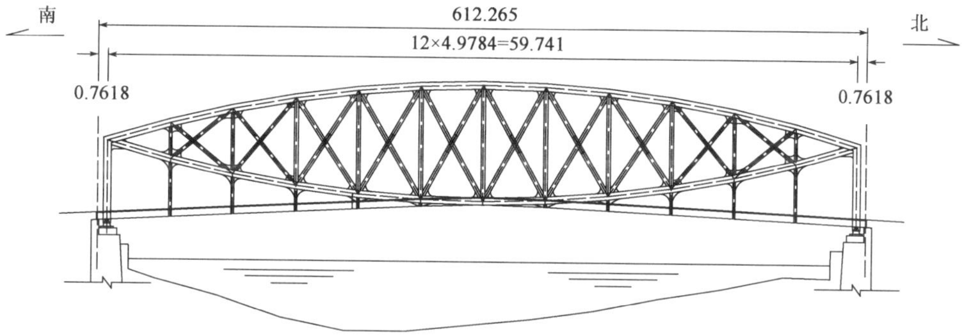

图 1.31 大修前总体布置图(尺寸单位：m)

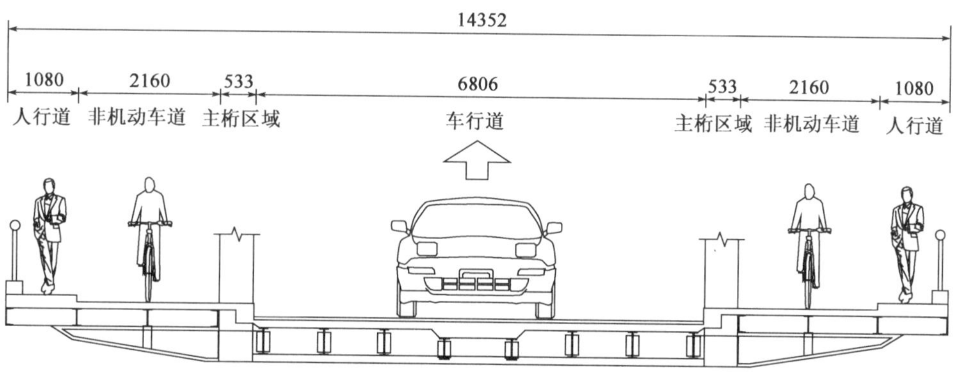

图 1.32 大修前横断面图(尺寸单位：mm)

桥梁下部结构采用木桩重力式桥台，每个桥台下设置161根木桩，桩长8.534m，如图1.33所示。

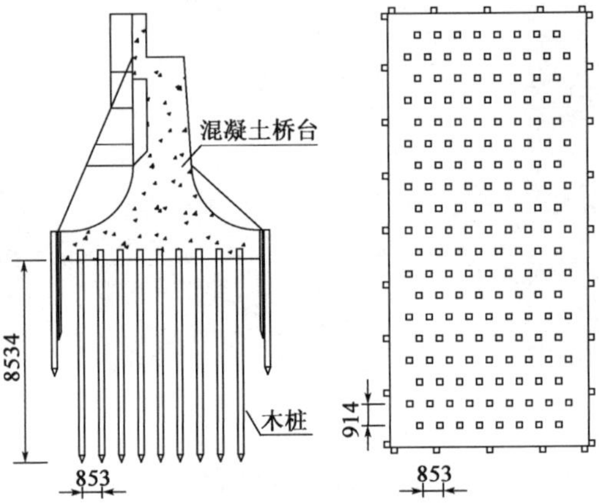

图1.33　下部结构构造(尺寸单位:mm)

浙江路桥在一百多年的运营过程中，进行了多次改造加固，机动车桥面、人行道、风撑等构件经历过更新或更换，详见表1.2。

浙江路桥维修改造历史　　表1.2

时间(年)	主要维修改造历史
1908	鱼腹式钢桁架桥建成，桥面铺设电车单轨，通行有轨电车
1924	为通行双向有轨电车，将桥面由木板改为水泥混凝土，电车轨道由单轨改为双轨，人行道改铺预制水泥混凝土板
1946	重新对该桥油漆养护
1954	桥台加宽
1955	桥面全部改为预制钢筋混凝土板，修理桥台，加强原有小T梁，并增设槽轨横梁，加强纵梁间的联系
1965	修理加固桥体
1972	加高桥台，拆除桥面轨道改行无轨电车，重新现浇混凝土板
1976	为缓解交通压力，主桁两侧悬臂的人行道变为非机动车道，并增加1.08m悬臂作为新人行道
1986	全桥大修
1993	非机动车道加固
1997	薄弱构件补强处理
2008	桥梁加固、部件更换、除锈涂装、摊铺沥青

1.2.2　老桥现状

1)钢桁梁病害

浙江路桥已建成超百年，鱼腹式钢桁梁的主桁、桥面纵横梁、人行道托架等仍是百年前的原始构件，不可避免地存在病害。根据大修前对浙江路桥的检测评定，发现桥梁上部结构存在较多病害，表现为构件锈蚀、变形、连接件病害等。其中以构件锈蚀尤为突出，局部杆件已经锈穿。为描述方便，对钢桁梁杆件节点进行编号，如图 1.34 所示。

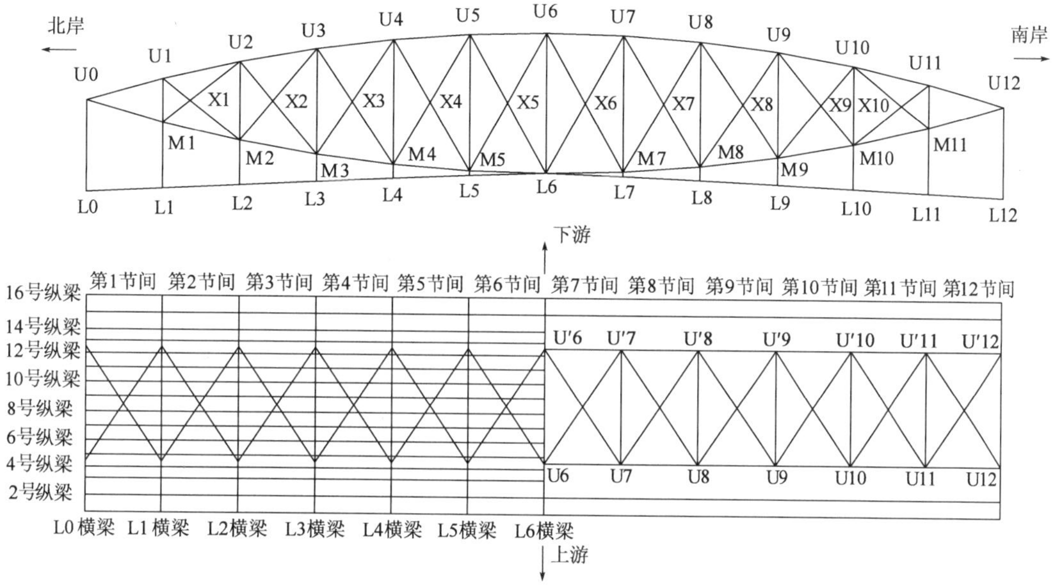

图 1.34 杆件节点编号图

由图 1.35 可见，锈蚀以桥面以下最为严重，主要原因是桥面混凝土路缘石侧面与主弦杆之间存在很小的缝隙，对桥面以下的钢结构起不到防水作用，使其经常处于潮湿状态且容易积聚腐蚀性垃圾。L5、L6、L7 主桁节点位于桥面以下，主桁节点板和下弦杆锈损严重。L0、L12 桥门架竖杆下端及支座，由于伸缩缝防水较差，桥台易存留垃圾和湿气，锈蚀情况严重。钢桁梁杆件为铆接组合截面，缝隙较多且不宜维护，缝隙部位锈蚀及铆钉头锈蚀较为普遍。由于构造容易积水，第二节间的 U1M2、U2M1、U10M11、U11M10 斜杆与主桁的连接部位及交叉节点部位锈蚀严重，用于连接的角钢肢几乎完全锈烂。

2）下部结构情况

2002～2012 年，上海市地质调查研究院对浙江路桥进行了持续的沉降观测，测点位于桥梁的东西两侧，每侧两个。根据历年观测数据，4 个测点的历年高程数据如图 1.36a）所示。根据各测点的历年高程，推算出浙江路桥的历年沉降量，如图 1.36b）所示。

浙江路桥的木桩基础小而多，且桩长较短，可以认为木桩基础的作用仅仅是对重力式桥台的地基土进行了加固，因此这种基础对地面的整体下沉或抬升较为敏感。由图 1.36 可以看出，浙江路桥各测点的高程变化趋势基本一致，反映出浙江路桥为全桥均匀沉降。浙江路桥 2002～2007 年每年沉降 1.5～3.5cm，2008～2013 年桥面高程基本保持稳定，每年沉降量基本在 0.5cm 以下。部分年份桥梁沉降方向为向上，应是地面抬升引起的。结合上海市地面沉降趋势分析，2002～2007 年地面沉降比较严重，从而带动桥面高程下降。随着上海市地面沉降在 2008 年后趋于稳定，浙江路桥的沉降也得到了较好的控制。由于基础埋于土中，受环境侵蚀作用较弱，桥台混凝土和木桩的耐久性较好。由此判断，若浙江路桥的恒载和活载不增加，其基础不需要进行加固。

a)下弦杆锈蚀

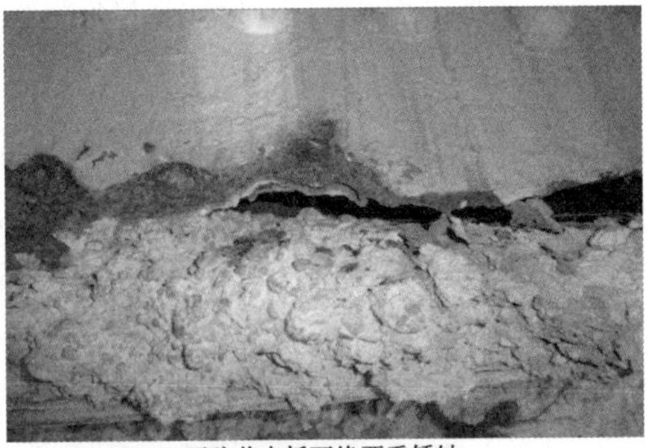

b)下弦节点板下缘严重锈蚀

c)第6节间12号纵梁锈损2/3

d)L6′横梁板厚损失一半

e)L7节点板锈穿

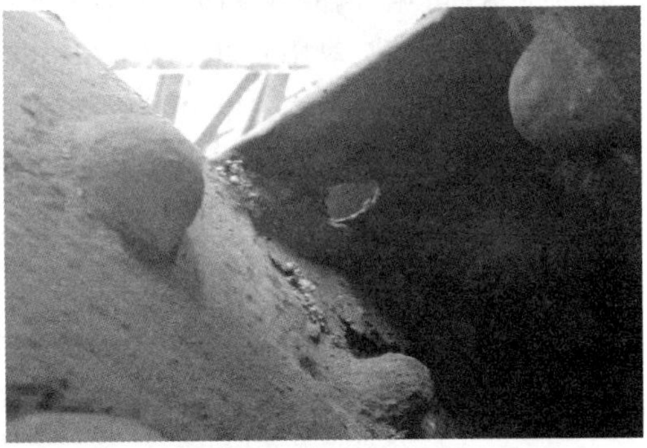

f)端斜腹杆严重锈蚀

g)鸟巢与管线造成的锈蚀

h)缀板缀条处锈胀

图1.35　大修前病害检测

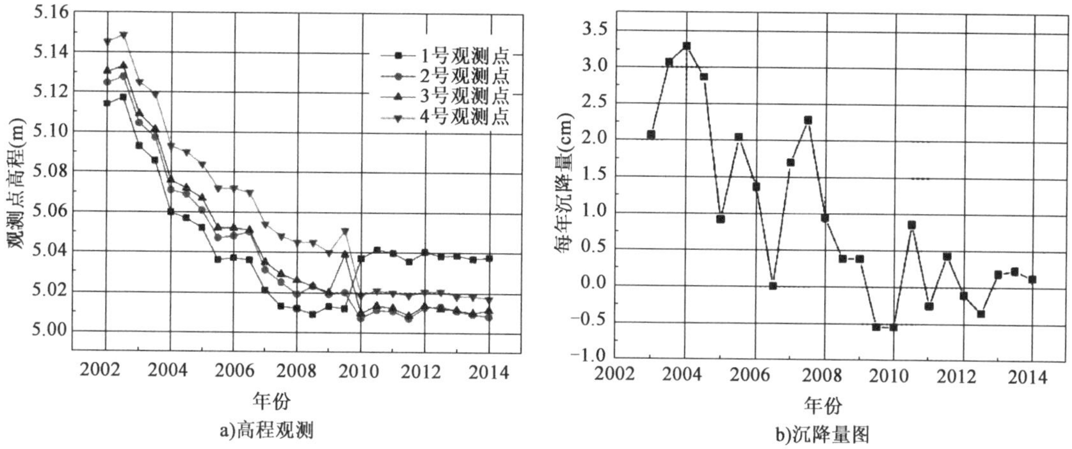

图 1.36 浙江路桥沉降观测

3)桥面通行状况

浙江路桥原桥面总宽 14.352m,主桁间净距 6.8m,设一个单向机动车道。主桁外为2.16m 宽的非机动车道和 1.08m 宽的人行道。老桥机非混行成为常态(图 1.37),由于该桥现状非机动车通行量较大,在原桥桥面布置形式下,通行舒适度较低,并造成了严重的安全隐患。桥上两侧摊贩阻塞人行道,并增加人行道托架的荷载作用。应适当考虑目前通行需求,对桥面布置重新调整,更好地发挥桥梁使用功能。

a) b)

图 1.37 老桥机非混行照片

4)通航情况

根据相关资料,苏州河为Ⅵ级限制性航道,已基本取消货运功能,主要船型有低干舷游船、港监公务船、环卫清洁船。苏州河通航净空要求 2.7m,通航净宽 22m,通航水位 2.5~3.5m,通航要求如图 1.38 所示。

浙江路桥的梁底高程为苏州河上所有桥梁中最低(图 1.39),主梁也因此被过往船只多次碰撞(图 1.40),严重威胁桥梁结构的安全,需要采取切实可行的措施改变这一现状。应考虑通过调整桥面线形或改变桥面系的结构形式适当降低梁高,以增加桥下净空,使浙江路桥梁底高程适当提升,改善通航条件,同时也加强桥身的安全。

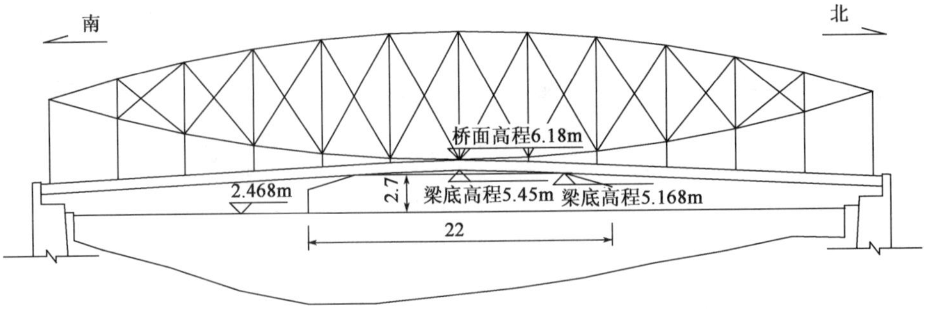

图 1.38　通航要求示意(尺寸单位:m)

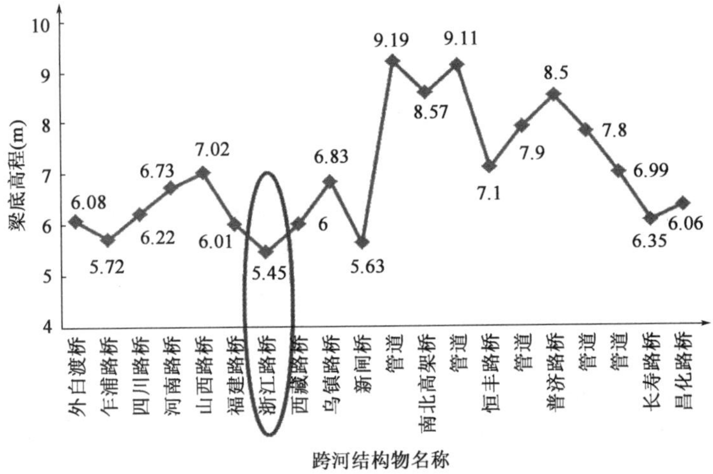

图 1.39　苏州河桥梁底高程

a)　　b)

图 1.40　桥面下船撞变形

综合来看,作为一座运营时间超过百年的老桥,浙江路桥长期遭受环境侵蚀、荷载作用以及结构自然退化,已经出现了较为严重的病害。根据《浙江路桥检测评定报告(2013 年 1 月)》,桥梁评定等级为不合格级。根据《城市桥梁养护技术规范》(CJJ 99—2003),对于状态等级为不合格级的桥梁,应检测后进行大修。再加上目前该桥桥面通行功能的弱化、桥下通航限制等,若要延长桥梁使用寿命,必须进行大修改造。

1.2.3 大修总体方案

1)大修目标

(1)上部结构存在较多病害,构件锈蚀、变形,桥梁的完好状态等级为不合格级。据检测和疲劳剩余寿命评估对杆件、节点进行加固或更换,消除结构安全隐患,提升结构安全,提高耐久性,确保桥梁结构继续使用50年。

(2)桥梁具有文物价值,社会影响力大,文物保护要求高。遵循"修旧如旧"的原则,恢复原始风貌,传承历史文化信息,美化桥梁景观。

(3)桥面布置不合理,机非无序混行,存在安全隐患。桥梁上部结构大修,主桁间距由6.08m调整至8.5m,通过桥面布置调整,适当提高桥上车辆、行人通行能力。

(4)桥下通航净空不足,主梁多次被过往船只碰撞。通过调整道路线形及桥面结构,改善桥下通行舒适度,适当提高桥下通航能力。

(5)道路、防汛墙、监控、桥面铺装等附属工程完善。

2)大修原则

对于重点文物保护单位百年老桥,维修应按照如下原则进行:

(1)"保护文物,对历史负责"原则

浙江路桥是具有通行功能的文物桥梁,应通过维修提升桥梁的安全性和耐久性,确保主体结构安全及功能完备正常延续50年。

(2)"修旧如旧、景观协调"原则

作为具有文物价值的桥梁,在结构的维修过程中,必须保护好历史信息,确保桥体的主要历史文物信息(如桥型、桥位、结构、材质、色调及外观等)基本不变,做到"修旧如旧"及"景观协调"。

(3)"安全谨慎"原则

经多年使用、多次维修的桁架结构受力复杂,且部分结构尺寸等技术数据不明,大修方案需安全可靠。施工过程中加强对关键部位的应力与变形的监控,确保结构在移位、回位及构件更换过程中的安全可控。

(4)"文明环保"原则

桥两端为商业区及居民聚居点,人口密集。应强调环保、文明施工,减少对周边环境的影响。施工中采取有效措施保护周围环境,减少噪声污染、水污染、空气污染等,做到文明施工,做好环境保护工作。

(5)"低影响施工"原则

施工场地狭小,周边交通组织繁忙,需科学合理组织施工,降低对航道、管线和道路交通的影响,确保12个月完工。

(6)"标准化、精细化、信息化"原则

制订标准化的作业流程,严格管理、精细化施工。"文物无小事",施工中做到流程清晰、记录完整、监督到位,按照ISO9002的标准建立全面的质量管理体系。

(7)"造价控制"原则

文物桥梁维护相比新建桥梁,成本较高,需选择最优化方案降低工程造价。

(8)"下部结构保留"原则

为使两岸桥台、基础保持原状,要求上部结构大修后荷载不增加。

3)方案确定

经过了一个多世纪的运营,桥梁许多部位出现了较为严重的病害,威胁到结构整体安全。为了确保百年老桥的正常使用,桥梁大修必不可少。根据具体大修内容及施工场地条件,主要有在原桥原位进行大修和桥梁整体移运至维修场地进行大修两个施工组织方式,比较典型的工程实例有兰州中山桥大修[7]和上海外白渡桥大修[8]。兰州中山桥为始建于1909年的钢桥,属于全国重点文物保护建筑,为满足对桥下净高的新要求,需对桥梁提升1.2m,经综合比选,最终采取原地同步提升,露天维修。上海外白渡桥为下承式钢桁架桥,始建于1907年,2008年采取船移配合使用浮吊设备将整桥移运至码头维修厂房内大修,再移运至原桥位。

浙江路桥在运营过程中历经多次维修,最近一次时间为2008年,均在原位维修。由于城市环保法规限制、封航时间有限、桥下构造复杂等客观因素制约,始终未能对该桥的构件实施彻底的检测、除锈与加固。一方面,构件不经过彻底的检测,一些关系到桥梁寿命的关键问题就无法得到满意的答案,例如:历经百年的钢材内部是否有裂纹,看不见的部位锈蚀程度如何,钢材剩余寿命评估等。另一方面,在原位维修时除锈效果较差,而除锈效果差则降低了涂装的防蚀效果,导致目前桥面以下的钢构件陷入屡锈屡漆,屡漆屡锈的恶性循环。在2012年检测中发现部分构件存在着较严重的截面损失,甚至出现腹板锈穿的情况。

两种施工组织方式各有优缺点。在原桥位进行大修施工不需移运老桥,可以简化施工工序,施工另外占用场地较小,但一般需搭设栈桥,施工期对通航影响较大,且难以提供较为稳定的施工环境。桥梁整体移运至维修场地进行大修需进行桥梁整体移运,移运过程较复杂,大修过程中需另外提供维修场地,但在厂房内施工,施工条件较为稳定,工期有保证,且对河道通航影响时间较短。考虑到浙江路桥大修工程实施过程中需要对较多杆件进行除锈、加固、替换等,施工过程中需要维持较为稳定的环境,且航道部门对苏州河通航要求较高,综合考虑采用桥体整体移运上岸进行大修后再整体移运至原桥位的施工方案。

浙江路桥为苏州河下游侧第七座桥梁,且上下游桥梁净空均较低,使得浙江路桥大修不能如同外白渡桥大修采用船移至维修场地的方式,只能就近上岸大修[9,10]。浙江路桥周边地块分布如图1.41所示。浙江路桥长度为60m,宽度为14.352m,需要的维修场地尺寸约为100m(长)×21m(宽)。若选择浙江北路作为维修场地,则浙江北路至浙江中路的机动车交通会中断。华侨城3街坊规划为公用绿地,相对来说建设时间调整余地较大,可以与开发商协商,将维修厂房布置在3街坊内,对41街坊居民出行及北苏州路、曲阜路交通均没有影响,具体布置如图1.42所示。

由于浙江路桥横跨苏州河,不能单纯采用陆上吊机完成整体移运。为此,设计与施工紧密结合,研发了基于低交通影响的老龄桥梁整体移运的协同装备应用技术,采用履带吊、浮箱、模块车多设备协同将钢桁架桥整体移运至苏州河北岸,在厂房内进行大修改造,为桥梁大修创造了良好的条件。

图 1.41　浙江路桥周边地块

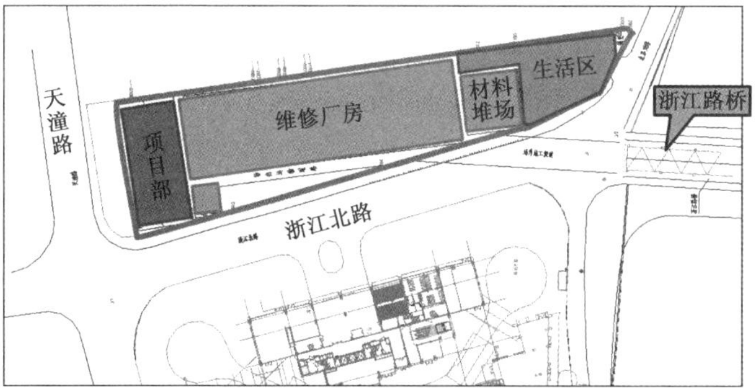

图 1.42　维修场地示意

图 1.43　大修总体流程

根据桥梁病害情况，综合考虑周边道路交通、苏州河通航、桥梁文物价值和功能价值、铆接施工工艺等情况，确定了大修总体方案[11]，即钢桁梁整体移运至岸边，搭设厂房进行维修；通过设置多点临时支撑并调节支点反力，使主桁处于完全卸载的无应力状态，对钢桁架杆件和节点进行维修加固；通过减轻上部结构重量，维持下部结构不变。浙江路桥大修总体流程如图 1.43所示。

1.2.4　主要研究工作

1）项目特点和难点

根据桥梁病害情况，综合考虑周边道路交通、苏州河通航、桥梁文物价值和功能价值、铆接施工工艺等情况，确定了大修总体方案。主要分为三个部分——老桥移卸、钢结构大修和新桥复位。即上部结构整体移运至北岸维修场地厂房内，锈蚀构件置换及拆除原有横向联系并安

装新的结构,最后再将上部结构整体移动至原桥位。作为一个异位修复改造项目,浙江路桥大修工程具有以下特点和难点:

(1)始建于1908年的浙江路桥具有一百余年的历史,历经多次改造加固,钢桥存在大量锈蚀的现象,因此首先需要对锈蚀钢构件进行检测,评估其承载力并预测其剩余寿命,从而确定维修和加固方案。鉴于目前我国锈蚀钢结构桥梁的检测、评估及加固研究较为滞后,需要开展相关研究以指导锈蚀钢结构桥梁的管养工作。

(2)较多桁架杆件存在严重锈蚀现象,上部结构整体移运时的施工风险较大;移桥时参与的施工设备种类多,涉及水、陆、空联合作业,同步配合施工难度大;老桥修缮秉承"修旧如旧"的原则,因此桥体加固以及吊点构造必须考虑杆件的外观保护,特别是焊接工艺在使用上受到限制;钢桁架桥采用辊轴支座,支座拆除难度大,复位时,落架施工精度要求高。需要开展相关研究,以保证文物桥梁整体移运的顺利完成。

(3)为尽量保存浙江路桥的文物信息,两片鱼腹式主桁将保留。为配合桥面布置调整,增加了主桁间距,按最初的风格重新设计了上平联。为减轻上部结构荷载,同时降低结构高度以改善通航条件,改用正交异性钢桥面系。老桥有诸多损坏的节点和杆件需要拆换更新,涉及大量复杂的新、老构件匹配和连接问题,需要对钢材连接、防腐涂装等施工工艺进行研究。

(4)浙江路桥大修工程存在新老构件数量多、信息存档难度大、移桥过程复杂、设备同步配合难度大以及更换节点板加工精度高等问题。若单纯采用传统施工组织方式及施工工艺进行施工,难以完全保证相关施工过程的准确性及施工效率。因此,需要考虑在施工过程运用一些先进技术手段作为辅助措施,提高工作效率。

2)研究内容

围绕浙江路桥大修项目的工程难点,主要开展了以下研究内容:

(1)利用浙江路桥上废弃的钢纵梁进行材性和疲劳试验,找出钢材力学性能随构件锈蚀程度变化的关系,并对钢构件的锈蚀程度随时间变化的规律进行研究,从而对主桁拟保留杆件进行强度验算与寿命评估[12]。

(2)对钢桁架桥的整体移运施工技术进行研究,包括桥体整体移运方式、移运设备选型、加固方式、吊点构造、桥体支座拆除及复位落架施工工艺、移运施工测量及校正等,确保两次移运安全[13]。

(3)对钢桁架桥大修技术进行研究,包括维修厂房型式,桥梁大修设计中的关键问题,钢构件在无应力状态下的更换技术以及铆接、焊接和防腐涂装等关键施工工艺,确保老桥继续使用50年。

(4)桥梁经过百年运营,构件形式及风格已有较大变化。通过调研老桥文物档案,分析老桥历史、文化、艺术价值,进行设计、施工及大修后期运营中的文物保护研究,确保本次大修能"修旧如旧",恢复桥梁原始风貌。

(5)将激光点云扫描及BIM信息化技术应用于老桥大修中,以求能够提供准确的原桥及新桥信息,为大修准备及日后新桥运营提供数据,并对施工过程进行相关模拟,确保施工准确安全进行[14]。

通过以上关系,密切联系各研究内容,百年老桥耐久性提升是核心目标,文物保护为其需求及动因,剩余寿命评估为其前提,整体移桥为其提供良好条件,BIM技术为其保障,在实践检验的基础上,形成了百年铆接钢桁桥综合维修技术。

3)研究意义

浙江路桥大修工程设计、施工及管理总结,主要意义在于:

(1)通过构件试验,得出了锈蚀钢构件承载能力、疲劳性能以及锈蚀程度的预测模型,为主桁构件的强度和耐久性评价以及钢构件的维修加固设计提供了理论依据。

(2)经过多方案比较、研究,合理选择技术路线,形成完善的钢桁架桥整体移运施工技术,为今后类似工程的技术方案制订、总体管理和现场实施等提供经验。

(3)根据维护目标及条件,确定厂房内维护方案,形成完善的钢桁架无应力状态构件更换施工技术和不同钢材间的连接技术,为今后类似的旧桥整体维修加固工程提供经验。

(4)通过文物桥梁保护原则的讨论,形成维护设计、施工、后期营运全流程的文物保护技术,为今后类似文物桥梁维护提供借鉴。

(5)通过信息化技术的应用,为施工过程及日常运营提供必要数据,同时也为以后类似项目提供一个实际应用案例和借鉴经验,对信息化技术在工程建设方面的应用起推动作用。

本章参考文献

[1] 杨建东.中国铁路桥梁钢结构设计及市场机遇[J].钢结构.1998(03):8-10.

[2] 岳贵平,黄慷,张春雷,等.外白渡桥船移大修保护工程设计(上)[J].上海建设科技,2009(05):1-5.

[3] 岳贵平,黄慷,张春雷,等.外白渡桥船移大修保护工程设计(下)[J].上海建设科技,2009(06):36-40.

[4] 涂金平,赵井卫,翟辉.兰州中山桥维修加固总体设计[J].公路,2016(08):112-115.

[5] 方新跃.文物铆接钢桥——海珠桥维修加固关键施工技术[J].桥梁建设,2016(05):110-115.

[6] 张振学,张显杰,王成金,等.天津解放桥的修复与加固[J].天津建设科技,2007(03):41-44.

[7] 朱慈祥,王蔚,马小云,等.兰州中山桥5跨简支钢桁梁整体提升关键技术[J].世界桥梁,2012,40(6):80-85.

[8] 毛安吉.上海外白渡桥保护修缮的技术措施和施工流程[J].中国市政工程,2010,146(3):38-40.

[9] 王倩.具有历史文物价值的铆接钢桁架桥大修探讨[J].城市道桥与防洪,2015,7(7):132-134.

[10] 魏明光,方亚非,宋凯.上海市浙江路桥修缮研究[J].上海公路,2015(4):18-22.

[11] 浙江路桥大修工程施工图设计文件[Z].上海市政工程设计研究总院(集团)有限公司,2015.

[12] 浙江路桥钢结构病害检测与剩余寿命评估[R].同济大学桥梁工程系,2015.

[13] 钢桁架桥体整体移运施工技术及装备综合报告[R].上海市机械施工集团有限公司,2015.

[14] 浙江路桥大修工程BIM运用总结[R].上海公路桥梁(集团)有限公司,2016.

2 钢桁桥检测与评定

2.1 概　　述

2.1.1 相关研究概况

钢材具有强度高、韧性好、便于施工、环保等优势，是理想的桥梁建筑材料。与混凝土结构桥梁相比，钢结构桥梁在制造速度、耐久性、抗自然灾害的能力(尤其是抗地震灾害的能力)等方面具有突出的优势。但在钢结构桥梁使用中主要有两类病害(疲劳和锈蚀)，会对桥梁的耐久性构成威胁。由于19世纪末至20世纪初发生的多次钢结构桥梁疲劳事故使人们认识到了疲劳破坏的灾难性，业界对于疲劳破坏的研究较为重视，在钢结构疲劳的预防、试验、检测、评定与加固等各环节的研究均已取得了突出的成绩。与疲劳研究相比，桥梁钢结构的锈蚀研究在防蚀方法以及防蚀材料方面取得了显著成绩，但对于已存在锈蚀钢结构桥梁的检测、评估及加固研究则严重滞后，既有研究成果尚无法指导锈蚀钢结构桥梁的管养工作。

锈蚀对钢结构桥梁具有巨大危害。学者调查发现美国高速公路每年因锈蚀造成的损失自2002年起就达到了83亿美元的水平[1]。2007年美国明尼苏达州一座钢桁架桥因锈蚀节点板的撕裂坍塌，并最终造成8死79伤的惨痛事故。与国外相比，中国钢桥的锈蚀问题更加严重。我国的广州海印桥建成仅7年就发生了斜拉索锈蚀断索事故，宜宾小南门桥、库尔勒市孔雀河桥、攀枝花倮果金沙江大桥等也相继发生了吊杆锈断、桥面坍塌的事故。这些事故为我们敲响了警钟。

业内对锈蚀钢结构承载力的研究取得了部分成果。我国有学者利用外加电流方法或人工气候加速腐蚀方法进行锈蚀栓钉试验，研究了锈蚀栓钉的力学性能，建立了相应的本构关系模型[2,3]。有学者则研究了不同锈蚀程度钢筋的力学性能[4,5]。有部分国内外研究人员通过钢板表面锈蚀模拟，采用有限元方法研究了锈蚀钢板的极限承载力问题[6,7]。国外有学者采用3D扫描仪或激光尺对锈蚀钢板进行了扫描，研究了钢板表面锈蚀形态的统计特征，或通过力学试验研究了钢材主要力学指标随锈蚀程度变化的规律[8-11]。我国有人通过加速锈蚀试验制备锈蚀试件，并分别采用失重率和分形维数作为锈蚀程度指标对锈蚀钢构件的力学性能进行了研究[12]。长安大学研究人员分别对经3年大气腐蚀的工形钢梁以及报废槽形锈蚀钢梁进行了力学性能分析研究[13,14]。失重率方法需要将构件拆卸成零件状态，代价太大，而激光尺或是光学3D扫描方法同样成本高昂，且需对构件彻底除锈，因此需考虑采用更经济、更贴合实际的方法对结构的锈蚀程度进行分析。浙江路桥的钢料及腐蚀环境有其独特性，需开展有针对性的浙江路桥锈蚀钢构件的检测与评估。项目组则利用浙江路桥废弃钢构件进行拉伸试验，并建立了相应的名义屈服承载力评估模型[15]。

目前钢构件的锈蚀疲劳尚缺乏可靠的工程评估方法。我国有人采用了先预估钢构件的锈蚀,再根据锈蚀后构件的应力集中情况计算构件的疲劳寿命的方法[16],但他们是通过建立有限元模型计算锈蚀后的应力集中影响,不能真实反映实际锈蚀结构。国外有人在疲劳评估中考虑了锈蚀后净截面对应力的影响[17],但没有考虑应力集中;也有人首先实测构件表面锈蚀后的几何形状,再研究锈蚀构件的疲劳寿命[18],但该方法需要对构件锈蚀表面进行3D实测并找出规律,需进行大量实验且难以检验可靠性。

钢结构的耐久性还与锈蚀速度有关。目前对锈蚀速度的研究主要集中在材料领域,美国材料试验学会(ASTM)早在1906年就建立起大气腐蚀试验网开展了多种金属材料的大气腐蚀试验[19]。通常认为在大气自然腐蚀环境下,钢材的锈蚀程度随时间变化服从幂函数关系[20]。据此,国外研究者提出了采用线性回归[21,22]或人工神经网络[23,24]评估金属构件锈蚀速度的方法。我国学者也于2005年依据16年累计大气腐蚀观测资料提出了我国的碳钢大气腐蚀速度模型[25]。有学者通过对防蚀涂层渗透率的假设提出了结构涂装寿命的计算方法[26]。为了研究环境对锈蚀速度的影响,国外学者将钢桥的大气腐蚀环境分为乡村、城镇和海洋环境三类,并分别给出了每类环境下的锈蚀速度表达式[27,28]。但钢材的大气腐蚀损伤演化机理较复杂,他们的分类方法未能反映主要锈蚀影响因素对锈蚀速度的影响。

2.1.2 项目实施内容

(1)开展浙江路桥全桥病害检测。检测的病害包括锈蚀病害、疲劳病害、变形病害、连接病害。检测范围为浙江路桥大修工程中拟保留的老构件。采用钢板厚度的损失率(最大蚀坑深度/设计板厚)作为评价钢构件锈蚀的依据。依据学者试验研究成果[29],构件截面上的板厚损失率与构件的承载力相关性较好。考虑到采用机械方式对构件局部位置进行除锈的工作量较小,适于实桥检测作业。在该项目实际应用中,采用测量精度0.02mm的测深规及游标卡尺作为检测工具,并以钢板锈蚀程度最严重位置处的锈蚀深度与初始板厚之比作为描述构件锈蚀程度的量化指标。桥梁钢构件结构复杂,在绝大多数情况下,锈蚀在构件的长度方向上及截面周向上是呈不均匀分布的。以截面上锈蚀最严重位置的名义强度作为整个结构的名义强度可能导致计算结果偏于保守,因此研究中采用对截面周边多点检测的方式更精确地确定构件的锈蚀分布,提高计算精度。

(2)研究了锈蚀对构件抗力影响机制,开展了锈蚀构件力学性能测试。选取具有不同锈蚀程度的浙江路桥原始构件实施拉伸试验,检测项目包括材料的名义屈服强度、名义极限强度、名义屈曲应变、延伸率等,通过试验研究材料锈蚀后力学指标变化的规律并得到锈蚀构件抗力模型。

(3)研究了锈蚀对构件疲劳抗力影响机制。将浙江路桥不同锈蚀程度的锈蚀钢构件加工为保留锈蚀的标准疲劳试件,并测试材料的疲劳寿命,判断材料在疲劳荷载作用下的耐久性;浙江路桥钢构件连接采用铆钉,在铆钉孔处的应力集中将导致结构的疲劳寿命降低,因此有必要对浙江路桥开孔构件的疲劳寿命进行试验,并根据试验结果对结构的疲劳性能进行修正;根据以上研究成果,得到锈蚀构件疲劳评估模型。

(4)开展了锈蚀构件的退化速度研究。通过加速锈蚀试验研究,分析浙江路桥钢构件的耐锈蚀能力,预测浙江路桥拟保留钢构件的锈蚀速度,得到锈蚀钢构件锈蚀预测模型。桥梁钢结构的锈蚀速度主要受所用材料及大气环境影响,既有研究已提供了若干根据锈蚀敏感参数预测钢构件锈蚀速度的方法。然而,由于大气腐蚀机制的复杂性,以及气象台检测数据与桥址处实际大气环境数据间的差异性,采用这些预测方法并不能确保计算精度。因此,该桥结合损伤容限概念及多次检测结果对钢构件的锈蚀速度进行修正,以提高预测精度。

(5)强度验算及寿命评估。结合之前的研究成果对浙江路桥钢构件进行评估。利用之前的交通荷载调查资料,在假设加固后浙江路桥交通流量不发生改变的前提下进行交通荷载分析;依据大修后结构有限元模型计算各构件的作用效应,对锈蚀结构的安全性进行评估。

整个流程示于图2.1中。

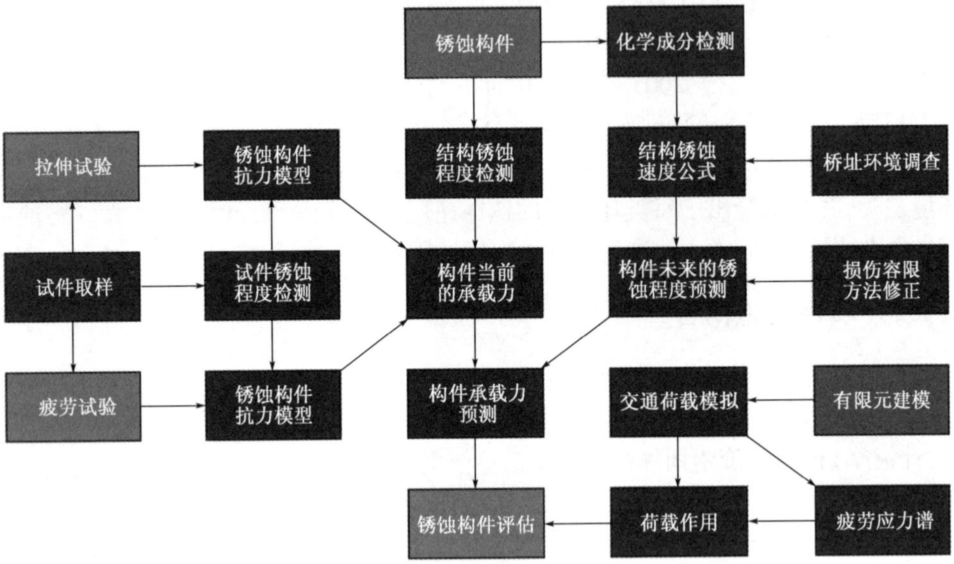

图2.1 检测与评定技术路线

2.2 钢桥检测

2.2.1 检测项目

浙江路桥作为使用超过百年的超龄钢桁架桥梁,必须特别注意其可能存在的各类病害问题。对于此类桥梁,应着重检查桥梁上存在的如下病害:

(1)钢构件锈蚀

浙江路桥的桥下净空高度较低,且其格构式构件难以清理,积聚了大量垃圾,易于发生锈蚀。此次大修将浙江路桥移至岸上并搭设支架喷砂除锈,为浙江路桥钢构件的锈蚀状况检测创造了最佳条件。

(2)铆钉连接病害

此次检测的具体检测项目包括:铆钉烂头、铆钉咬边、铆钉浮高、铆钉锈蚀、铆钉缺失、高强螺栓锈蚀、高强螺栓剪断缺失等。

(3)构件永久变形

构件的永久变形可能为弯曲、压曲、扭曲、拉伸变形或这些变形的组合构成。由于桥面构件更换，此次的检测范围仅包括桁架弦杆和腹杆等，这些构件位置较高，因船撞或车撞变形的可能较低。

(4)钢构件开裂

钢结构裂纹通常出现在节点连接处，主要由疲劳产生，并可能导致构件脆性断裂。裂纹可能会由于超载、意外撞击或由于锈蚀所致的应力集中而加剧扩展。此次钢构件开裂采用超声波探伤法进行检测。

2.2.2 检测方案

对于不同的病害，应采用与之相适应的检测方法：钢构件锈蚀以目检为主，对于存在严重锈蚀的构件则通过游标卡尺配合其他测量工具测量构件锈蚀区域的蚀坑深度和范围；铆钉病害主要表现为钉头锈蚀以及制造缺陷，依据相关要求进行检测；构件永久变形采用目检检测，对严重变形采用游标卡尺量测变形程度；钢构件的开裂采用超声波横波探伤的方式进行检测，检测原理如图 2.2 所示。超声波探伤采用国产的 TS-2008L 型数字式超声波探伤仪，探头规格为 2C8X30FGLA45FS40，并依据《钢焊缝手工超声波探伤方法和探伤结果分级》(GB 11345—89)实施检测。

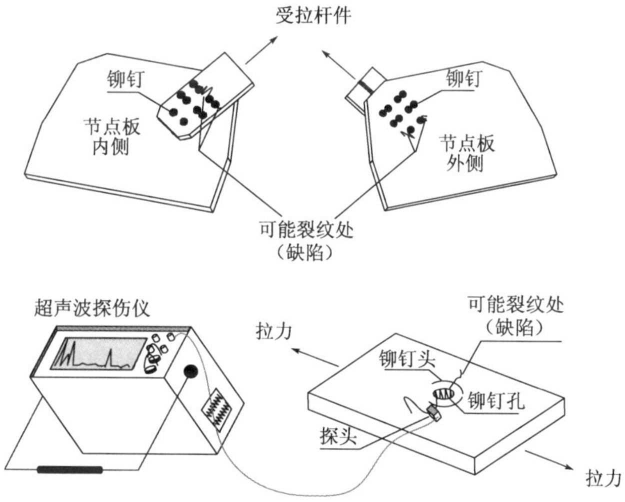

图 2.2 超声波检测原理

2.2.3 超声探伤检测结果

开裂主要出现在受拉构件上，因此此次超声波探伤仪限于浙江路桥可能受拉的构件，由图 2.3中粗线表示。

对受拉桁架构件来说，其受拉应力最大的截面位于杆端连接处。如进一步考虑连接铆钉传递荷载的特性，可知杆件的最大拉应力截面位于杆件最接近节点板周边的外排铆钉所在位置。以节点 U6、L6 为例，具体探伤位置示于图 2.4、图 2.5。

根据各疲劳敏感铆钉孔在垂直受力方向上的超声波横波探伤结果，浙江路桥在此次探伤中未发现疑似钉孔开裂问题。这一检测结果表明浙江路桥腹杆并未出现明显的疲劳损伤，与之前分析认为浙江路桥通行荷载较轻、疲劳荷载作用较小的结论是一致的。

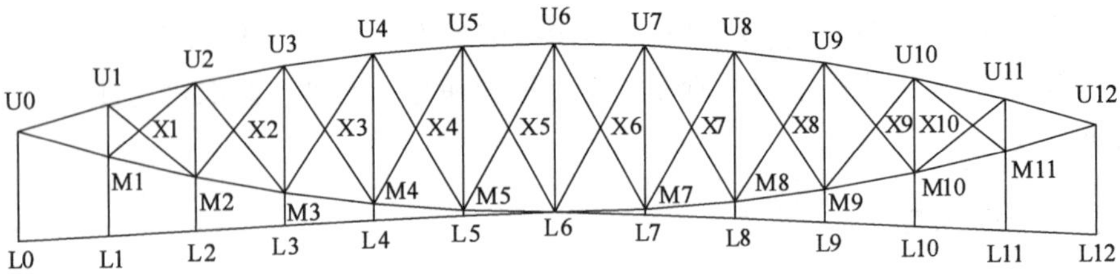

图 2.3　超声探伤杆件示意

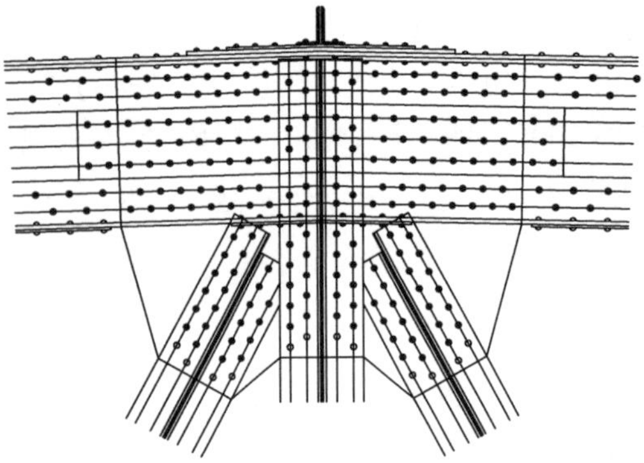

图 2.4　U6 节点铆钉孔探伤位置（以未填充铆钉孔表示）

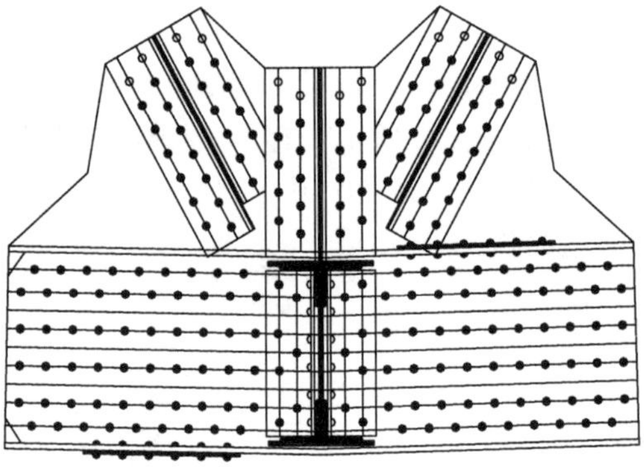

图 2.5　L6 节点铆钉孔探伤位置（以未填充铆钉孔表示）

2.2.4　锈蚀病害检测结果

利用施工现场的门吊以及在桥上搭设的施工平台对浙江路桥钢构件锈蚀病害进行详细检测，主要表现为如下几个方面：

（1）桥面以下杆件及节点锈蚀

由于雨水渗流、垃圾堆积，桥面以下弦杆、节点存在严重锈蚀，与之相连的腹杆在端部位置同样存在严重锈蚀病害。病害程度如图 2.6、图 2.7 所示。

图 2.6　L6 节点斜腹杆端部严重锈蚀

图 2.7　M5L6 杆件锈蚀

(2)端斜腹杆锈蚀

斜腹杆锈蚀最严重节段为伸入下弦节点板内的部分,不但角钢完全锈烂,甚至两处下弦节点板也锈蚀穿孔。端斜腹杆相交处的锈蚀程度也相当严重,部分腹杆角钢肢在该处锈穿。在斜腹杆的其他截面同样可见大量的截面损失以及锈胀问题。图2.8～图2.13中摘选了其中锈蚀最严重构件的照片。

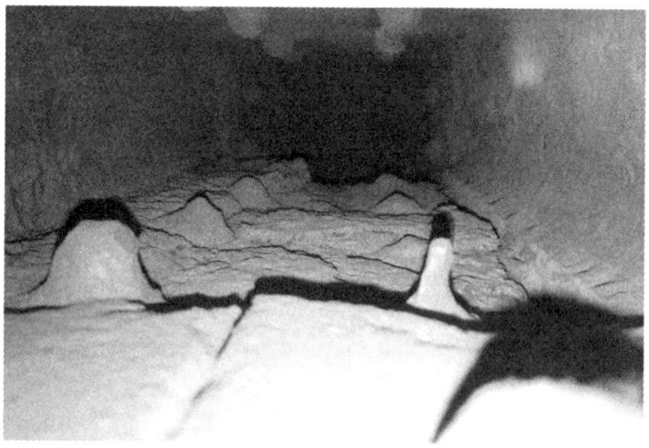

图2.8 端斜杆下弦节点内部分锈蚀

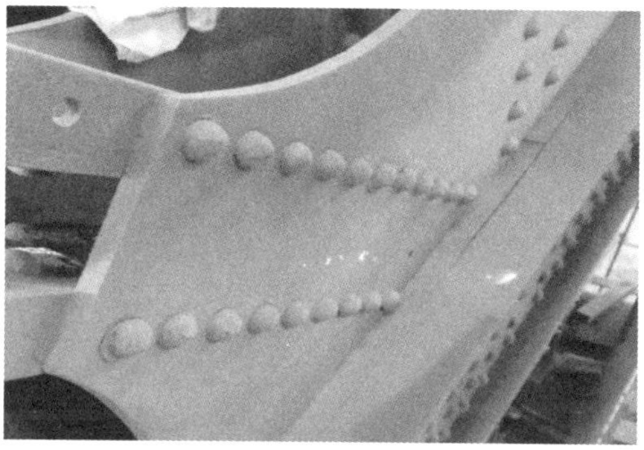

图2.9 下弦节点板锈穿透光

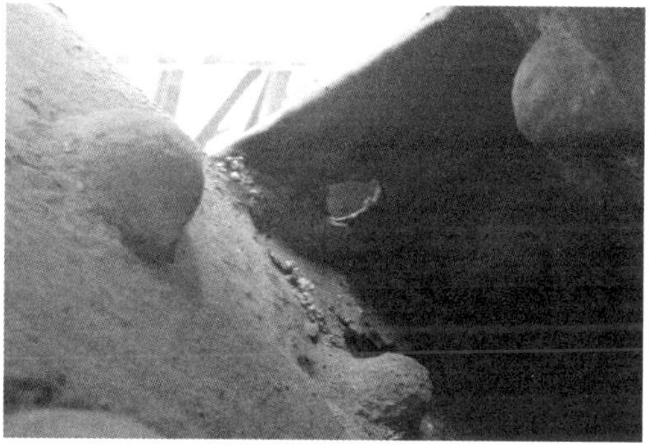

图2.10 连接端斜杆的节点板锈穿

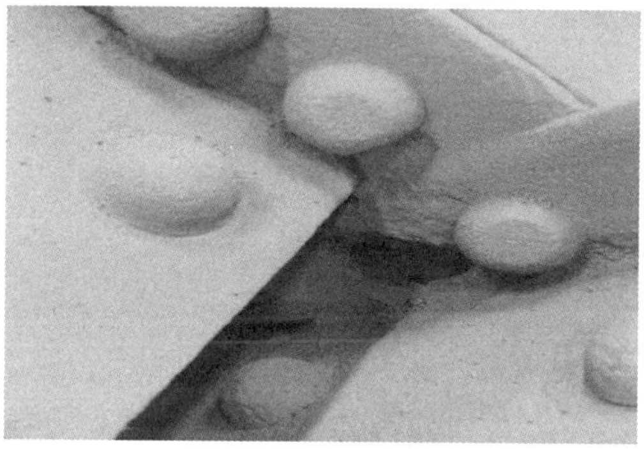

图2.11 端斜杆角钢在x节点处锈穿

图2.12 端斜杆铆钉周边锈蚀导致角钢锈穿

图2.13 端斜杆角钢在肢端严重锈蚀出现坑槽

(3)缝隙引起的锈蚀

主桁弦杆在与缀条、缀板相贴处存在较严重的锈蚀。每个弦杆的缀连表面均普遍存在锈坑以及锈胀变形。部分上弦缀板由于锈蚀过于严重局部板厚锈损2/3以上。进一步检查可发现除缀板与缀条下方，还有部分严重锈蚀出现在弦杆腹板与角钢接缝处。初步判断这是由于缝隙易积尘吸水，且缝隙为雨水提供了额外的表面张力使雨水倾向于沿缝隙流动。典型病害示于图2.14～图2.17。

图2.14　上弦杆角钢与腹板间缝隙内锈蚀形成不规则槽

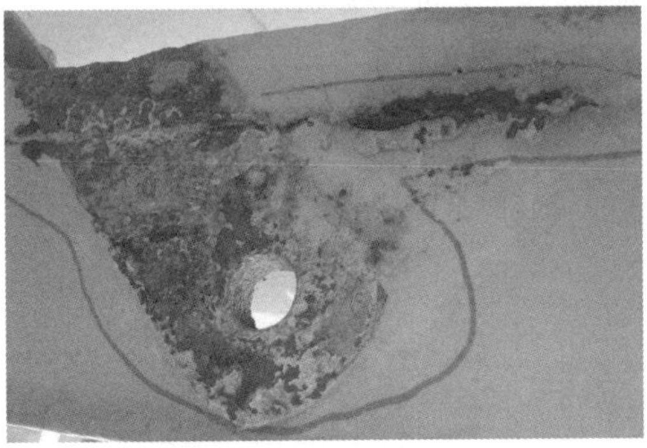

图2.15　上弦杆缀条下方的严重锈蚀

图2.16　上弦杆缀板缝隙腐蚀并锈胀变形

图2.17　上弦杆缀板锈胀变形并出现严重截面削弱

相当数量的桁架腹杆在节点板位置由于角钢肢端与节点板间的缝隙处腐蚀形成不规则的锈坑，部分杆件甚至出现锈胀，如图2.18、图2.19所示。在斜腹杆相交处，由于类似的问题，也频繁出现角钢肢局部锈损的现象，如图2.20所示。

图2.18　节点板与斜腹杆间存在缝隙腐蚀所致的锈胀

图2.19　腐蚀导致腹杆角钢端部局部锈损

(4)附属设施引起的锈蚀

灯线等附属设施的固定箍与竖腹杆间的缝隙内容易积水积尘,导致竖腹杆上部普遍存在严重的局部锈损,如图 2.21 所示。

(5)桥梁支座锈蚀

浙江路桥的支座包括固定支座与滑动支座两种。对这些支座的辊轴、耳板以及滑动支撑板中的混凝土进行检查,这些结构的照片如图 2.22 ~ 图 2.24 所示。由图可见辊轴、耳板及支座上的铆钉均存在严重锈蚀,而底支撑板中钢板间混凝土则存在开裂。

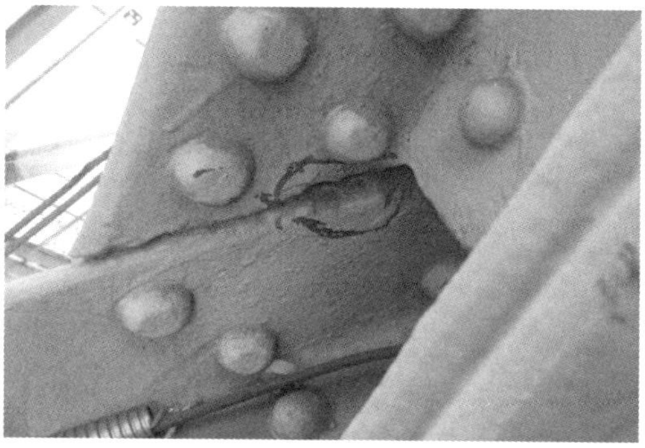

图 2.20 斜腹杆角钢肢在相交节点处局部锈损

图 2.21 附属设施固定箍背后存在严重锈蚀

图 2.22 严重锈蚀的支座辊轴和耳板

图 2.23 支座辊轴表面的锈坑

图 2.24 底支撑板角钢严重锈蚀,其间填充的混凝土开裂

此次检测发现浙江路桥最严重病害为锈蚀病害。分析认为出现严重锈蚀的主要原因在于:

(1)浙江路桥的桥下净空高度低,桥梁长期处于高相对湿度状态。由于上海市汽车尾气排放量逐年增高,酸雨对结构造成了一定影响。

(2)锈蚀以桥面以下最为严重,主要原因是桥面混凝土路缘石侧面与主弦杆之间存在很小的缝隙,对桥面以下的钢结构起不到防水作用,使其经常处于潮湿状态且容易积聚腐蚀性垃圾。由于伸缩缝防水较差,桥台易于保留垃圾和湿气,导致桥门架竖杆下端及支座锈蚀情况严重。

(3)早期设计的桁架结构采用型钢拼接形成整体,构件的表面积大、构件间缝隙较多,容易积灰,雨水容易渗入却不易于排出。特别是桥上存在着大量缀板、缀条结构以及装饰灯饰等附属设施的固定扣件,导致垃圾、鸟巢等物在桥梁上积存,进一步恶化了浙江路桥的腐蚀环境,加快了钢构件的锈蚀速度。

(4)早期的防蚀水平有限,达到使用年限后迅速失效。浙江路桥结构位于苏州河上,桁架高度大,增加了桥梁的相应检测维修施工难度。此外,受限于城市环保要求,桥梁喷砂喷铝等先进高效的防蚀技术无法施用,降低了后期重新涂装的防蚀效果。由于早期设计理念对后期桥梁养护的重视不够,桥上存在大量难以依靠电动工具打磨除漆除锈的死角。这些死角处的构件由于缺乏有效的防护而普遍存在严重锈蚀。

2.2.5 铆钉缺陷检测结果

主桁连接铆钉,特别是位于上弦节点的铆钉中存在大量制造缺陷,主要表现为飞边与浮高两种情况,如图 2.25、图 2.26 所示。浙江路桥初建时的施工水平远低于现在,施工机械极少,铆接施工只能是工地施铆,由于施工条件恶劣,因此不可避免地出现了大量铆接缺陷。

图 2.25 铆钉咬边

图 2.26 铆钉飞边与浮高

2.3 锈蚀构件承载力预测

2.3.1 锈蚀构件试验

为获得锈蚀作用对强度的影响,采用取自实桥的锈蚀钢板研究锈蚀钢构件的力学性能。这些实桥构件均来自浙江路桥上局部锈蚀最严重的 4 根纵梁。纵梁为工字形截面型钢,其翼板板厚由于轧制工艺需要而呈梯度变化,给锈蚀试件加工造成不便,因此在选取试件时仅选择纵梁截面腹板中部板厚一致的部分加工为拉伸试件,如图 2.27 所示。

试验中共加工了 36 块锈蚀程度各异的试件。在加工试件时,使试件受拉方向与型钢的轧制方向一致,并使试件上锈蚀最严重的部分落于试件的中部。试件基本尺寸示于图 2.28 中。

图 2.27　浙江路桥锈蚀钢纵梁及取样位置示意

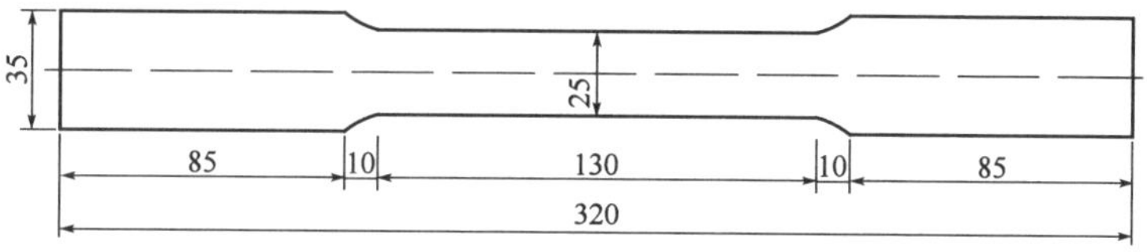

图 2.28　拉伸试件加工图(尺寸单位:mm)

采用万能试验机对试件进行轴向加载,加载时试验机夹具移动速率控制为 1.0mm/min,并保证拉伸试样的对中。在试验中测量荷载—位移曲线,再根据荷载位移曲线计算锈蚀构件的名义屈服应力f_{yn}、名义极限应力f_{un}、屈服伸长率 δ_y 及极限伸长率 δ_u。

在试验前测量构件锈损最严重处的锈蚀深度并按式(2.1)计算失厚率 ρ_t,试验结束后先采用喷砂方法去除试件表面锈层再称重并计算构件的失重率 ρ_m。

$$\rho_t = \frac{t_{max}}{t_0} \tag{2.1}$$

式中,t_{max}为测深规实测构件最大锈蚀深度;t_0为构件的设计板厚。

图 2.29 示出了部分锈蚀试件的力学性能变化规律。由图 2.29 可见,当试件仅轻微锈蚀时,试件的荷载位移曲线与无锈蚀钢构件的本构关系曲线形状相似,但当构件的锈蚀程度增加时,构件的名义强度和伸长量均有所下降,屈服平台逐步缩短。当锈蚀特别严重时,试件的屈服平台将彻底消失。试验中所有试件在破坏前均一定程度上出现屈服颈缩,但未出现杯口状断面。试件的断口呈现 45°V 形或楔形断口(剪切破坏),断口表面呈现纤维状条纹,色泽发暗,部分试件断口可见滑移痕迹。

36 根锈蚀试件的拉伸试验结果整理后列于表 2.1 中。

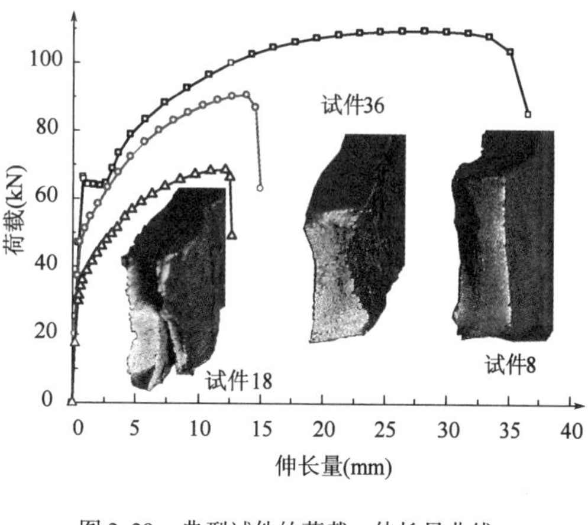

图 2.29　典型试件的荷载—伸长量曲线

锈蚀试件的力学性能及锈蚀程度　　表 2.1

编号	f_{yn}(MPa)	f_{un}(MPa)	δ_y(%)	δ_u(%)	ρ_t(%)	ρ_m(%)
1	196.01	376.39	0.68	15.07	39.81	19.03
2	229.22	453.47	0.80	6.77	29.35	14.45
3	235.21	448.85	0.60	16.06	20.19	12.61
4	227.94	434.52	0.61	15.60	28.60	14.56
5	243.02	470.60	0.79	18.34	18.32	11.28
6	198.58	376.49	0.57	15.33	41.31	21.22
7	111.84	155.88	0.59	2.34	71.59	30.39
8	225.09	383.88	1.45	20.84	14.58	8.91
9	199.23	345.58	0.64	14.73	32.71	10.84
10	193.93	356.47	0.57	19.76	25.42	11.82
11	182.22	358.11	0.48	14.74	25.67	22.34
12	219.38	370.57	1.72	20.01	18.13	11.64
13	200.37	377.09	0.57	16.91	26.54	18.69
14	168.08	310.30	0.66	8.51	58.33	22.01
15	164.25	328.87	0.40	12.97	27.66	23.54
16	80.66	115.43	0.60	4.03	73.27	44.76
17	227.56	376.19	0.97	19.35	22.06	10.61
18	129.29	253.78	0.53	9.38	54.50	35.19
19	214.77	414.15	0.66	15.56	35.83	17.44
20	206.12	362.38	0.63	15.24	40.19	11.11
21	162.33	326.51	0.47	15.20	43.33	22.50
22	139.56	236.04	0.63	6.59	58.88	33.85
23	253.68	452.22	0.58	15.73	28.60	14.63
24	179.95	321.06	0.58	15.62	37.94	20.90
25	190.62	365.30	0.45	13.08	44.67	17.59
26	204.65	391.56	0.51	16.77	20.56	16.10
27	176.57	338.00	0.42	10.05	33.67	19.45
28	234.56	447.13	0.58	17.48	21.31	14.18
29	223.52	434.52	0.56	16.58	18.32	14.49
30	192.09	356.47	0.52	15.51	31.96	11.52
31	64.71	86.03	0.48	2.68	84.30	52.17
32	187.65	324.35	0.70	6.72	40.37	23.00
33	147.87	261.87	0.55	5.39	54.77	28.54
34	106.70	151.23	0.47	1.62	79.81	26.83
35	216.72	401.06	0.58	18.52	17.38	13.33
36	176.61	333.73	0.54	11.61	42.67	17.25

2.3.2 锈蚀构件承载力预测模型

根据表2.1中数据绘制钢板名义屈服强度、名义极限强度、屈服伸长率及极限伸长率随锈蚀程度变化趋势，示于图2.30中。其中图2.30a)和b)中还示出了调查到的该桥未锈蚀构件的屈服强度及极限强度测量结果。由图2.30a)～d)可见，钢构件的4种主要力学指标均随着锈蚀程度增加而呈降低趋势。其中名义屈服强度、名义极限强度、极限伸长率变化趋势较明显，而屈服伸长率的变化缺乏规律。观察图2.30a)和b)中数据点的变化趋势，可见名义屈服强度与名义极限强度数据点的伸长线与纵轴的交点与未锈蚀构件的强度值吻合较好。

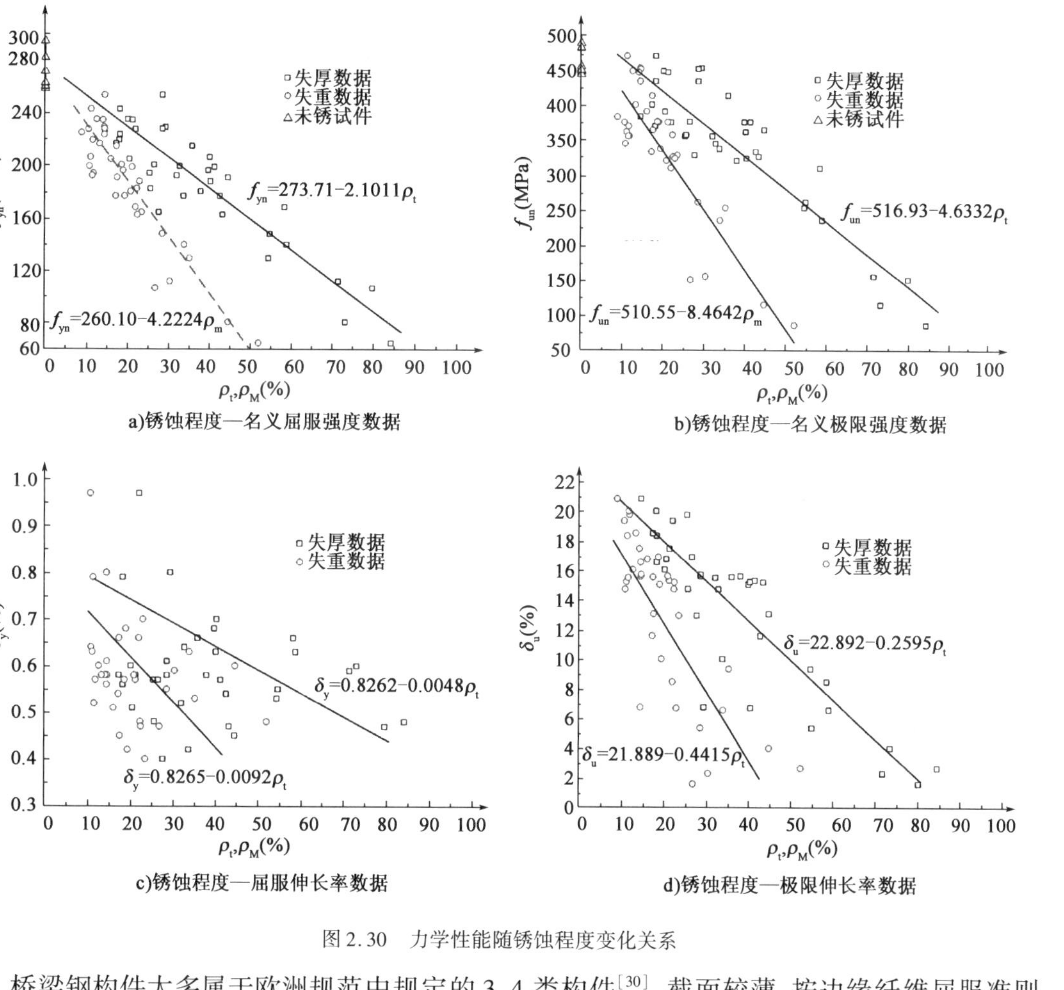

a)锈蚀程度—名义屈服强度数据　b)锈蚀程度—名义极限强度数据

c)锈蚀程度—屈服伸长率数据　d)锈蚀程度—极限伸长率数据

图2.30　力学性能随锈蚀程度变化关系

桥梁钢构件大多属于欧洲规范中规定的3、4类构件[30]，截面较薄，按边缘纤维屈服准则控制设计。因此，试验主要关心图2.30a)中材料名义屈服强度随构件锈蚀程度变化的规律。由图2.30a)可见，失厚率数据均出现在失重率数据的右侧，且失厚率拟合曲线在横轴上的截距大于100，而失重率拟合曲线在横轴上的截距小于100。这些数据表明失厚率反映的是钢材实际锈蚀程度的上限，而失重率反映的是钢材实际锈蚀程度的下限。以上现象很容易解释。失厚率测量的是试件截面上锈蚀最严重一点的数据，该点所在截面上其他点的锈蚀程度均不高于该点的锈蚀程度,因此截面的实际锈蚀程度要低于用该点表征的锈蚀程度,在图2.30a)中其拟合曲线交于实际曲线的内侧。失重率测量的是试件整个平面内的平均锈蚀程度,其等效面积高于试件最不利截面的面积,因此试验结果会低于实测结果。

由图2.30a)和b)可见,构件的屈服强度(试验中由于计算构件不规则截面的面积有难度,以名义屈服强度替代)和极限强度(试验中以名义极限荷载替代)以及伸长率均随着锈蚀程度的增加而降低。其中屈服强度与极限强度大致随锈蚀程度增加而线性降低,这与对锈蚀钢筋进行类似研究取得的研究成果基本相似。

该项试验研究最关心的是构件的屈服强度,因此依据数据拟合得到相应的锈蚀程度和名义屈服强度间关系表达式如下:

$$f_{yt} = -2.1011\rho_t + 273.71 \tag{2.2}$$

$$f_{ym} = -4.2224\rho_m + 260.10 \tag{2.3}$$

式中,f_{yt}、f_{ym}分别为对应于按最大失厚率以及按失重率算得的锈蚀材料屈服强度(MPa);ρ_t、ρ_m分别为材料对应的最大失厚率以及材料失重率(%)。

在以上两式中,公式在y轴上对应的截距并不一致,与理论分析不符。这是由于试验取样数据较少,既有数据无法体现锈损钢材强度损失的概率分布规律所致。按最大失厚率拟合得到的材料屈服强度与极限强度值的拟合曲线在x轴上的截距更接近于100(即构件完全破坏),与理论推测更为接近。这是由于表征锈蚀程度的方式不同,失重率表征的是整个试件的整体锈蚀程度,而最大失厚率表征的是构件最可能破坏截面上的锈蚀程度。由于试件的破坏主要发生在锈蚀最严重截面上,所以实测力学性能数据对最大失厚率更为敏感。

在进行加固设计时,必须偏于安全地对材料强度进行保守折减。根据调研获知浙江路桥未锈损钢材的屈服强度为271.84MPa,标准差为14.30MPa。对于当时的设计规范《公路桥涵钢结构及木结构设计规范》(JTJ 025—86),材料强度标准值为235MPa,恰为浙江路桥钢材屈服强度的99%分位点。另由该规范,材料强度标准值与设计值(其实其中已包含了荷载效应分项系数)间的折减系数约为1.7。根据以上信息重新对式(2.2)、式(2.3)进行处理。具体步骤如下。

(1)从理论上来分析,当无锈损存在时,不论是采用失重率法或是失厚率法推导,得到的钢材强度值均应等于钢材的屈服强度,也即式(2.2)、式(2.3)在y轴上的截距均应为271.84MPa。基于此,重新对锈损钢材在失重率和失厚率两种度量条件下的名义屈服强度数据进行最小二乘法拟合,得到拟合公式。

(2)上一步得到的拟合公式对应的是50%保证率下的材料强度,而在加固设计中需要提高结构的安全度,因此偏安全的重新按99%可靠度重新对图2.30a)中数据进行拟合,拟合后的曲线在y轴上的截距对应于235MPa。此时拟合曲线对应于锈损构件的强度标准值。

(3)在老规范中,采用允许应力对构件进行验算,因此需要对强度标准值进一步进行处理,方法是,将强度标准值进一步除以1.7的折减系数,最终得到的锈损构件允许应力$[\sigma]_c$计算公式如下:

$$[\sigma]_c = 140 - 3.2614\rho_t \tag{2.4}$$

或

$$[\sigma]_c = 140 - 7.5628\rho_m \tag{2.5}$$

显然,式(2.4)适用于构件表面存在明显凹凸不平整的情况,而式(2.5)适用于构件表面锈蚀较均匀或构件在板宽方向上锈损的情况。

由上面两式计算可知：当$[\sigma]=0$时，$\rho_t=42.93$，$\rho_m=18.51$。以上结果表明构件的承载能力降低速度要快于其失重率或失厚率损失速度。这也从侧面表明锈蚀程度对构件的强度影响较大，评估中采用式(2.4)更保险。

为了应对更复杂的计算，可以将锈蚀后的强度折减等效为板厚的减少：

$$t_e=\frac{t_0[\sigma]_c}{[\sigma]} \tag{2.6}$$

式中，t_e为考虑锈损折减得到的等效板厚；t_0为设计板厚；$[\sigma]$为规范给出的钢材允许应力。

2.3.3 构件抗力模型

上述研究得到的构件承载能力偏向于材料范畴，在应用于桥梁结构时还必须考虑锈蚀不均匀分布的影响。有学者在研究箱形截面梁锈蚀后承载力时，假设钢箱梁顶板受桥面铺装遮盖不存在锈蚀，而箱梁其他外露表面上存在均匀锈蚀，并假设各处的厚度损失均相等[28]。有学者认为对于钢箱梁，最易于出现锈蚀的部位是腹板下部以及下翼板伸出翼缘的上部[29]，因此假定锈蚀发生在该典型区域，并依此假设进行了结构承载力的可靠度分析[27]。另有学者在研究中进一步考虑了锈蚀在不同钢桥构件上锈蚀分布位置的区别[31]。然而以上研究均假设钢板仅沿厚度方向锈蚀，且在构件的长度方向上及截面周向上各处的锈蚀厚度损失均统一按给定的锈蚀厚度预测结果取值，不能反映板厚在截面周边上锈蚀变化的差异性。为提高计算精度，本桥按如下方式偏保守地确定锈蚀构件的截面形状(图2.31)：

(1)将构件截面按腹板、翼板位置划分为板块，将每个板块均匀划分为2~6段。

(2)分别用测深规测量每个板块的锈损程度，算得板段i的失厚率ρ_{ti}，并按式(2.6)计算该板段的等效板厚t_{ei}。

(3)以每个节点相邻节段等效板厚的平均值作为节点处板厚，形成锈蚀后截面形状。

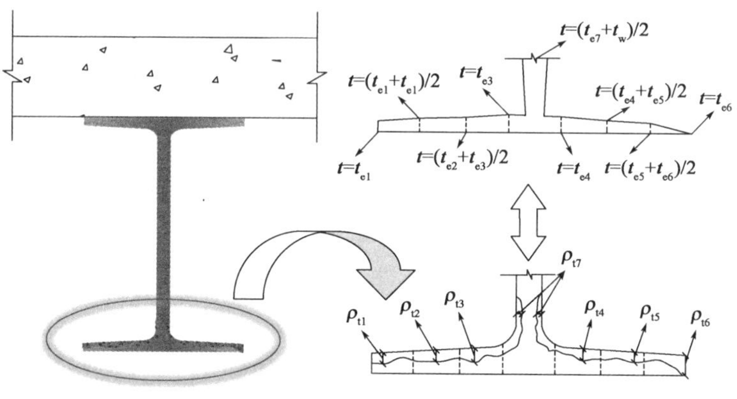

图2.31 锈蚀钢构件最不利截面形状的确定示意图

通常情况下，桥梁钢构件的锈蚀越严重，其表面上的锈蚀程度分布越不均匀，因此严重锈蚀影响的主要是构件的局部力学性能，对结构的整体影响并不大。因此在分析中，各构件的内力可按各构件的设计刚度进行计算。仅在验算截面应力时按图 2.31 所示的方式对结构的截面面积和抗弯惯性矩进行修正。

2.4 锈蚀构件疲劳抗力预测

钢桁架桥梁除了易受环境锈蚀作用的影响,还存在因交变荷载作用发生疲劳破坏的风险。

浙江路桥在建成之初曾通行有轨电车,在新中国成立初期苏州河上桥梁尚少时也曾担任过较重的交通任务,直到 20 世纪 70 年代四川路桥、江宁路桥、乌镇路桥等桥梁的建成通车,浙江路桥的交通量方逐步降低,及至今日交通车辆的主体变为助动车和小轿车。虽然浙江路桥的交通量在不断下降,但桥梁构件的疲劳抗力也在随着锈蚀程度的增加而降低。

为此,在研究浙江路桥钢构件的锈蚀疲劳影响时,采用实桥锈蚀构件进行研究进而更精细地评估结构的损伤情况。

2.4.1 锈蚀材料的疲劳试验

选取浙江路桥跨中主桁内侧纵梁腹板位置上的废弃钢材加工锈蚀试件。这些材料与之前进行拉伸试验所用材料来源相同,具有较好的可比性。疲劳试件采用线切割机加工制备,试件尺寸示于图 2.32 中。构件加工好并经喷砂除锈后的照片示于图 2.33 中。

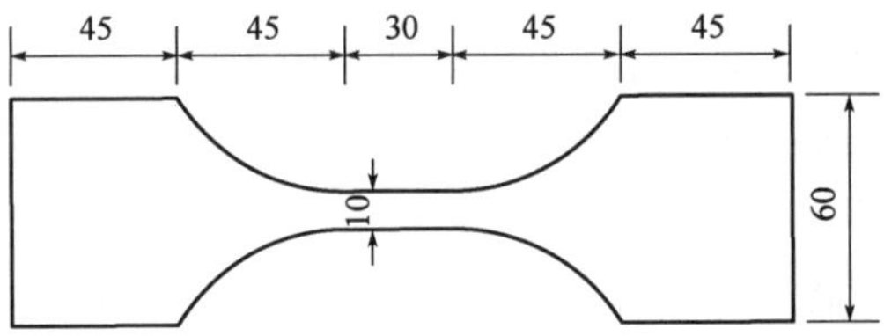

图 2.32 浙江路桥材料疲劳试件加工尺寸(尺寸单位:mm)

部分试件在夹持部分进行了磨平加工,这是考虑到材料锈蚀的不规则性,为了便于疲劳试验机的夹具夹持、避免构件在夹头处断裂而导致试验失去意义(夹头处截面大,实际应力与计算值不同)进行的处理。

对上述构件进行常幅疲劳试验。根据欧洲规范 3,此次疲劳试验所用试件的疲劳细节为 140,即对应于 2.0×10^6 次疲劳循环的疲劳抗力为 140MPa。试验疲劳荷载采用正弦波,试验应力比 $R=0.1$。为避免试件过早破坏,选取的荷载峰值为 14kN、荷载谷值为 1.4kN、加载频率为 40Hz。由计算可知构件实际加载应力幅为 126MPa。

试验中止条件为:①试件断裂失效;②试件达到换算疲劳极限寿命。

欧洲规范 3 中规定,疲劳细节 140 对应的常幅疲劳极限为 103MPa,该常幅疲劳极限对应的疲劳寿命为 5.0×10^6 次。但工程上通常以对应于 1.0×10^7 次加载循环的疲劳荷载定义为名义疲劳极限,认为低于该荷载的疲劳应力循环对试件不构成疲劳损伤。这里考虑到浙江路桥的重要性,偏保守地取对应 103MPa 时 1.0×10^7 次疲劳寿命为名义疲劳极限。则根据换算,对应于试验荷载 $\Delta\sigma=126\text{MPa}$,对应的循环数为 5.0×10^6,因此在试验中达到 5.0×10^6 次循环而不破坏即终止试验。

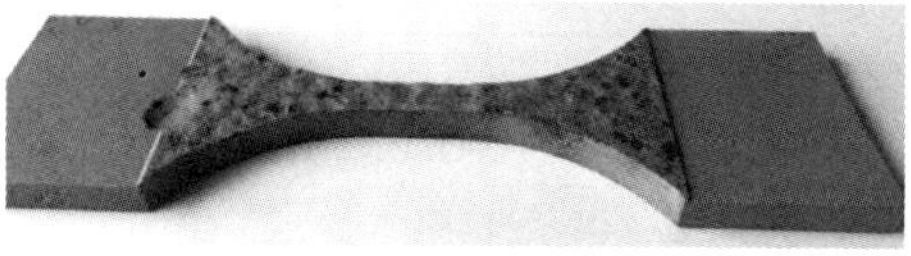

a)试件1

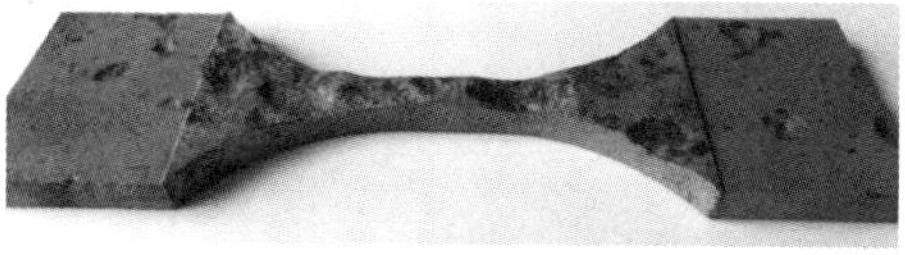

b)试件2

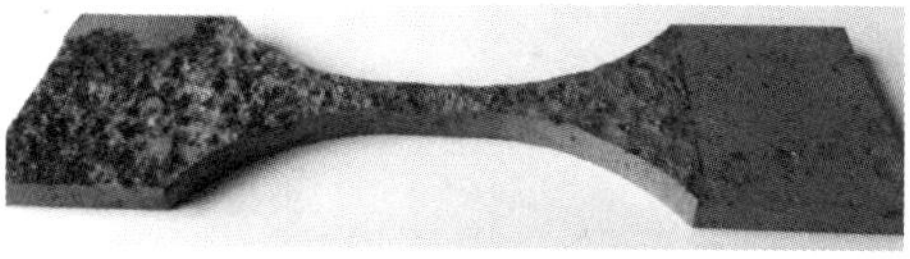

c)试件3

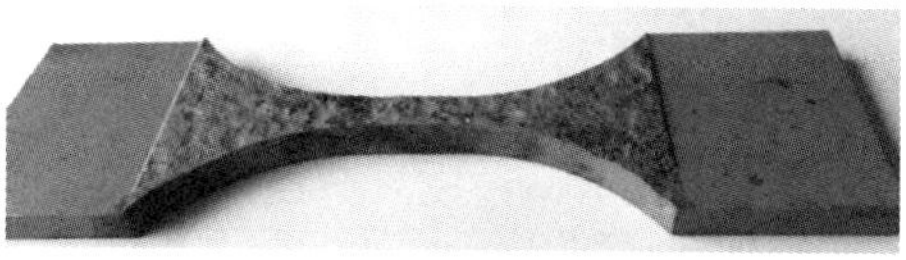

d)试件4

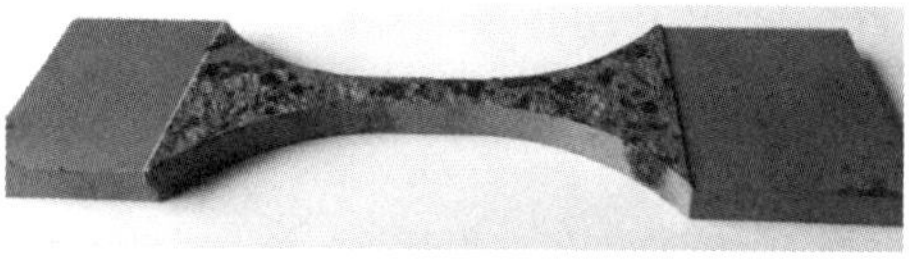

e)试件5

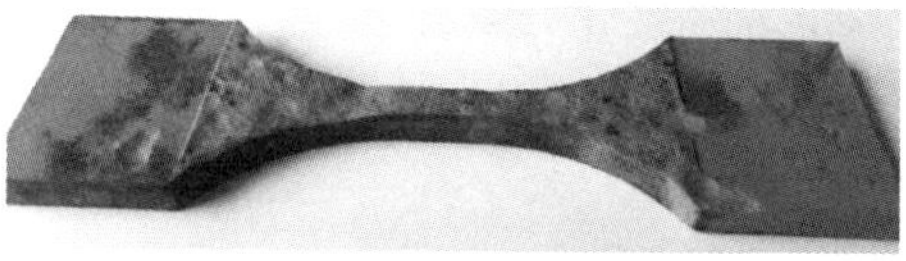

f)试件6

g)试件7

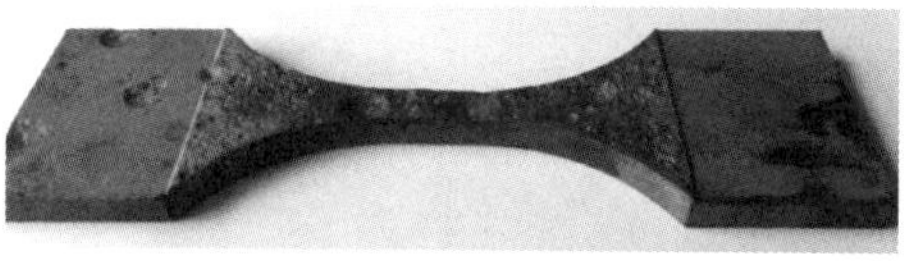

h)试件8

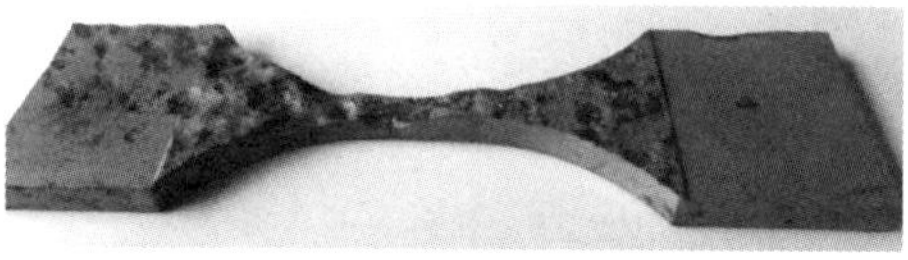

i)试件9

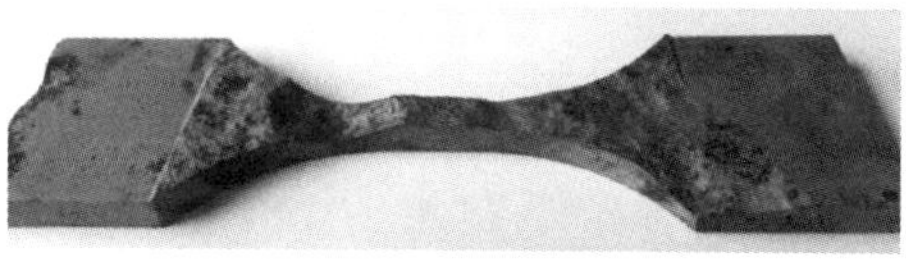

j)试件10

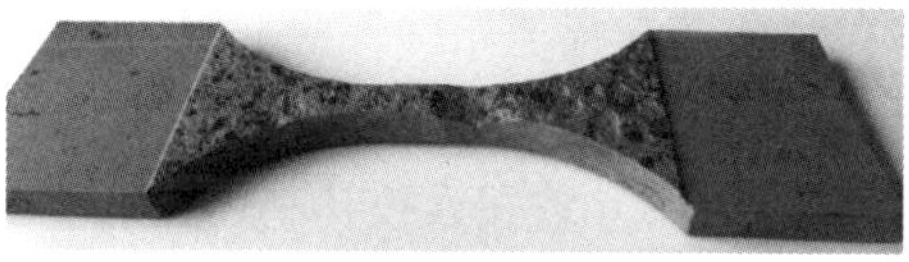

k)试件11

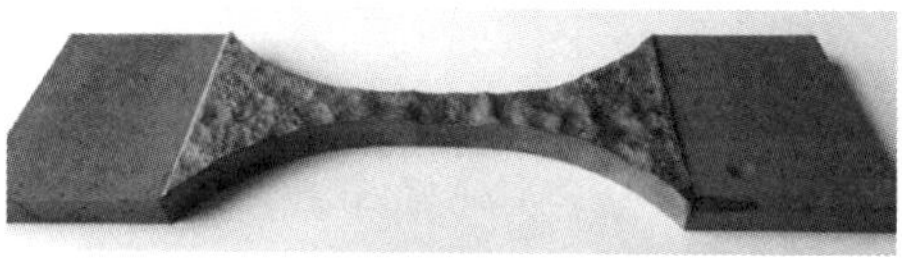

l)试件12

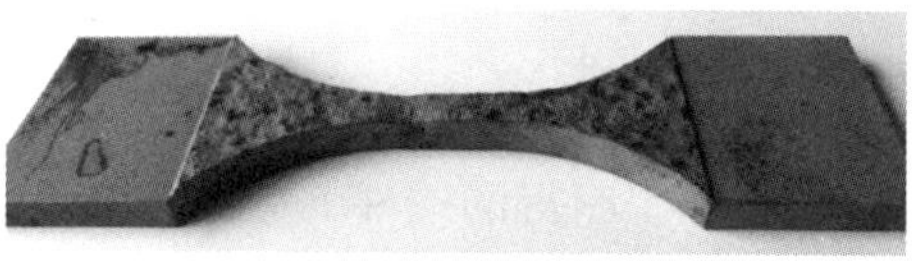

m)试件13

图 2.33 疲劳试件外观

各构件的疲劳寿命与锈蚀程度测量结果列于表 2.2 中。

此次试验中共有 6 根构件萌生疲劳裂纹。观测试件断口可见钢构件的疲劳破坏包括两类情况：

(1)如同正常的各向同性材料一样出现单条萌生于初始缺陷处、垂直于构件受拉方向的裂纹，如图 2.34 所示。

疲劳试件的结果　　表2.2

试件编号	疲劳寿命(次)	最大失厚率(%)	试件编号	疲劳寿命(次)	最大失厚率(%)
1	≥5000000	25.33	8	≥5000000	18.17
2	276821	50.17	9	≥5000000	37.00
3	30657	65.67	10	≥5000000	31.17
4	16645	60.67	11	1225060	41.00
5	1544380	28.33	12	≥5000000	17.33
6	≥5000000	21.00	13	263025	27.5
7	≥5000000	30.00			

(2)出现多条疲劳裂纹,且裂纹仅在初期沿垂直于受拉方向扩展,随后裂纹扩展方向转折近90°,如图2.35所示。

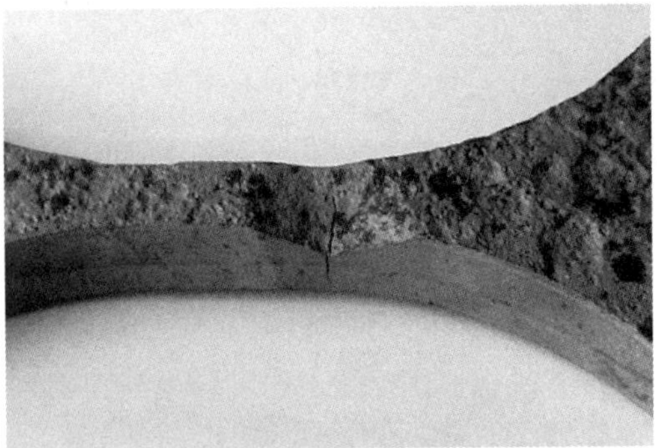

图2.34　试件2疲劳裂纹

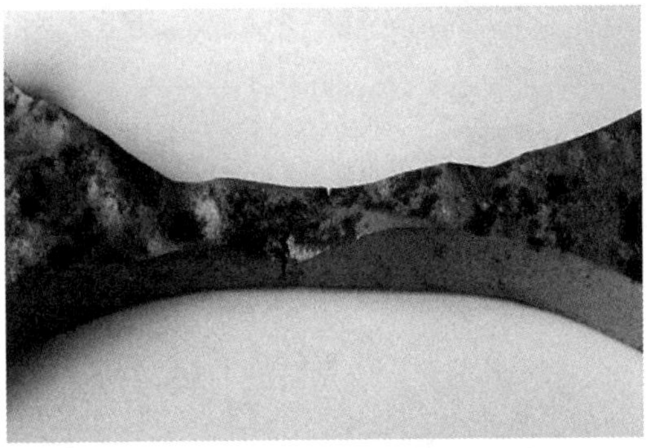

图2.35　试件4疲劳裂纹

图2.35所示的疲劳裂纹表明浙江路桥钢构件的材质较差,易于出现疲劳问题。由于构件锈蚀导致构件在多个截面同时存在应力集中问题,在疲劳荷载幅值始终保持不变的前提下,构件可能在多个截面同时满足裂纹萌生条件,从而最终出现多条裂纹同时扩展的情况。此外,浙江路桥所用钢材为一百年前生产,当时的生产技术不够先进,导致在钢板轧制过程中出现层状夹杂。当疲劳裂纹扩展达到层状夹杂边缘时,由于夹杂处裂纹扩展的断裂韧性更低,导致裂纹转变方向,沿着构件中的夹杂层扩展,从而出现裂纹扩展方向平行于受拉方向的情况。

2.4.2　锈蚀构件的疲劳试验

材料的疲劳性能与采用同种材料加工制得的构件的疲劳性能不尽相同,这是因为构件上由于机械(或焊接)切割以及连接而在部分截面上形成应力集中,导致构件的疲劳抗力往往低于材料的疲劳抗力。为此,在材料疲劳性能试验之外,项目研究中还开展了构件级的疲劳试验研究。

疲劳试验构件同样取材于浙江路桥的废弃构件。在综合考虑废弃构件拆卸施工时间节点以及构件废弃前的受力特点后,选取浙江路桥人行道托架悬臂根部上方的部件,加工为疲劳试件(图2.36)。

对加工好的疲劳试件以应力比 $R=0.1$ 进行疲劳加载,加载波形选为正弦波。

本次疲劳试验对象的疲劳细节对应于规范中疲劳细节为90的疲劳曲线,即对应于90MPa常幅疲劳荷载的疲劳寿命为 2×10^6 次。为缩短试验时间,依据Miner线性积商准则,在试验中

采取了提高试验荷载的方法降低加载耗时。具体试验流程如下:

(1)初期加载疲劳荷载为 6~60kN,折合等效疲劳应力幅为 96MPa。

(2)二级加载疲劳荷载为 10~100kN,折合等效疲劳应力幅为 160MPa。

(3)末级加载疲劳荷载为 15~150kN,折合等效疲劳应力幅为 240MPa。

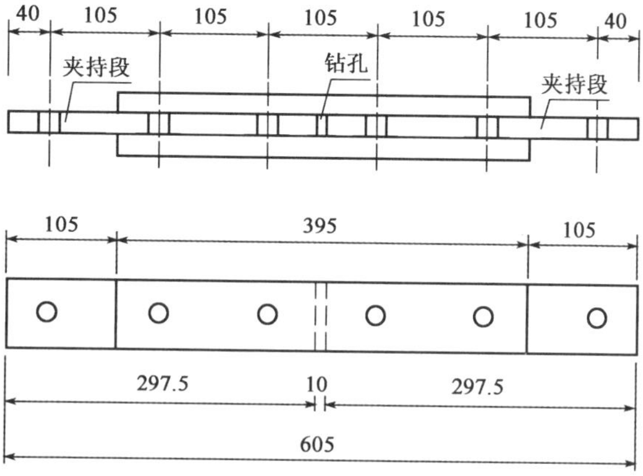

图 2.36 构件疲劳试件加工图(尺寸单位:mm)

疲劳试验结果列于表 2.3 中。

疲劳试验寿命 表 2.3

试件编号	加载次数			等效次数
	96MPa	160MPa	240MPa	90MPa
1	8000684	540456	132488	15258110
2	夹头处断,数据作废			
3	0	198582	137005	3713785

由表 2.3 可见,有效疲劳试验的等效疲劳加载次数均超过 2×10^6 次,故可认为浙江路桥所用钢材的疲劳强度达到了欧洲规范相关规定的要求,因此可按欧洲规范的相关规定计算各个疲劳细节的疲劳强度。

图 2.37 和图 2.38 中分别示出了构件断口全貌以及裂纹起裂侧断口全貌。

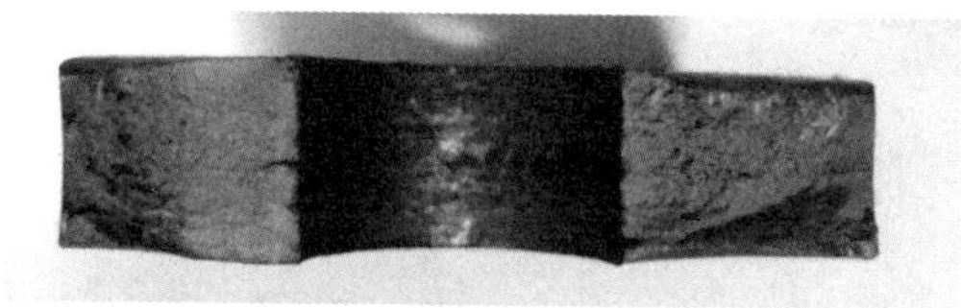

图 2.37 构件 3 断口形貌

图 2.38 构件 3 裂纹扩展断面

由图 2.38 可见,裂纹起始于铆钉孔内侧,这与常识中认为铆钉孔导致应力集中的观点是相一致的。仔细观察裂纹扩展面可见由于疲劳荷载包括了不同应力幅的多个加载阶段,因此在裂纹扩展面上也可以看到多个疲劳裂纹扩展区域。在图 2.38 中粗实线方框内是第一级加载区域,由于初始加载的疲劳荷载较小,裂纹扩展速度较慢,因此裂纹扩展面较为光滑致密;图 2.38中细虚线方框中所示为下一级加载阶段的裂纹面。由于疲劳荷载较高,裂纹扩展速度较快,裂纹表面也相对粗糙。当铆钉孔一侧的裂纹扩展量超过全截面 1/4 时,此时净截面最大应力约为 356MPa,接近材料的极限强度,导致结构迅速破坏,如图 2.38 中细虚线方框左侧的断面区域所示。

再进一步细致查看图 2.38 中粗实线方框内的区域,可见第一级裂纹扩展面上存在着多个裂纹起始源,每个裂纹起始源均对应着一块小的裂纹起始面。这些裂纹起始面间隔着一些钢板轧制过程中形成的层间夹杂,导致粗实线方框区域内的各小块裂纹起始面实际并不处于同一平面内。从这一点上来说,浙江路桥所用钢材的耐疲劳性能要逊于按现代技术轧制的结构钢材。

为了进一步深入了解浙江路桥老构件的抗疲劳性能,对浙江路桥试件的裂纹表面进行扫描电镜研究。

分别选取受拉破坏撕裂面、垂直受拉方向(正常开裂方向)疲劳裂纹扩展区以及平行受拉方向(少见开裂方向)疲劳裂纹扩展区进行扫描电镜检测,在每个裂纹面上分别选取两个区域进行拍照分析。

图 2.39 示意了浙江路桥老钢材受拉破坏撕裂面断口的 SEM 照片,可见构件在受拉破坏时存在大量明显的韧窝。图 2.39a) 中示出了撕裂面上的微裂纹痕迹。依据图中比例尺可测得微裂纹宽度达到 30 μm,即 0.03mm,已进入肉眼可辨的范围。这些微裂纹表明构件上存在着微小缺陷。

对图片进一步分析,可见在断裂面表面以及凹陷处存在着许多大小不一的球体,如图 2.39 a) 和 d) 所示。这种结构并不属于常见的钢材微观构造,猜测可能是冶炼过程中形成的杂质。由于这些球形杂质分布在钢材中,增加了钢材内部的空穴和缝隙,而且这些空穴和缝隙由于球体的存在,在轧制过程中无法闭合。显然这些杂质是降低结构疲劳强度的重要因素之一。

图 2.40 示出了垂直受拉方向上疲劳扩展面的 SEM 照片,可见构件晶体在裂纹面上参差不齐,显示为沿晶型断裂。

a)

b)

图 2.39

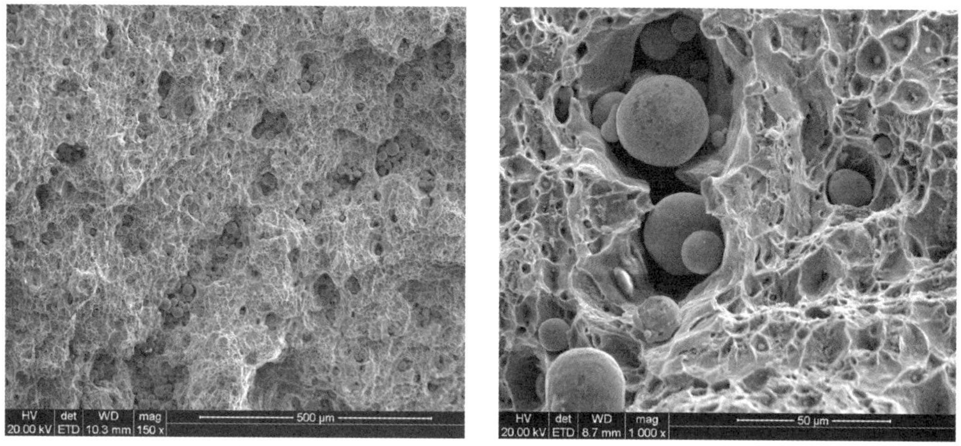

c) d)

图 2.39 受拉破坏断面扫描电镜照片

a) b)

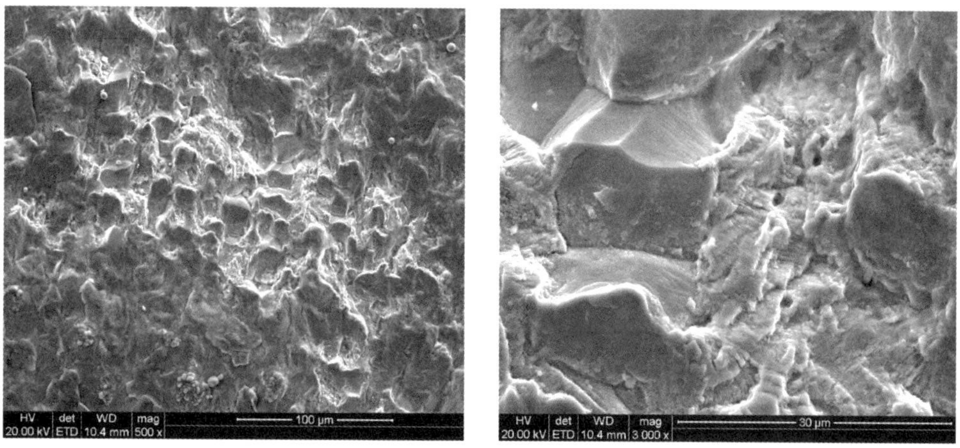

c) d)

图 2.40 垂直受拉方向裂纹面扫描电镜照片

图2.41示出了平行于受拉方向上裂纹表面的扫描电镜照片。可见在各撕裂面间，裂纹表面很粗糙，但在同一平面内，裂纹表面较为光滑。

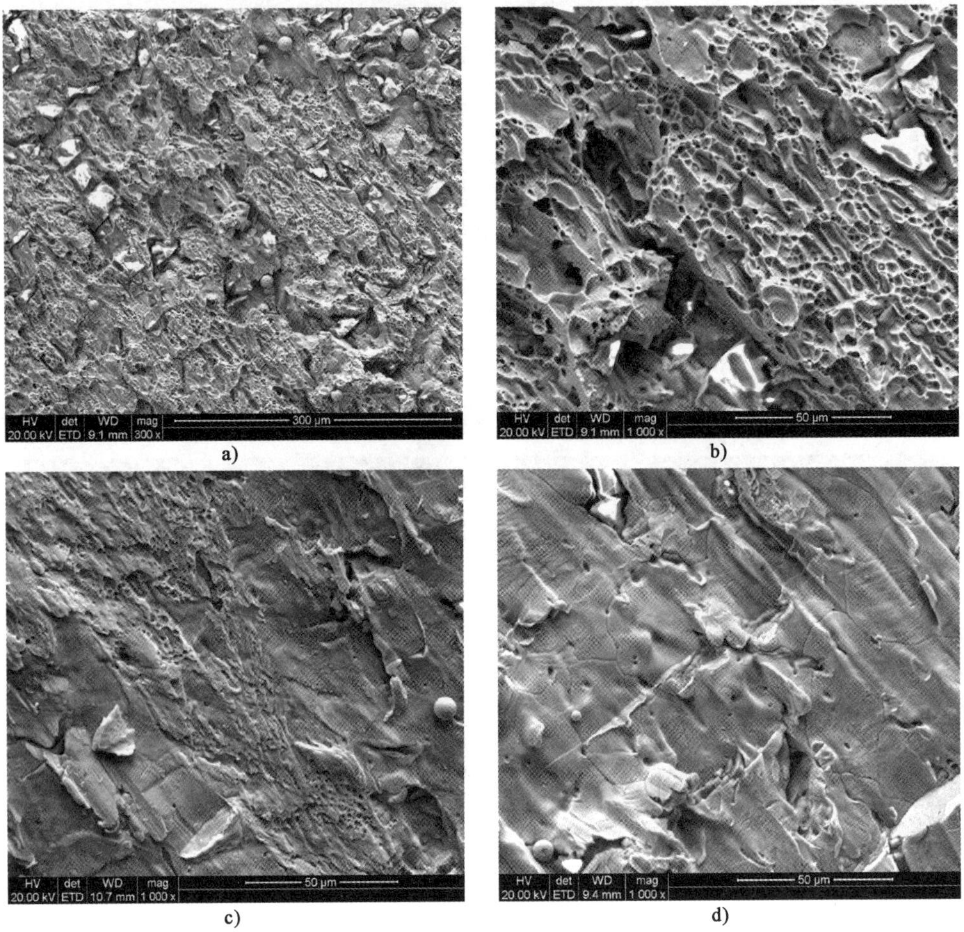

图2.41 平行受拉方向裂纹面扫描电镜照片

2.4.3 锈蚀构件的疲劳评估模型

将表2.2中试验结果图绘于图2.42中。由图中数据可见随着锈蚀程度（失厚率ρ_t）的增加，钢材的疲劳寿命显著降低。且当横坐标采用对数坐标后，两者间的关系接近线性变化。由于试验疲劳应力幅达到构件的常幅疲劳极限$\Delta\sigma_D$，因此图2.42中的拟合曲线可看作对锈损构件在疲劳极限荷载作用下的拟合。

在欧洲规范中，新构件（即$\rho_t=0$）对应于5×10^6次常幅疲劳寿命的应力幅记为常幅疲劳极限。该点在图2.42中试验值拟合曲线（虚线）下方，表明试验材料的疲劳强度略高于规范建议值，因此按规范值进行疲劳评估将得到偏于保守的结果。为建立锈蚀构件的疲劳评估模型，偏保守的在图2.42中再取一点（10^4，60%），该点同样在试验值拟合曲线下方，两点间的连线为图2.42中的实线，其表达式整理后可得到式(2.7)。图2.42中的实线在试验值拟合曲线的下方，且仅有一个试验数据点略低于实线，因此认为采用实线验算锈损构件的疲劳是偏于安全的。

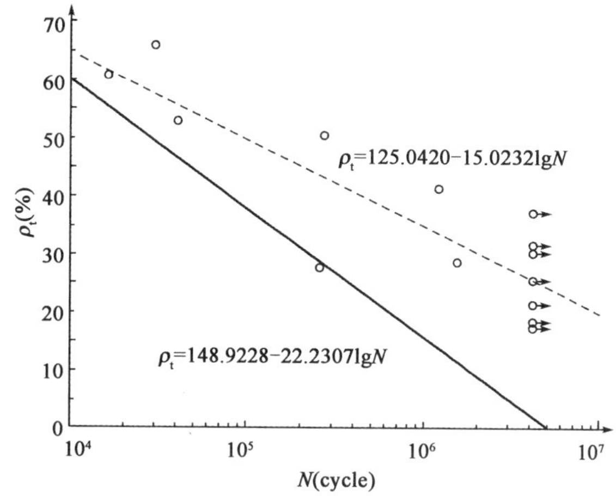

图 2.42 疲劳试验结果

$$N = \exp\frac{148.9228 - \rho_t}{22.2307} \tag{2.7}$$

根据式(2.7)可算得在常幅疲劳极限荷载作用下,对应于失厚率 ρ_t 构件的疲劳寿命。但采用式(2.7)计算非常幅疲劳极限荷载下结构的疲劳寿命并不方便,为贴合计算习惯,这里结合《公路钢结构桥梁设计规范》(JTG D64—2015)中 S-N 曲线公式对式(2.7)进行等值变换。将式(2.7)代入下式中:

$$2\times10^6\Delta\sigma_C'^3 = N\Delta\sigma_C^3$$

整理后,可得:

$$\Delta\sigma_C' = k_{ef}\Delta\sigma_C = 10^{0.133-0.015\rho_t}\Delta\sigma_C \tag{2.8}$$

式中,$\Delta\sigma_C$ 为构件疲劳细节抗力(MPa);$\Delta\sigma_C'$ 为考虑锈蚀折减后的构件折算疲劳细节抗力(MPa);k_{ef} 为锈蚀构件的疲劳折减系数。

显然,当已知待评估构件的锈蚀程度后,就可采用式(2.8)计算得到构件的等效疲劳曲线,从而依据常规疲劳寿命评估方法对锈蚀构件进行分析。

2.5 构件锈蚀程度预测

许多早期修建的钢桥在设计中并未考虑后期养护维修的需求,对个别构件进行重新涂装对业主来说是不划算的。因此表面涂装失效的钢构件往往需要在恶劣环境中继续服役多年才会在整桥大修时重新获得保护。所以锈蚀钢构件的评定不光需要确定钢构件当前状态下的承载能力,还需要确定结构继续锈蚀一段时间后的承载能力。这要求对构件未来的锈蚀程度进行预测。

碳钢大气腐蚀速度研究主要采用自然环境大气腐蚀与加速锈蚀腐蚀试验两类方法。但前一种方法更贴近实际情况,现在涉及大气腐蚀速度研究的主要理论体系也是建立在自然环境大气腐蚀观测基础之上的。通过统计大气腐蚀站点的实测数据,可知金属的锈蚀程度随时间服从幂指数函数变化规律[20],即

$$D = AT^n \tag{2.9}$$

式中，D 为按质量失重换算得到的平均锈蚀深度(mm)；T 为累计暴露时间(年)；A 和 n 分别为与环境因素及材料成分相关的参数。

或

$$\rho_m = \frac{AT^n}{t_0} \tag{2.10}$$

参数 A、n 通常根据大气腐蚀观测站点实测数据拟合得到。对那些未设置大气腐蚀观测站点或未开展自然环境大气腐蚀试验的材料的参数，研究者主要采用线性回归[21,22]或人工神经网络[23,24]的方法确定。本桥采用了梁彩凤等提出的预测方法，根据 17 种钢材在中国 7 个主要自然大气腐蚀站点腐蚀 16 年的观测结果线性回归得到了这些钢种的 A、n 数据[25]。计算公式如下：

$$A = 0.031 + \sum A_i X_i \tag{2.11}$$

$$n = -0.079 + \sum n_i X_i \tag{2.12}$$

式中，X_i为锈蚀影响因素；A_i和n_i为线性回归得到的对应于X_i的常数，取值列于表 2.4 中。

A_i 和 n_i　　表 2.4

X_i	单　位	n_i	A_i(mm/a)	备　注
Rh	100^{-1}	0.216	0	年均
T	℃/100	0	0.367	年均
Cl^-	mg/($100cm^2$/d)	1.022	0.016	沉降量
SO_2	mg/($100cm^2$/d)	0.195	0.028	沉降量
日照时数	(mm/a)×(h/a)/10^6	0.145	-0.021	全年
Cu	%	-0.452	0	含量
Mn	%	0	-0.013	含量
Si	%	0.052	-0.022	含量
P	%	-0.0069	-0.0024	含量
S	%	0.0375	0.0036	含量
Cr	%	-0.025	-0.012	含量
Ni	%	0	0	含量
Mo	%	0	0	含量
C	%	0	0	含量

根据以上公式，对于浙江路桥可以算得，$A = 0.0576$，$n = 0.77$。

以上方法仅能为我们预测特定年限时的钢构件失重率，为此需进一步考虑如何将失重率转换为失厚率的问题。将表 2.1 中测得的 ρ_t、ρ_m 数据绘于图 2.43 中，可见 ρ_t、ρ_m 数据近似服从线性分布，因此对图 2.43 中数据点进行曲线拟合得到：

$$\rho_m = 0.5115\rho_t \tag{2.13}$$

根据以上研究成果即可确定浙江路桥锈蚀构件的计算方法。

(1)对于已锈蚀构件,其锈蚀程度可根据检测结果确定,该构件锈蚀部分的允许承载力按式(2.4)计算。

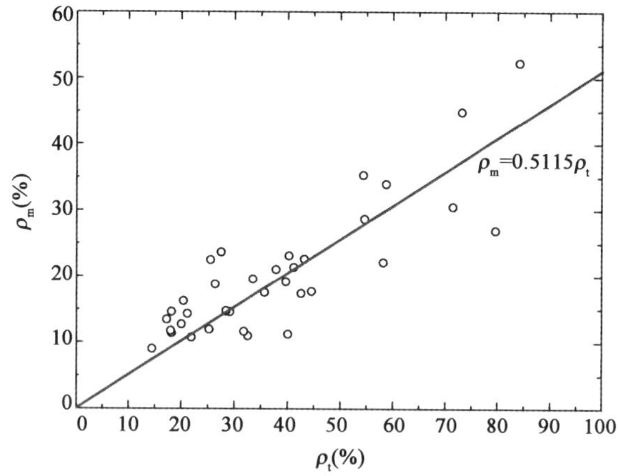

图 2.43 ρ_t-ρ_m曲线

(2)构件在使用中局部表面涂装损坏,且偏保守的假定后期重新涂装无法起到保护效果,此时可根据式(2.14)计算构件的锈蚀程度:

$$D = 0.0576(t - t_0)^{0.77} \tag{2.14}$$

式中,t_0为构件表面防蚀涂装的使用寿命。

构件在使用中局部表面涂装损坏,但构件的后续防蚀作业可以达到部分防蚀效果,此时构件将以一个低于正常的速度继续锈蚀。

$$D = A_r(t - t_0)^{0.77} \tag{2.15}$$

式中,A_r为重涂油漆构件第一年的锈蚀速度,$A_r = 0.002 \times 12 = 0.024$(mm)。

(3)当构件的剩余允许承载力低于浙江路桥结构的荷载作用时,构件即达到其设计使用寿命。

2.6 强度验算与寿命评估

结合之前的研究成果对浙江路桥钢构件的结构强度及疲劳寿命进行评估,主要包括以下几个方面的内容:

(1)在现状锈蚀状态下,构件的强度与稳定验算。

(2)在使用 50 年后,构件的强度与稳定验算。

(3)在使用 100 年后,构件的强度与稳定验算(用于比照)。

(4)在现状锈蚀状态下,评估构件的疲劳寿命。

2.6.1 基本参数及流程

根据材料试验结果,浙江路桥所使用材料的各项性能指标类似于现在使用的 Q235 钢。

因此检算中，材料的允许应力按照 Q235（即 A3）钢确定，具体参数为：$[\sigma]=140\text{MPa}$，$[\sigma_w]=145\text{MPa}$，$[\tau]=85\text{MPa}$，其容许应力的提高系数 k 为 1.0。

浙江路桥主桁铆钉直径为 22.225mm，均按工地铆钉计算，其抗剪强度为 100MPa，抗压强度为 250MPa，抗拉强度为 80MPa。

浙江路桥的车辆荷载分别按城-B 荷载以及模拟得到的 50 年、100 年重现期交通荷载极值三种情况验算，人群荷载取为 4kPa。承载能力验算依据《公路桥涵钢结构及木结构设计规范》（JTJ 025—86）。

对浙江路桥构件在今后使用中的锈蚀问题，按如下流程进行分析：

（1）根据检测，X1U1、X1U2、X1M1、X1M2 四根构件（实际 X1U1 和 X1M2 为同一根构件，但可按两段分别进行验算）及其对称构件在全桥的锈蚀程度较高，偏保守地按全截面损伤 1/4 进行计算。

（2）跨中桁架斜腹杆在节点板端的锈蚀程度较高，截面损失约为 5%（跨中竖腹杆下端同样严重锈蚀，但已被更换，因此不予考虑）。但锈蚀位于斜腹杆最末排铆钉外侧，而该斜腹杆由 6 排铆钉连接，因此锈蚀截面仅需要通过 1/6 最大荷载作用的验算即可保证结构安全。

（3）其余主桁构件的锈蚀损伤均不明显，对这些拟保留主桁杆件统一按截面损失 2% 进行计算，对应的验算强度为 125MPa。

（4）拟保留构件在本次大修中将经过彻底的除锈和重新涂装，偏保守的假定现有涂装体系可以保护浙江路桥钢构件 10 年内不受锈蚀侵扰。

（5a）10 年后，忽略运营期涂装对结构的防蚀效果。按式（2.14）算得各构件的锈蚀厚度，计算结果分别为 $D_{50}=0.99\text{mm}$ 和 $D_{100}=1.84\text{mm}$。

（5b）10 年后，在运营期间涂装对防蚀有一定效果，但达不到本次大修的水平。这时可按式（2.15）计算，结果分别为 $D_{50}=0.41\text{mm}$ 和 $D_{100}=0.77\text{mm}$。

（6）在验算浙江路桥保留构件 50 年及 100 年后的强度时，按构件现有截面尺寸计算各构件的失重率，计算结果列于表 2.5 和表 2.6 中。依据第 4 章中的研究成果，按式（2.4）计算各构件在锈蚀后的剩余强度，计算结果列于表 2.7 和表 2.8 中。

主桁构件计算失重率（10 年后涂装完全失效） 表 2.5

构件位置	原始截面面积（mm^2）	50 年后计算截面面积（mm^2）	失重率（%）	100 年后计算截面面积（mm^2）	失重率（%）
上弦杆	63717.42	60951.36	4.34	58576.46	8.07
下弦杆	52424.58	50262.03	4.12	48405.29	7.67
端立柱	63717.42	60951.36	4.34	58576.46	8.07
端竖腹杆	13851.95	12714.10	8.21	11737.15	15.27
端 X 腹杆	13550.39	12393.68	31.40	11400.54	36.90
次端 X 腹杆	14596.75	13458.89	7.80	12481.94	14.49
其余腹杆	18228.44	16939.70	7.07	15833.22	13.14

主桁构件计算失重率(10年后涂装部分失效)　　表2.6

构件位置	原始截面面积(mm^2)	50年后计算截面面积(mm^2)	失重率(%)	100年后计算截面面积(mm^2)	失重率(%)
上弦杆	63717.42	62571.88	1.80	61566.04	3.38
下弦杆	52424.58	51528.98	1.71	50742.60	3.21
端立柱	63717.42	62571.88	1.80	61566.04	3.38
端竖腹杆	13851.95	13380.72	3.40	12966.95	6.39
端X腹杆	13550.39	13071.35	27.65	12650.72	29.98
次端X腹杆	14596.75	14125.51	3.23	13711.75	6.06
其余腹杆	18228.44	17694.72	2.93	17226.09	5.50

主桁构件验算强度设计值(10年后涂装完全失效)　　表2.7

构件位置	50年后		100年后	
	失重率(%)	材料强度(MPa)	失重率(%)	材料强度(MPa)
上弦杆	4.34	110	8.07	82
下弦杆	4.12	112	7.67	85
端立柱	4.34	110	8.07	82
端竖腹杆	8.21	81	15.27	28
端X腹杆	31.40	0	36.90	0
次端X腹杆	7.80	84	14.49	33
其余腹杆	7.07	89	13.14	44

主桁构件验算强度设计值(10年后涂装部分失效)　　表2.8

构件位置	50年后		100年后	
	失重率(%)	材料强度(MPa)	失重率(%)	材料强度(MPa)
上弦杆	1.80	130	3.38	118
下弦杆	1.71	131	3.21	120
端立柱	1.80	130	3.38	118
端竖腹杆	3.40	118	6.39	96
端X腹杆	27.65	0	29.98	0
次端X腹杆	3.23	120	6.06	98
其余腹杆	2.93	122	5.50	102

2.6.2 荷载作用

求荷载效应最大值的主流方法是基于Rice公式的外推荷载效应法。该方法适用于外推泊松随机过程中出现的最大值或最小值,在简化后也可用于其他随机过程最大值的估算。

在很多情况下,工程人员和科研工作者倾向于关心随机变量在一确定值下的穿越次数,而不是这一随机变量的最大或者最小值。对任一随机变量 X,v 为一实数,如果存在 $x > v$,则称 $X = x$这一事件是对 v 的穿越。穿越次数应区别向上穿越和向下穿越,如图 2.44 所示。

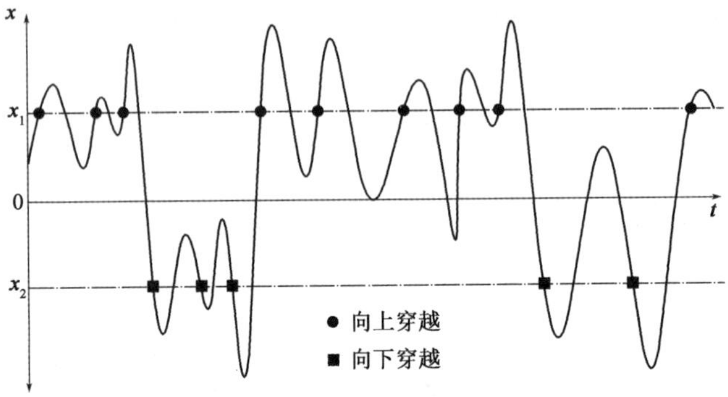

图 2.44　随机过程穿越次数计算示意

车辆通过时形成的应力历程同样可以采用穿越次数的方式加以计数。由图 2.45 可见,穿越次数是随着荷载效应规律变化的,随着荷载效应增加,穿越次数将逐步降低,并无限趋近于 0。从理论上来说,穿越数达到 0 时对应的荷载效应即为荷载作用的极限值。

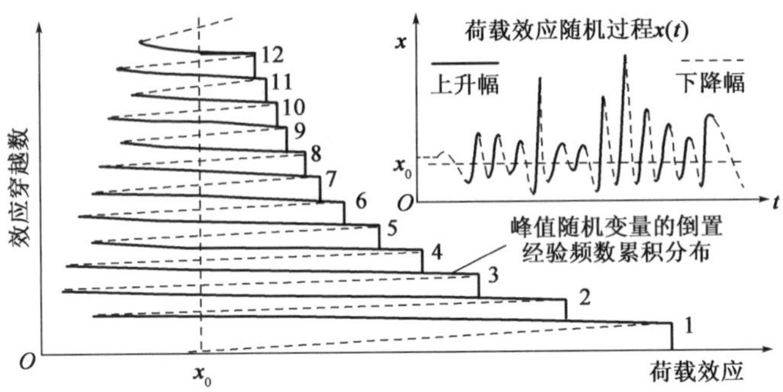

图 2.45　穿越次数统计

根据交通规划,浙江路桥未来的交通量不会超出当前水平。因此可利用往年的浙江路桥交通量及车辆调查资料对交通流参数进行统计分析。

根据大修前对浙江路桥现场调查结果,该桥主要通行车型可分为 5 类:小客车、大客车、小货车、大货车、摩托车(含助动车)。图 2.46 中示出了浙江路桥从周一到周日(2012 年 10 月 29 日 ~2012 年 11 月 4 日)每日中 5 种车型的单位时间(一刻钟)交通量统计结果曲线。由图可见,交通量变化规律与当地居民的作息时间基本相符。每日交通流密度的峰值出现在 8:00 ~ 17:30;而 23:00 至次日 4:30 期间的交通流密度则处于最低谷,各类型车辆均较少。除摩托车外,机动车以小客车交通量最多,大货车交通量最少。

浙江路桥附近没有车辆称重点,因此采用设置了称重设备的近郊收费站车辆数据进行车重研究。考虑到交通管制等因素,市区车辆的载重普遍低于市郊,因此以市郊车辆的车重代替浙江路桥实桥车重进行分析是偏于安全的。

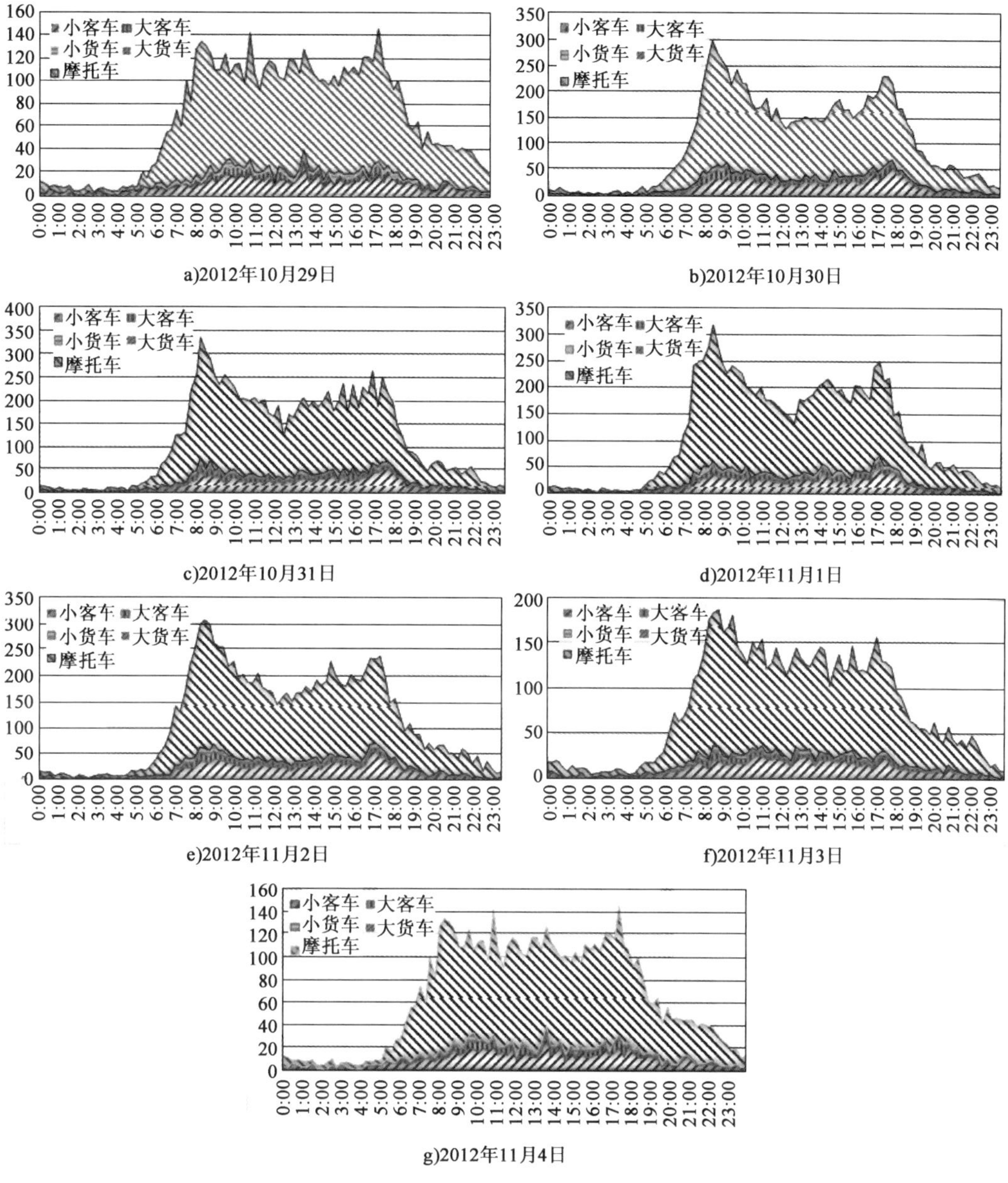

图 2.46 交通量每日统计结果(单位:辆)

图 2.47 ~ 图 2.50 中分别示出了 4 种主要车型的车重分布情况。研究中还分别对 4 种车型的车重分布进行曲线拟合,拟合公式同样示于这些图中。

车头间距决定了车辆在车队中的位置。在交通荷载作用中,需根据车辆的位置进行影响线加载最终计算车辆荷载对结构的作用效应。

由于车头间距具有较高的不确定性,目前尚没有一个完美的数学模型可以对该参数进行描述。国内外学者已经做了大量的实验工作,并建立了不同的分布模型。这些模型大体分为三方面:一是建立在车辆随机到达理论上的概率分布模型,包括负指数分布、移位负指数分布、正态分布、皮尔逊Ⅲ型分布和爱尔朗分布模型。二是基于自由交通流和强制交通流理论的概率分布模型。这种分布模型在城市道路系统中非常适用，但是模型的参数比较复杂。这类模型有聚束指数分布、双倍移位负指数分布以及一些其他的分布模型。三是建立在驾驶人、车辆行为与车头时距之间关系上的分布模型。这类模型由于收集数据比较烦琐，处理数据的工作量巨大，因此只适用于一些特殊目的的研究工作中。

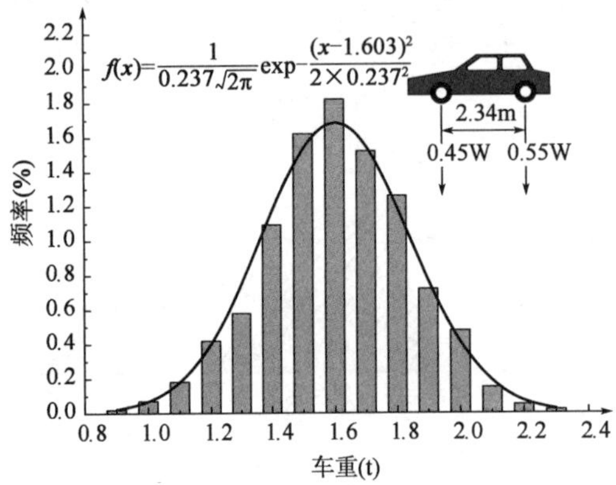

图 2.47　小客车车重统计数据及拟合曲线

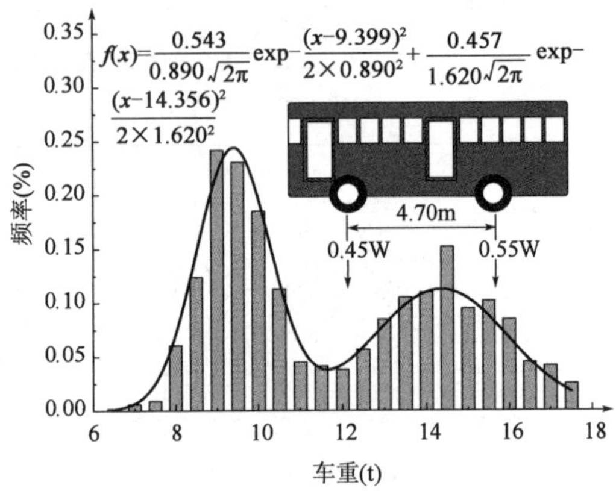

图 2.48　大客车车重统计数据及拟合曲线

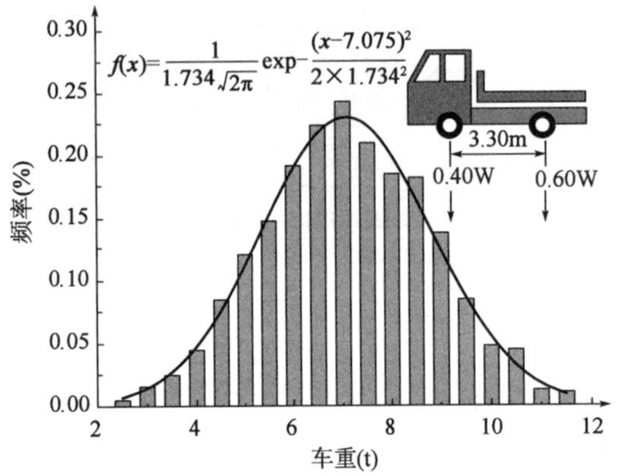

图 2.49　小货车车重统计数据及拟合曲线

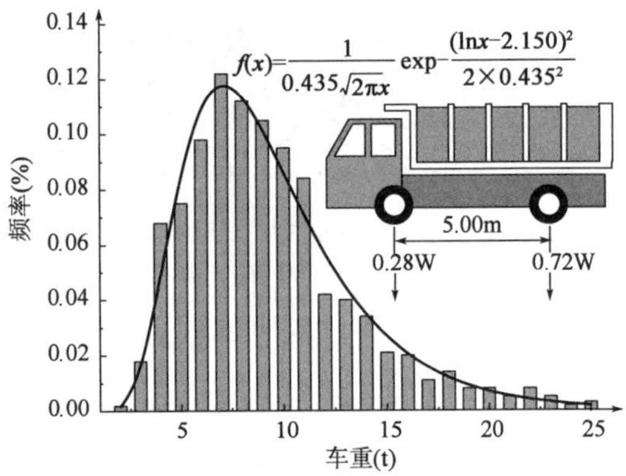

图 2.50　大货车车重统计数据及拟合曲线

该工程首先利用浙江路桥附近埋置的传感器记录车辆通过时间，再由通过时间算得车头时距，最后将车头时距与车速相乘得到车头间距。

为找出车头间距的变化规律，首先按半小时统计交通量，并以半小时内车头间距为样本分别统计均值与标准差。将计算结果绘制于图 2.51 和图 2.52，可见通过浙江路桥车辆的车头间距均值与车头间距标准差均近似服从幂指数规律。据此分别对车头间距均值与车头间距标准差拟合曲线，并同样将拟合公式标示于图 2.51 和图 2.52 中。

蒙特卡洛(Monte-Carlo)方法，是一种用数值模拟来解决与随机参量有关的实际工程问题的方法。根据随机分布函数的特征，只要知道一种具有连续分布的随机变量，就可以通过变换或运算产生其他任意分布的随机变量。而[0,1]区间上均匀分布的随机变量是最简单、最基本的分布，因此只要能够产生[0,1]区间上均匀分布的随机数列 $\xi_1,\xi_2,\cdots,\xi_n$，便可通过数学变换得到其他分布的随机数列。目前主流编程语言均提供了服从均匀分布的伪随机数模拟功能。因此,蒙特卡洛模拟需要解决的主要问题就是通过[0,1]区间均匀分布的随机数列 ξ_1,ξ_2,…,ξ_n,实现对任意分布随机变量的抽样。

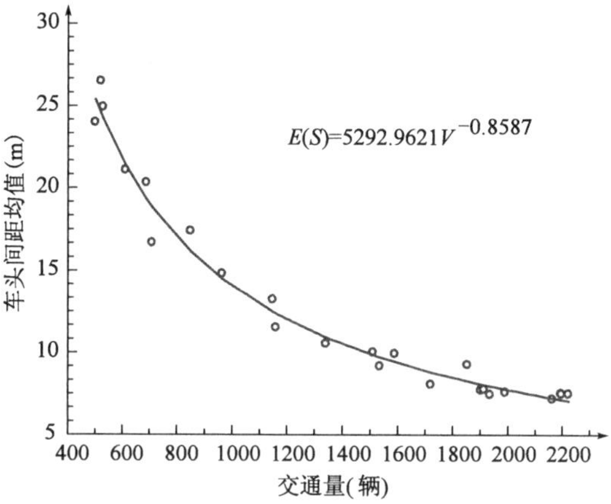

图 2.51 车头间距均值—交通量变化

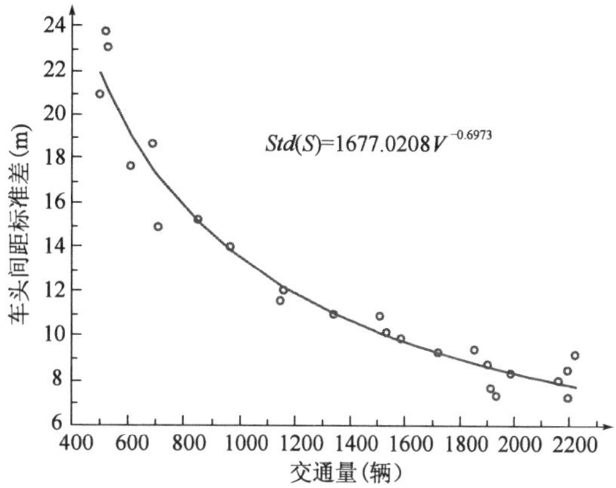

图 2.52 车头间距标准差—交通量变化

可以证明,若变量 η 的概率分布函数 $F(x)$ 是连续函数,则随机变量 $\xi=F(\eta)$ 是[0,1]区间上服从均匀分布的随机变量。进行变化可得:

$$\eta=F^{-1}(\xi) \tag{2.16}$$

式中,$F^{-1}(x)$ 表示 $F(x)$ 的反函数。

图 2.53 示出了 ξ 和 $F(\eta)$ 的对应关系。若 $F(\eta)$ 不是某种典型的分布函数而是由统计得到的数值表(例如荷载分布),用数值方法仍可作随机抽样的计算。

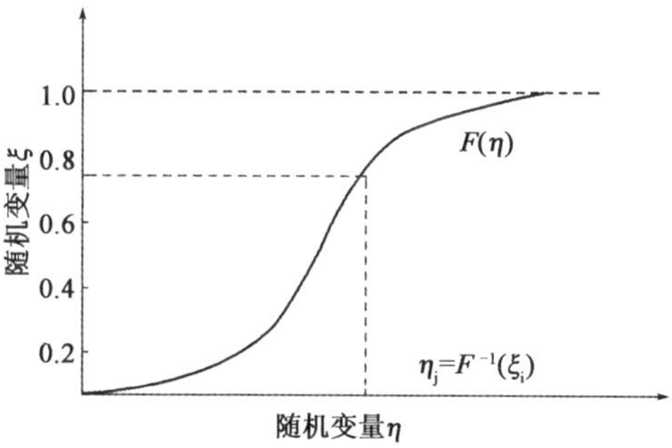

图 2.53 分布函数

具体到交通流蒙特卡洛模拟,各特征参数可按下述方法模拟:

(1)车型满足均匀分布。可以将[0,1]区间上均匀分布的随机序列作为车型的随机变量抽样值。

(2)车重分布的具体参数值参见图 2.47 ~ 图 2.50中的拟合公式。由于分布函数均可看作正态分布,因此可以相应地按正态分布抽样的方式进行模拟。

(3)轴重由车型和车重两项因素决定,在这里假设对每一车型,其各轴轴重之比为恒定值,从而可以依据车重模拟结果简化计算得到各车的轴重。

(4)车头间距满足对数正态分布。对于正态分布及对数正态分布,其反函数不能用显函数表示,可按相关文献中介绍的方式模拟,这里不再赘述。

具体步骤如下:

(1)利用均匀分布随机数抽样产生模拟车型。

(2)将均匀分布随机数通过函数关系转化为极值Ⅰ型随机变量,并根据所抽取车型的车重分布函数抽样得到车重值。

(3)根据模拟车型预先假定的前、后轴承载比例计算得到车辆各轴的轴重。

(4)依据图2.51和图2.52中公式计算车头间距的均值和方差。将均匀分布随机数通过函数关系转化为对数正态分布随机变量,求出车间距。

(5)将以上各值组成荷载数组,写入数据文件中。

按以上原理,对浙江路桥各主桁构件的应力历程进行统计分析和数据拟合,算得各构件对应于50年和100年重现期的车辆荷载作用极限值列于表2.9中。

由表2.9中数据可见:浙江路桥钢构件的城-B荷载计算结果低于按Rice公式外推得到的计算结果。这是由于在模拟车流中采用了上海市近郊车辆的称重数据。由于近郊车辆中重车较多,而浙江路桥位于市中心,货车载重普遍偏低,因此实际外推结果显得过于保守。然而,考虑到浙江路桥的重要意义,在验算中仍采用表2.9中数据进行验算,作为参考。

车辆荷载作用极值(单位:MPa) 表2.9

位置	编号	Midas-城B		50年外推交通荷载		100年外推交通荷载	
		最大	最小	最大	最小	最大	最小
竖杆	U1M1	8.81	-0.09	14.09	-0.10	15.50	-0.11
	U2M2	7.56	-0.83	11.43	-2.18	12.57	-2.40
	U3M3	7.62	-0.95	10.78	-2.66	11.86	-2.93
	U4M4	9.43	-1.25	15.30	-3.09	16.83	-3.40
	U5M5	13.90	-1.53	19.14	-5.46	21.05	-6.01
	U6M6	15.30	-1.70	20.12	-6.16	22.13	-6.78
上弦杆	U0U1	0.70	-13.20	1.00	-35.12	0.90	-38.64
	U1U2	0.10	-11.90	1.70	-13.33	1.87	-14.66
	U2U3	0.09	-8.92	1.51	-25.12	1.66	-26.64
	U3U4	0.10	-8.93	1.92	-17.11	2.11	-18.82
	U4U5	0.07	-8.63	0.83	-23.30	0.91	-28.64
	U5U6	0.08	-8.54	1.12	-16.83	1.23	-18.51
下弦杆	U0M1	13.50	-0.40	22.44	-1.00	24.69	-1.10
	M1M2	12.50	-0.06	35.12	-1.00	38.64	-1.10
	M2M3	12.70	-0.08	25.22	-1.50	27.74	-1.65
	M3M4	11.80	-0.08	35.12	-1.50	38.64	-1.65
	M4M5	11.00	-0.17	29.10	-2.00	32.01	-2.20
斜腹杆	X1U1	6.27	-1.54	8.50	-3.62	9.35	-3.98
	X1U2	4.67	-2.65	8.89	-3.62	9.78	4.05
	X1M1	5.31	-2.23	7.61	-2.95	8.37	-3.25
	X1M2	5.37	-1.01	7.64	-3.33	8.40	-3.66
	X2U2	4.85	-1.66	5.72	-3.37	6.29	-3.71
	X2U3	6.31	-2.72	8.82	3.37	9.70	3.71
	X2M2	6.04	-1.73	8.27	-2.60	9.10	-2.86

续上表

位置	编号	Midas-城 B		50 年外推交通荷载		100 年外推交通荷载	
		最大	最小	最大	最小	最大	最小
斜腹杆	X2M3	5.67	-2.86	7.27	-4.94	8.00	-5.43
	X3U3	2.73	-4.58	3.86	-6.20	4.25	-6.82
	X3U4	4.99	-3.10	6.80	-3.99	7.48	-4.39
	X3M3	6.60	-2.21	-1.25	-3.02	-1.38	-3.32
	X3M4	7.88	-3.00	9.76	-4.60	10.74	-5.06
	X4U4	2.94	-4.72	4.16	-6.60	4.58	-7.26
	X4U5	5.25	-3.59	6.46	-3.99	7.11	-4.39
	X4M4	8.65	-2.88	10.40	-3.28	11.44	-3.61
	X4M5	12.30	-3.41	16.08	-5.22	17.69	-5.74
	X5U5	3.38	-5.46	4.05	-3.65	4.46	-4.02
	X5U6	5.38	-3.91	6.72	-4.99	7.39	-5.49
	X5M5	12.80	-4.00	16.08	-5.22	17.69	-5.74
	X5M6	10.20	-3.50	13.33	-4.48	14.66	-4.93

应力谱的计算方法有很多,如雨流法、泻水法等,本桥采用工程上较为普遍的雨流法处理应力历程,获得应力谱。雨流法原理如图 2.54 所示,该法认为塑性的存在是疲劳损伤的必要条件,而且塑性性质表现为应力—应变的迟滞回线,如图 2.54 所示的应力历程可以显示出三个完整循环回线和三个半循环的应力应变响应。

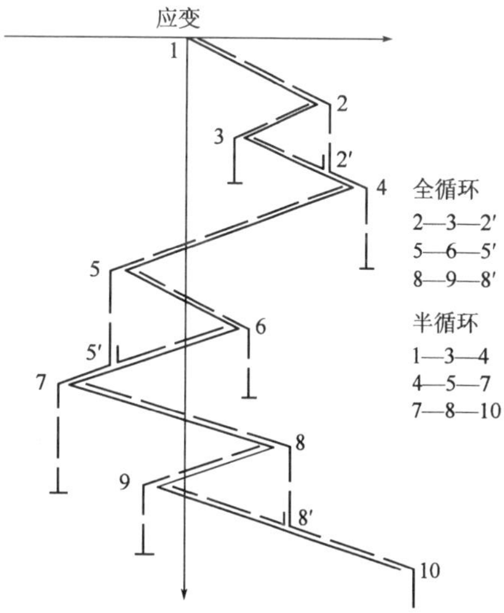

图 2.54 雨流计数法

按照雨流计数法分别计算各构件的疲劳应力谱并示于图 2.55 中(其中上弦杆因单纯受压,不必考虑疲劳荷载作用的影响,因此未在图中示出)。由图 2.55 可见,浙江路桥上各构件的疲劳应力谱均显较小,与其他国内公路桁架桥梁(如外白渡桥)上类似位置构件的应力谱相比较,这些构件的应力谱最大值甚至不到同类构件的一半左右。这一方面是由于浙江路桥上通行车辆的车重普遍较轻造成的,另一方面则是由于浙江路桥主桁杆件的冗余度较高、超静定次数较大造成的。疲劳应力谱统计结果表明,浙江路桥所承受的疲劳荷载作用处于较低水平。

2.6.3 强度与稳定验算

各主桁拟保留杆件的验算结果分别列于表 2.10 ~ 表 2.12 中。在各表最右侧两列为计算得到的各构件最大最小荷载作用。将这些算得的荷载作用与表 2.7 和表 2.8 中数据进行对比,对其中不满足“涂装 10 年后完全失效”条件下抗力要求的构件采用加粗的方式标示,对其中不满足“涂装 10 年后部分失效”条件下抗力要求的构件采用斜体的方式标示。

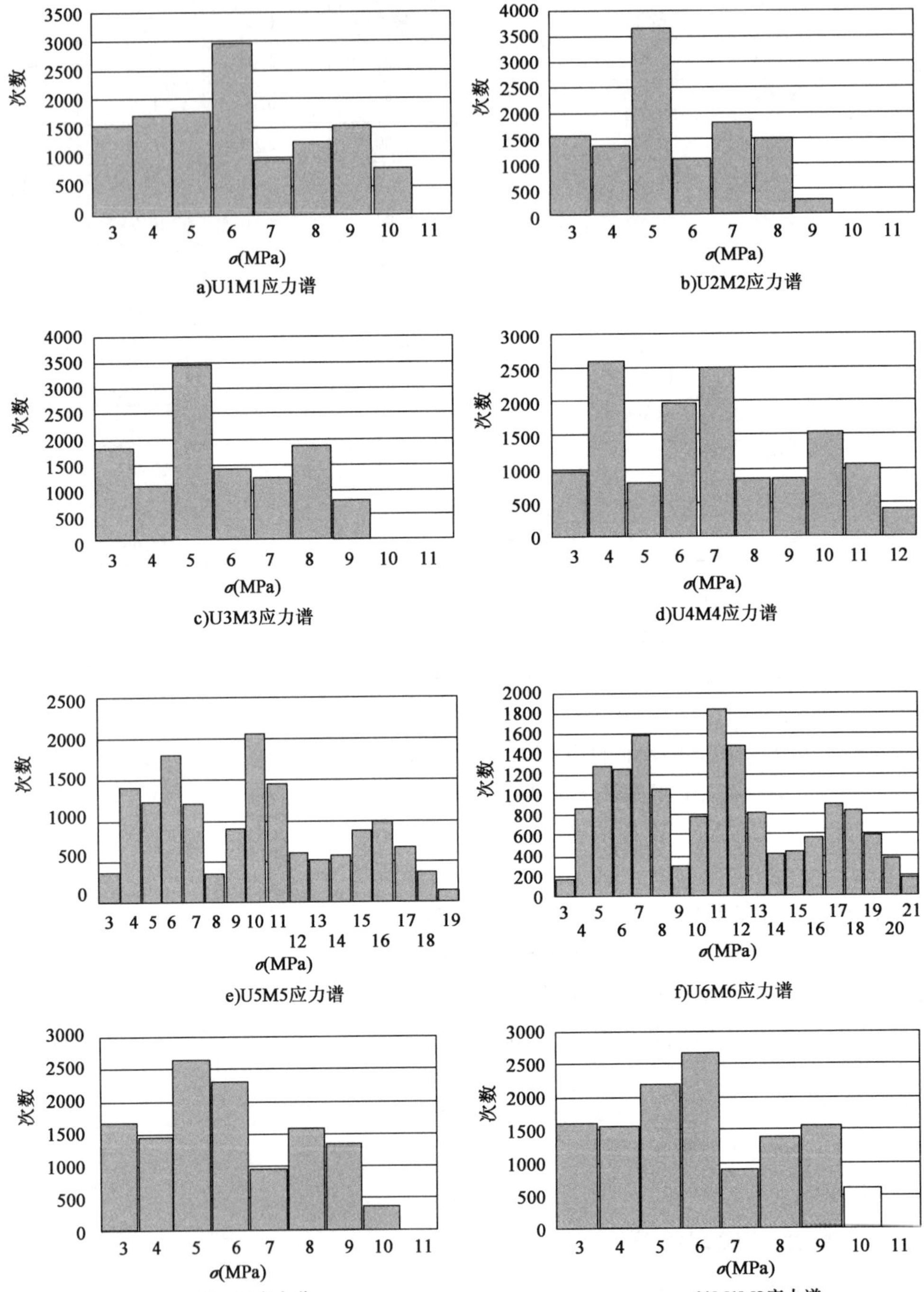

a)U1M1应力谱

b)U2M2应力谱

c)U3M3应力谱

d)U4M4应力谱

e)U5M5应力谱

f)U6M6应力谱

g)U0M1应力谱

h)M1M2应力谱

图 2.55

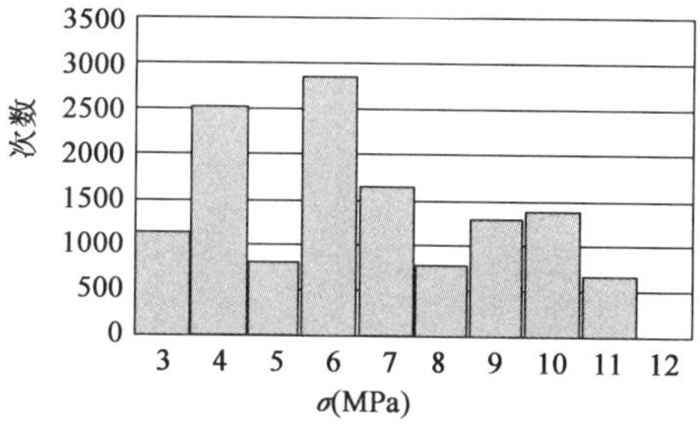

i)M2M3应力谱

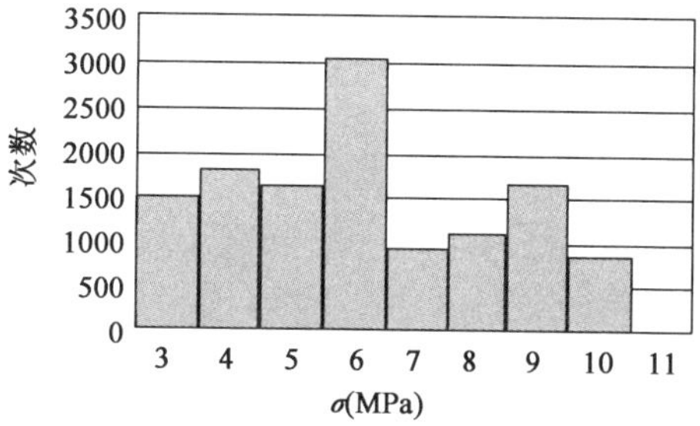

j)M3M3应力谱

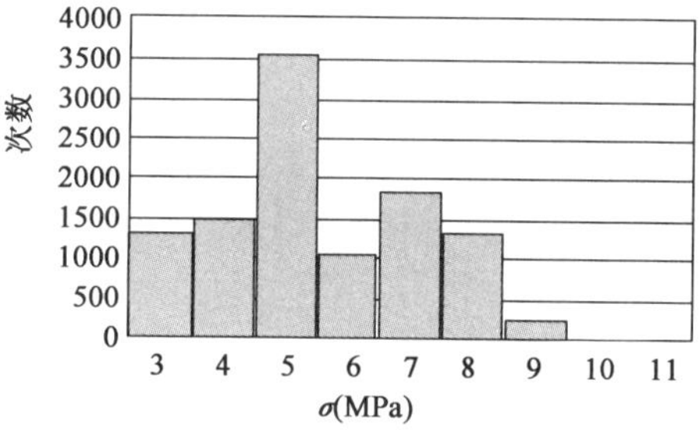

k)M4M5应力谱

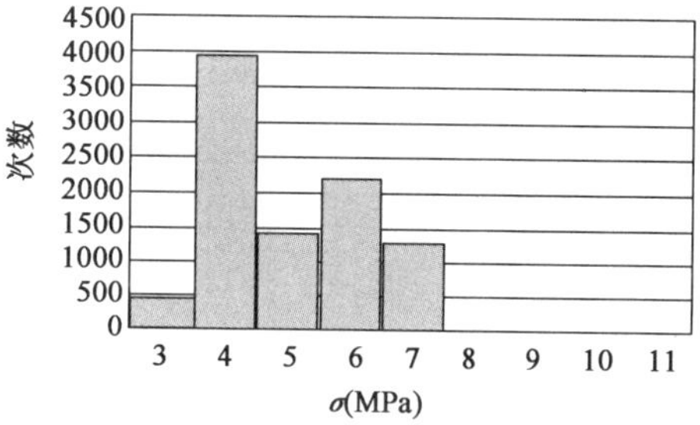

l)X1U1应力谱

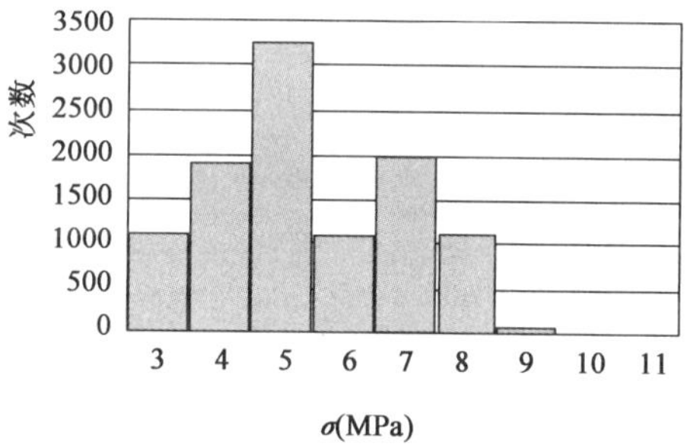

m)X1U2应力谱

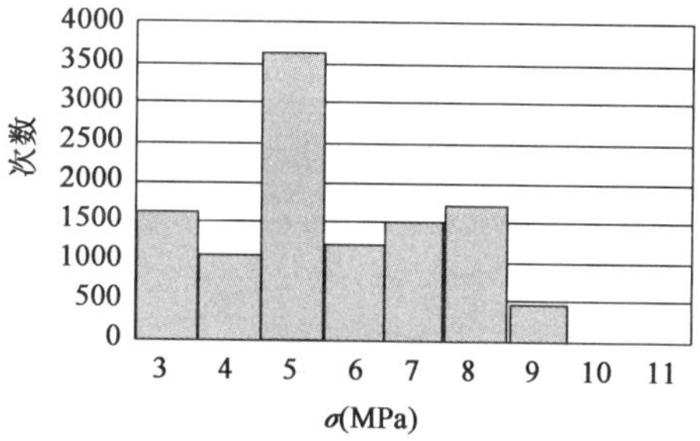

n)X1M1应力谱

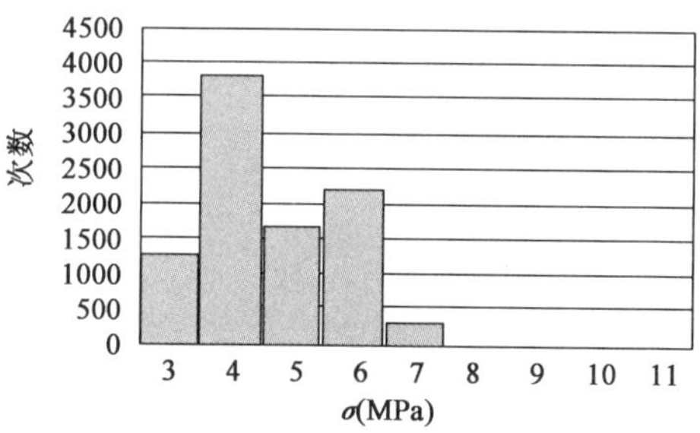

o)X1M2应力谱

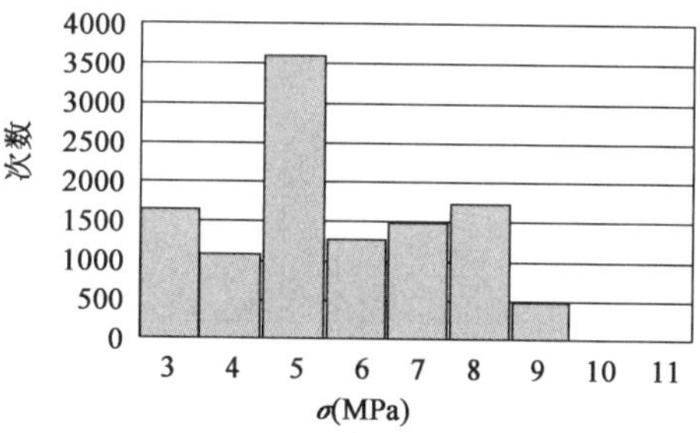

p)X2U2应力谱

图 2.55

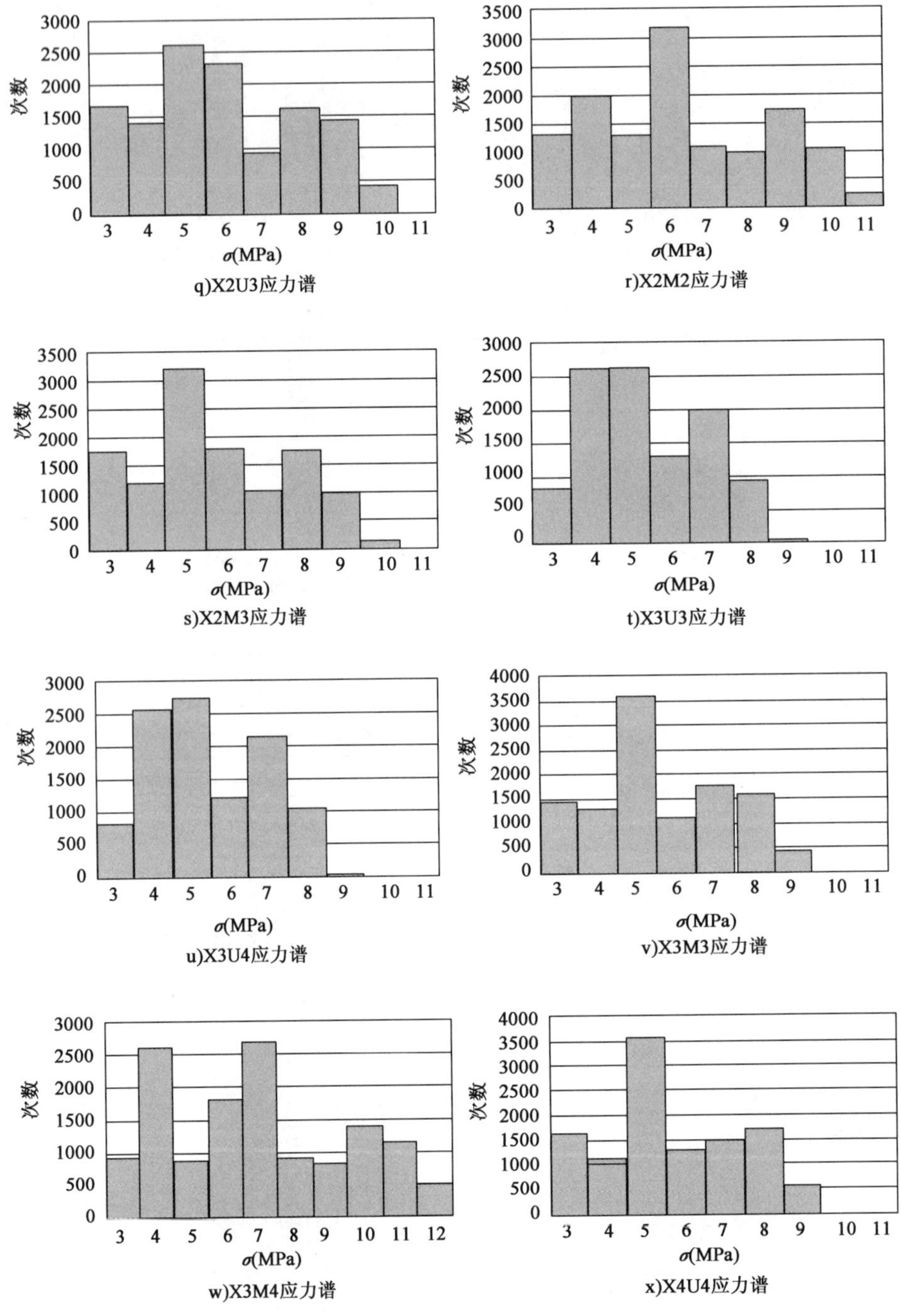

q)X2U3应力谱　r)X2M2应力谱

s)X2M3应力谱　t)X3U3应力谱

u)X3U4应力谱　v)X3M3应力谱

w)X3M4应力谱　x)X4U4应力谱

图 2.55

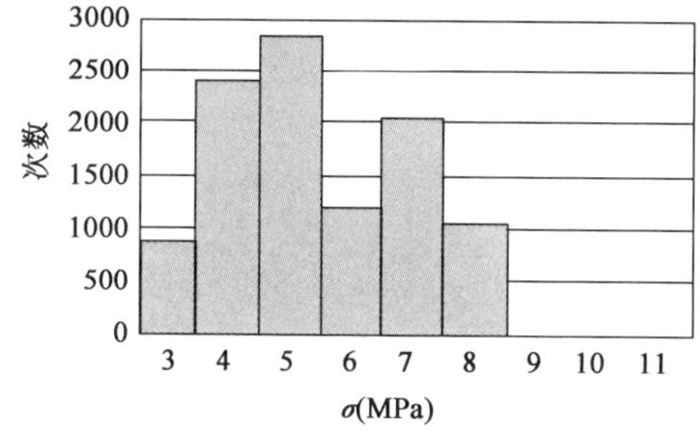

y)X4U5应力谱

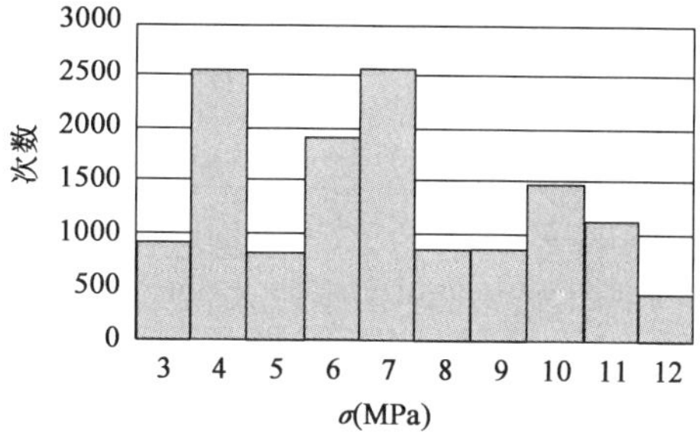

z)X4M4应力谱

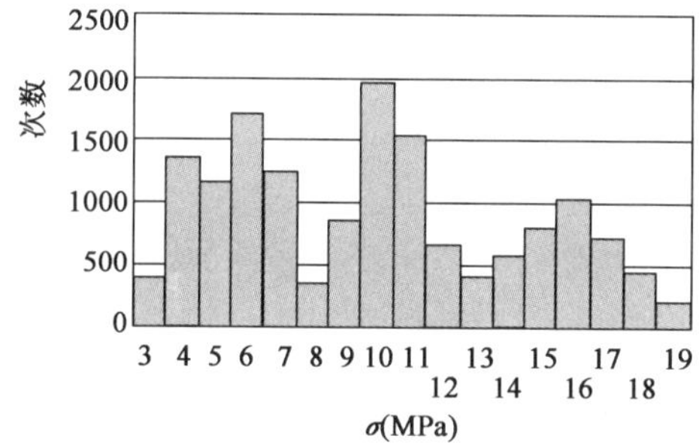

aa)X4M5应力谱

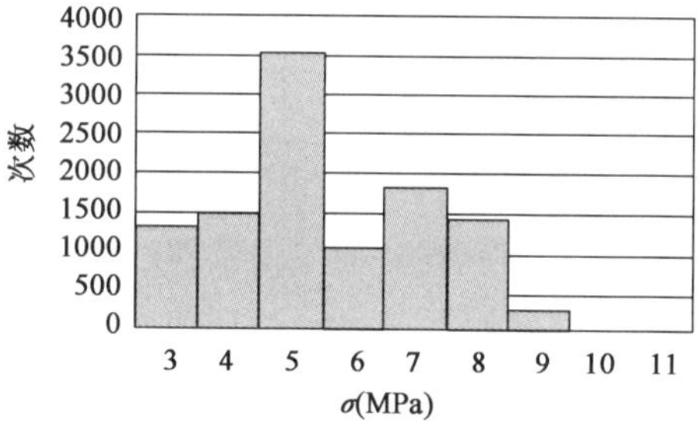

bb)X5U5应力谱

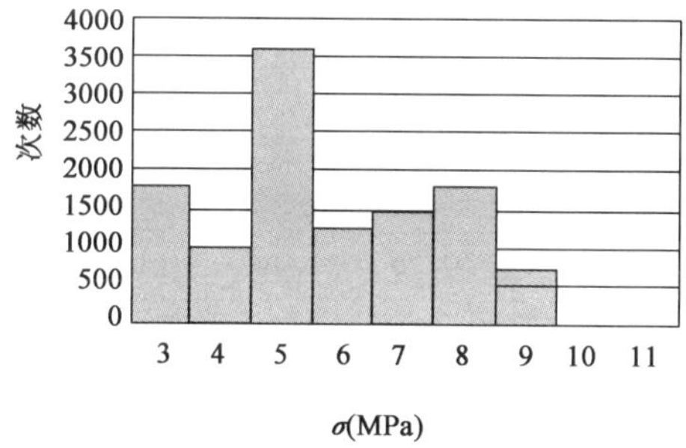

cc)X5U6应力谱

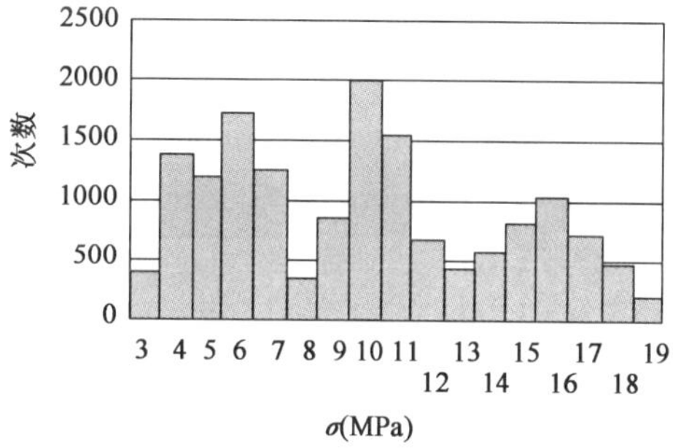

dd)X5M5应力谱

图 2.55 各构件应力谱

主桁拟保留构件现状态在城-B 荷载作用下强度验算结果(单位:MPa) 表 2.10

杆件位置	杆件编号	恒载	Midas-城 B		人群		净截面系数	荷载组合 I	
			最大	最小	最大	最小		最大	最小
上弦杆	U0U1	-52.40	0.70	-13.20	0.10	-18.05	1.21	-62.18	-100.80
	U1U2	-48.30	0.10	-11.90	0.00	-15.23	1.21	-58.09	-90.89
	U2U3	-35.90	0.09	-8.92	0.00	-11.62	1.21	-43.15	-68.01
	U3U4	-36.10	0.10	-8.93	0.00	-11.22	1.21	-43.38	-67.78
	U4U5	-35.20	0.07	-8.63	0.00	-11.09	1.21	-42.33	-66.18
	U5U6	-35.20	0.08	-8.54	0.00	-11.03	1.21	-42.32	-66.00

续上表

杆件位置	杆件编号	恒载	Midas-城 B		人　群		净截面系数	荷载组合 I	
			最大	最小	最大	最小		最大	最小
下弦杆	U0M1	53.90	13.50	−0.40	20.67	−0.07	1.24	109.21	66.25
	M1M2	47.80	12.50	−0.06	14.38	−0.02	1.24	92.60	59.17
	M2M3	39.00	12.70	−0.08	14.13	−0.14	1.24	81.63	48.08
	M3M4	37.80	11.80	−0.08	13.06	−0.42	1.24	77.70	46.25
	M4M5	42.00	11.00	−0.17	9.09	−0.64	1.20	74.51	49.43
竖腹杆	U1M1	4.03	8.81	−0.09	4.23	−4.92	1.14	19.39	−1.11
	U2M2	0.44	7.56	−0.83	4.57	−1.13	1.14	14.28	−1.73
	U3M3	0.85	7.62	−0.95	8.76	−0.24	1.12	19.31	−0.38
	U4M4	1.13	9.43	−1.25	10.35	−0.28	1.12	23.44	−0.45
	U5M5	1.36	13.90	−1.53	13.58	−0.67	1.12	32.33	−0.94
	U6M6	1.91	15.30	−1.70	17.27	−1.19	1.12	38.65	−1.10
斜腹杆	X1U1	16.90	6.27	−1.54	8.79	−1.07	1.32	**42.03**	**18.79**
	X1U2	−8.80	4.67	−2.65	3.24	−4.91	1.32	**−1.17**	**−21.51**
	X1M1	−13.30	5.31	−2.23	3.24	−4.91	1.32	**−6.25**	**−26.88**
	X1M2	11.80	5.37	−1.01	8.79	−1.07	1.32	**34.14**	**12.78**
	X2U2	12.00	4.85	−1.66	7.42	−0.72	1.14	27.69	10.98
	X2U3	5.29	6.31	−2.72	4.79	−3.70	1.14	18.70	−1.29
	X2M2	8.24	6.04	−1.73	4.79	−3.70	1.14	21.76	3.21
	X2M3	11.30	5.67	−2.86	7.42	−0.72	1.14	27.83	8.81
	X3U3	8.73	2.73	−4.58	10.23	−1.41	1.12	24.31	3.07
	X3U4	5.99	4.99	−3.10	4.80	−4.32	1.12	17.69	−1.60
	X3M3	6.25	6.60	−2.21	4.80	−4.32	1.12	19.79	−0.31
	X3M4	8.75	7.88	−3.00	10.23	−1.41	1.12	30.11	4.87
	X4U4	8.37	2.94	−4.72	13.16	−2.30	1.12	27.43	1.51
	X4U5	6.98	5.25	−3.59	8.99	−2.88	1.12	23.79	0.57
	X4M4	6.44	8.65	−2.88	8.99	−2.88	1.12	26.99	0.76
	X4M5	7.04	12.30	−3.41	13.16	−2.30	1.12	36.43	1.49
	X5U5	8.01	3.38	−5.46	15.59	−2.91	1.12	30.24	−0.40
	X5U6	7.14	5.38	−3.91	12.38	−3.35	1.12	27.91	−0.13
	X5M5	9.33	12.80	−4.00	12.38	−3.35	1.12	38.69	2.22
	X5M6	8.35	10.20	−3.50	15.59	−2.91	1.12	38.27	2.17

主桁拟保留构件50年后强度验算结果(单位:MPa) 表2.11

杆件位置	杆件编号	恒载	50年重现期		人群		净截面系数	荷载组合Ⅰ	
			最大	最小	最大	最小		最大	最小
上弦杆	U0U1	-52.40	1.00	-35.12	0.10	-18.05	1.21	-62.07	**-127.75**
	U1U2	-48.30	1.70	-13.33	0.00	-15.23	1.21	-56.39	-93.00
	U2U3	-35.90	1.51	-25.12	0.00	-11.62	1.21	-41.61	-87.90
	U3U4	-36.10	1.92	-17.11	0.00	-11.22	1.21	-41.36	-77.95
	U4U5	-35.20	0.83	-23.30	0.00	-11.09	1.21	-41.59	-84.20
	U5U6	-35.20	1.12	-16.83	0.00	-11.03	1.21	-41.24	-76.30
下弦杆	U0M1	53.90	22.44	-1.00	20.67	-0.07	1.24	**120.29**	65.51
	M1M2	47.80	35.12	-1.00	14.38	-0.02	1.24	**120.66**	58.01
	M2M3	39.00	25.22	-1.50	14.13	-0.14	1.24	97.15	46.33
	M3M4	37.80	35.12	-1.50	13.06	-0.42	1.24	106.62	44.49
	M4M5	42.00	29.10	-2.00	9.09	-0.64	1.2	96.22	47.23
竖腹杆	U1M1	4.03	14.09	-0.10	4.23	-4.92	1.14	25.48	-1.13
	U2M2	0.44	11.43	-2.18	4.57	-1.13	1.14	18.75	-3.27
	U3M3	0.85	10.78	-2.66	8.76	-0.24	1.12	22.83	-2.30
	U4M4	1.13	15.30	-3.09	10.35	-0.28	1.12	29.99	-2.51
	U5M5	1.36	19.14	-5.46	13.58	-0.67	1.12	38.17	-5.34
	U6M6	1.91	20.12	-6.16	17.27	-1.19	1.12	44.02	-6.09
斜腹杆	X1U1	16.90	8.50	-3.62	8.79	-1.07	1.32	**45.13**	**16.12**
	X1U2	-8.80	8.89	-3.62	3.24	-4.91	1.32	**4.40**	**-22.88**
	X1M1	-13.30	7.61	-2.95	3.24	-4.91	1.32	**-3.23**	**-27.93**
	X1M2	11.80	7.64	-3.33	8.79	-1.07	1.32	**37.26**	**9.77**
	X2U2	12.00	5.72	-3.37	7.42	-0.72	1.14	28.66	9.02
	X2U3	5.29	8.82	3.37	4.79	-3.70	1.14	21.55	5.65
	X2M2	8.24	8.27	-2.60	4.79	-3.70	1.14	24.28	2.21
	X2M3	11.30	7.27	-4.94	7.42	-0.72	1.14	29.63	6.43
	X3U3	8.73	3.86	-6.20	10.23	-1.41	1.12	25.56	1.25
	X3U4	5.99	6.80	-3.99	4.80	-4.32	1.12	19.70	-2.60
	X3M3	6.25	-1.25	-3.02	4.80	-4.32	1.12	10.98	-1.22
	X3M4	8.75	9.76	-4.60	10.23	-1.41	1.12	32.19	3.07
	X4U4	8.37	4.16	-6.60	13.16	-2.30	1.12	28.77	-0.59
	X4U5	6.98	6.46	-3.99	8.99	-2.88	1.12	25.12	0.12
	X4M4	6.44	10.40	-3.28	8.99	-2.88	1.12	28.93	0.31
	X4M5	7.04	16.08	-5.22	13.16	-2.30	1.12	40.63	-0.54
	X5U5	8.01	4.05	-3.65	15.59	-2.91	1.12	30.97	1.62

续上表

杆件位置	杆件编号	恒载	50 年重现期		人　　群		净截面系数	荷载组合 I	
			最大	最小	最大	最小		最大	最小
斜腹杆	X5U6	7.14	6.72	-4.99	12.38	-3.35	1.12	29.39	-1.34
	X5M5	9.33	16.08	-5.22	12.38	-3.35	1.12	42.32	0.85
	X5M6	8.35	13.33	-4.48	15.59	-2.91	1.12	41.74	1.08

主桁拟保留构件 100 年后强度验算结果(单位:MPa)　　表 2.12

杆件位置	杆件编号	恒载	100 年重现期		人　　群		净截面系数	荷载组合 I	
			最大	最小	最大	最小		最大	最小
上弦杆	U0U1	-52.40	0.90	-38.64	0.10	-18.05	1.21	-61.94	**-131.45**
	U1U2	-48.30	1.87	-14.66	0.00	-15.23	1.21	-55.95	**-94.22**
	U2U3	-35.90	1.66	-26.64	0.00	-11.62	1.21	-41.26	**-89.36**
	U3U4	-36.10	2.11	-18.82	0.00	-11.22	1.21	-40.96	-79.69
	U4U5	-35.20	0.91	-28.64	0.00	-11.09	1.21	-41.32	**-90.29**
	U5U6	-35.20	1.23	-18.51	0.00	-11.03	1.21	-40.93	-78.01
下弦杆	U0M1	53.90	24.69	-1.10	20.67	-0.07	1.24	**123.08**	65.39
	M1M2	47.80	38.64	-1.10	14.38	-0.02	1.24	**125.01**	57.88
	M2M3	39.00	27.74	-1.65	14.13	-0.14	1.24	**100.28**	46.14
	M3M4	37.80	38.64	-1.65	13.06	-0.42	1.24	110.98	44.31
	M4M5	42.00	32.01	-2.20	9.09	-0.64	1.20	**99.72**	46.99
竖腹杆	U1M1	4.03	15.50	-0.11	4.23	-4.92	1.14	26.99	-1.14
	U2M2	0.44	12.57	-2.40	4.57	-1.13	1.14	19.98	-3.50
	U3M3	0.85	11.86	-2.93	8.76	-0.24	1.12	24.06	-2.60
	U4M4	1.13	16.83	-3.40	10.35	-0.28	1.12	31.74	-2.86
	U5M5	1.36	21.05	-6.01	13.58	-0.67	1.12	40.35	-5.96
	U6M6	1.91	22.13	-6.78	17.27	-1.19	1.12	**46.31**	-6.79
斜腹杆	X1U1	16.90	9.35	-3.98	8.79	-1.07	1.32	**46.08**	**15.58**
	X1U2	-8.80	9.78	4.05	3.24	-4.91	1.32	**5.55**	**-12.70**
	X1M1	-13.30	8.37	-3.25	3.24	-4.91	1.32	**-2.22**	**-28.21**
	X1M2	11.80	8.40	-3.66	8.79	-1.07	1.32	**38.13**	**9.29**
	X2U2	12.00	6.29	-3.71	7.42	-0.72	1.14	29.34	8.64
	X2U3	5.29	9.70	3.71	4.79	-3.70	1.14	22.57	6.04
	X2M2	8.24	9.10	-2.86	4.79	-3.70	1.14	25.25	1.92
	X2M3	11.30	8.00	-5.43	7.42	-0.72	1.14	30.48	5.87
	X3U3	8.73	4.25	-6.82	10.23	-1.41	1.12	26.01	0.56
	X3U4	5.99	7.48	-4.39	4.80	-4.32	1.12	20.48	-3.05
	X3M3	6.25	-1.38	-3.32	4.80	-4.32	1.12	10.85	-1.56

续上表

杆件位置	杆件编号	恒载	100 年重现期		人群		净截面系数	荷载组合 I	
			最大	最小	最大	最小		最大	最小
斜腹杆	X3M4	8.75	10.74	-5.06	10.23	-1.41	1.12	33.31	2.56
	X4U4	8.37	4.58	-7.26	13.16	-2.30	1.12	29.26	-1.33
	X4U5	6.98	7.11	-4.39	8.99	-2.88	1.12	25.87	-0.32
	X4M4	6.44	11.44	-3.61	8.99	-2.88	1.12	30.12	-0.05
	X4M5	7.04	17.69	-5.74	13.16	-2.30	1.12	42.47	-1.12
	X5U5	8.01	4.46	-4.02	15.59	-2.91	1.12	31.45	1.22
	X5U6	7.14	7.39	-5.49	12.38	-3.35	1.12	30.17	-1.90
	X5M5	9.33	17.69	-5.74	12.38	-3.35	1.12	**44.17**	0.27
	X5M6	8.35	14.66	-4.93	15.59	-2.91	1.12	43.27	0.57

由表 2.10 中的计算结果可见，桥两端的 X 斜腹杆由于严重锈蚀在现阶段已不满足结构的承载能力要求。而在 50 年后及 100 年后端 X 斜腹杆的锈蚀程度更甚，显然构件的承载能力更加无法满足要求。因此，有必要对端 X 斜腹杆进行更换。

浙江路桥最易发生失稳破坏的构件为端立柱以及上弦杆，其中立柱已确定为必须更换构件，而其他构件承受的压应力较小，因此仅对上弦杆进行稳定验算，验算内容包括杆的稳定验算以及板的局部稳定验算两部分。

油漆退化所导致的局部锈蚀仅限于杆件的局部位置，因此在验算杆的稳定时不考虑锈蚀的影响。杆件稳定计算根据相关规范进行。

在表 2.13 中列出了按 100 年重现期算得的上弦杆极限荷载作用下的稳定验算结果，所有上弦杆均通过验算。考虑到由于 100 年重现期对应的荷载高于城-B 及 50 年重现期算得的结果，因此表 2.13 中的计算结果表明浙江路桥在自大修完工后的一百年内不会出现杆件失稳问题。

极限荷载作用下的稳定验算 表 2.13

杆件号	σ(MPa)	I_x(mm^4)	I_y(mm^4)	A(mm^2)	r(mm)	l(m)	λ	φ_1	$\varphi_1[\sigma]$	稳定
U0U1	-61.94	2.83×10^9	1.58×10^9	62 269	159.19	5.18	32.51	0.9	126	√
U1U2	-55.95	2.83×10^9	1.58×10^9	62 269	159.19	5.11	32.09	0.9	126	√
U2U3	-41.26	2.83×10^9	1.58×10^9	62 269	159.19	5.06	31.76	0.9	126	√
U3U4	-40.96	2.83×10^9	1.58×10^9	62 269	159.19	5.02	31.52	0.9	126	√
U4U5	-41.32	2.83×10^9	1.58×10^9	62 269	159.19	4.99	31.36	0.9	126	√
U5U6	-40.93	2.83×10^9	1.58×10^9	62 269	159.19	4.91	30.84	0.9	126	√

由于浙江路桥所有上弦杆均为同一截面形式，故局部稳定仅需验算一次。上弦杆截面示于图 2.56 中，可知腹板宽 609.6mm，腹板厚 31.75mm，顶板宽 508mm，顶板厚 15.88mm。由表 2.13可知所有杆件长细比均小于 60，故要求 $b/\delta \leqslant 35$。显然所有板件均满足规范对局部稳定的构造要求。

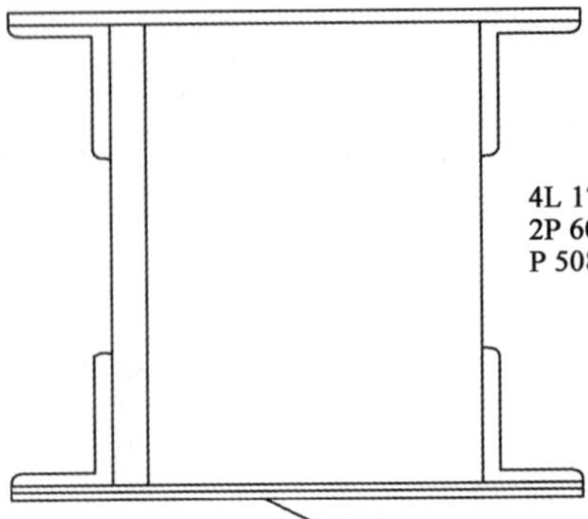

图 2.56　上弦杆截面(尺寸单位:mm)

浙江路桥的节点板连接及抗撕裂同样通过验算。

2.6.4　疲劳寿命验算

根据前面算出的构件疲劳应力谱分析可知,浙江路桥拟保留构件中 U6M6 所承受的应力幅最大,幅值达到 21MPa。如不考虑锈蚀影响,根据现行规范中的相关规定,浙江路桥铆接钢构件主桁构件的疲劳细节为 80MPa,其对应的疲劳截止限为 32MPa。

对于端 X 斜腹杆,由于杆件部分截面锈穿,即最大失厚率为 0,可认为构件已基本丧失抗疲劳能力,疲劳寿命为 0。

其他构件的最大失厚率均较小,即使偏保守的假设构件存在锈蚀,最大失厚率达到 5%,则按式(2.8)算得的疲劳截止限仍为 28MPa,高于蒙特卡洛法算出的构件最大疲劳应力幅。这表明在模拟荷载作用下,浙江路桥上其余拟保留构件在未来的使用过程中,疲劳损伤不会进一步增加。也就是说,这些构件在理论上拥有无限疲劳寿命。

进一步基于断裂力学预测剩余寿命及安全性,其一般过程可分为以下几步。

第 1 步:确定疲劳敏感构件(杆件或节点板)。

第 2 步:计算疲劳敏感构件的临界裂纹长度。

第 3 步:模拟疲劳荷载加载过程。

第 4 步:分析疲劳敏感构件在反复加载下,其中的孔边裂纹随使用年限增长而扩展的长度,计算从初始裂纹长度 a_0 至临界裂纹长度的扩展时间,并比较裂纹扩展时间是否超过正常可接受的检测间隔。

参照国外研究成果,该项目把构件缀合成分——板、角钢、槽钢——结合铆钉布置形式分别简化到两种基本断裂力学模型:CCT 和 DECT。简化过程如图 2.57 所示,首先分析截面应力,将容易断裂的截面成分(图中为角钢)隔离出来,再将其简化为有限宽带裂纹板。中心裂纹记为 CCT,双边裂纹记为 DECT。对这两种基本形式,根据几何比例 a/w 和作用应力 σ_{appl} 可以求出应力强度因子 K。

表 2.14 中列出了临界裂纹的计算结果。

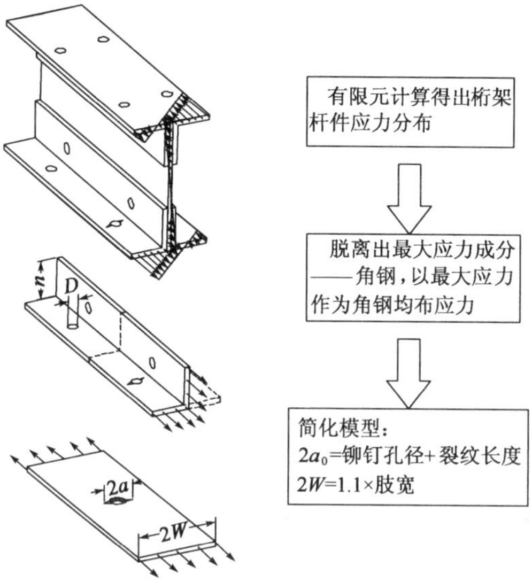

图 2.57 断裂力学模型简化过程

疲劳敏感构件临界裂纹与脆断分析 表 2.14

单元编号	恒载(MPa)	活载(MPa)	净截面系数	恒 + 活 / f_y	模型	2W (mm)	$2a_0$ (mm)	a_f (mm)	a_N (mm)	a_{cr} (mm)	脆断
U0M1	57.19	30.66	1.740	0.32	CCT	97.8	22.5	42.20	33.33	33.33	×
M1M2	50.40	23.59	1.739	0.27	CCT	97.8	22.5	43.80	35.59	35.59	×
M2M3	39.50	22.95	1.635	0.23	CCT	97.8	22.5	45.19	37.76	37.76	×
M3M4	38.19	22.14	1.635	0.22	CCT	97.8	22.5	45.42	38.14	38.14	×
M4M5	35.82	17.96	1.510	0.20	CCT	97.8	22.5	45.90	38.97	38.97	×

断裂力学理论提供以下公式计算带裂纹构件的剩余寿命(也即裂纹扩展达到临界裂纹长度的时间)：

$$N = \int_{a_0}^{a_{cr}} \frac{\mathrm{d}a}{\dfrac{\mathrm{d}a}{\mathrm{d}N}} \tag{2.17}$$

式中，N 为裂纹扩展寿命，单位为加载次；a_{cr} 为构件的临界裂纹长度，根据材料特性、荷载及构件形状确定；a_0 为裂纹初始长度。

裂纹增长速度采用修正的 Paris 公式：

$$\frac{\mathrm{d}a}{\mathrm{d}N} = \begin{cases} 0 & \Delta K \leqslant \Delta K_{th} \\ c(\Delta K^m - \Delta K_{th}^m) & \Delta K > \Delta K_{th} \end{cases} \tag{2.18}$$

式中，c、m 为与材料相关的常数；ΔK_{th} 为裂纹扩展门槛值。

c、m 出于安全考虑，在分析浙江路桥钢构件时按目前国外建议值取用：$c = 1.26 \times 10^{-8}$，$m = 3$。

门槛值 ΔK_{th} 按式(2.19)计算：

$$\Delta K_{th}(R) = \begin{cases} 5.38 - 6.77R & (R \leqslant 0.5) \\ 2.0 & (R > 0.5) \end{cases} \tag{2.19}$$

式中，R 按 K_{max}/K_{min} 计算。

表 2.15 中列出了浙江路桥疲劳敏感构件的裂纹扩展寿命计算结果。

裂纹扩展寿命计算 表 2.15

构件编号	裂纹扩展寿命(年)	建议检测间隔(年)
U0M1	>100	6
M1M2	>100	6
M2M3	>100	6
M3M4	>100	6
M4M5	>100	6

2.7 评定结论

综合实桥检测与理论分析结果，对浙江路桥结构目前技术状态评定如下。

(1)浙江路桥存在涂装失效、构件锈蚀、铆钉缺陷、塑性变形等不良病害。在所有病害中，锈蚀对结构威胁最高。

①锈蚀最严重的构件为桥上的 4 个端斜腹杆，这些构件在全长范围内都存在着严重的截面损失和锈胀变形，并导致下弦节点板锈穿。

②附属结构(如路灯)的固定箍与竖腹杆相贴合处以及跨中下弦节点板内各斜腹杆相交处也是锈蚀病害较突出的位置，在这些部位均可见明显的构件截面锈蚀损伤。

③此外，在各构件的缀条和缀板下方也均存在锈蚀导致的大量局部锈坑。

④铆钉缺陷主要表现为在建桥过程中存在的浮高、飞边等加工缺陷以及由于锈蚀导致的铆钉烂头缺陷。其中严重烂头的铆钉会降低构件间的传剪能力。

⑤钢构件塑性变形主要表现为构件边缘的锈胀变形。

(2)根据超声波探伤结果，浙江路桥受拉构件的敏感铆钉周边未发现垂直于构件受拉方向的开裂。

(3)相关试验研究结果表明：

①浙江路桥锈蚀钢构件的相关力学指标均随着锈蚀程度的增加而显著降低，因此必须在结构性能评定中考虑锈蚀对结构承载力的影响。

②浙江路桥钢材及钢构件疲劳试验表明在未锈蚀状态下，结构的承载能力超过规范中给出的疲劳强度，可偏保守地按该规范计算。对锈蚀后的钢构件需进行疲劳强度折减，折减后的疲劳强度可按式(2.8)计算。

(4)通过验算可知：

①浙江路桥端 X 斜腹杆由于存在严重截面损失，其抗力不能满足结构安全要求，必须予以更换。

②如果假设此次大修的防蚀涂装在使用 10 年后失效，且后续涂装不起任何作用，则端上弦杆 U0U1 和端下弦杆 U0M1 和 M1M2 及其对称杆件在使用 50 年后将无法通过强度验算；

U0U1、U1U2、U2U3、U4U5、U0M1、M1M2、M2M3、M3M4、M4M5、U6M6、X5M5 及其对称杆件在使用 100 年后剩余强度不满足规范要求。如果考虑桥梁运营过程中重新涂装对构件防蚀的作用,则剩余主桁构件的强度均可满足继续使用 50 年的要求;U0U1、U0M1、M1M2 及其对称杆件在使用 100 年后剩余强度不满足规范要求。

③浙江路桥主桁此次大修保留杆件的稳定、节点连接数量等均通过验算。

④在模拟现行交通荷载作用下,浙江路桥除端 X 撑外的其余拟保留构件的疲劳寿命均可达 100 年。

(5)根据此次检测和 2012 年检测结论,同时兼顾主桁拓宽的需要,需要更换表 2.16 中所列出的构件,同时需要加固表 2.17 中所列出的构件。

需更换的构件　表 2.16

构　件	位　置
节点板	M4、M5、M6、M7、M8 及对称杆件
下弦杆	M4M5、M5M6、M6M7、M7M8 及对称杆件
吊杆及端立柱	所有吊杆及端立柱 U0L0 下部 1.855m、U12L12 下部 1.855m
腹杆	U1M2、U2M1、U10M11、U11M10 及 U6M6、U5M5、U7M7 下端及对称构件
上下平联及托架	全部
格构系	全部缀条及以下位置的缀板:上游主桁 U1 南、U3 南、U4 南、U5 北侧、U7 北、U8 北、U9 北、U10 北、U11 北;下游主桁 U0 北、U1 南、U3 南、U4 南、U5 北、U8 北、U8 南、U11 北
支座	全部

需加固的构件　表 2.17

构　件	位　置
斜腹杆	U5M6 下部 0.9925m、U7M6 下部 0.9925m 及其对称构件

2.8 小　结

经检测,浙江路桥钢桁梁存在大量锈蚀的现象,研发应用老龄钢桥损伤及耐久性综合评定技术,通过老龄钢桥损伤及耐久性综合评定技术确定需加固或更换结构构件,指导浙江路桥大修工程设计。具体开展工作如下:

(1)结合交通荷载调查以及 Rice 公式对老龄钢桁架桥在给定设计基准期内的极限交通荷载进行了预测,以满足钢结构评定的要求。

(2)从工程应用的角度,采用了失厚率作为钢构件锈蚀程度的量化指标,并给出基于该指标的锈蚀钢材承载力模型。以钢板锈蚀程度最严重位置处的锈蚀深度与初始板厚之比作为描述构件锈蚀程度的量化指标。采用对截面周边多点检测的方式更精确地确定构件的锈蚀分布,提高计算精度。利用浙江路桥上废弃的钢纵梁进行材性试验,找出钢材力学性能随构件锈蚀程度变化的关系。

(3)结合上海当地的环境参数以及浙江路桥钢材元素含量对老龄钢桁架桥的锈蚀速度

进行预测。结合损伤容限概念及多次检测结果对钢构件的锈蚀速度进行修正,提高预测精度。

(4)通过疲劳试验,确定了钢材疲劳抗力随锈蚀程度变化的规律,并给出了经验公式,提出了锈蚀钢构件疲劳曲线的确定方法。

(5)依据大修后结构有限元模型计算各构件的作用效应,对锈蚀结构的安全性进行评估。

该工程通过疲劳试验、断裂力学参数检测、可靠度理论分析等手段,提出了基于可靠度的交通荷载效应综合分析方法、基于失厚率的锈蚀钢材承载力评定模型、锈蚀—疲劳效应综合作用下钢构件耐久寿命评定方法和钢构件裂纹扩展分析方法,实现了对老龄钢桥锈蚀及疲劳性能的评定,为桥梁大修提供了技术支撑。

本章参考文献

[1] Koch G H, Brongers M P H, Thompson N G, et al. Corrosion Costs and Preventive Strategies in the United States. Report No. FHWA-RD-01-156. USA,2002.

[2] 荣学亮,黄侨. 锈蚀栓钉连接件力学性能试验研究[J]. 土木建筑与环境工程,2012,34(2):15-20.

[3] 余志武,石卫华,匡亚川. 锈蚀栓钉力学性能试验研究[J]. 中南大学学报(自然科学版),2014,45(1):249-255.

[4] 吴庆,袁迎曙. 锈蚀钢筋力学性能退化规律试验研究[J]. 土木工程学报,2008,41(12):42-47.

[5] 张伟平,商登峰,顾祥林. 锈蚀钢筋应力—应变关系研究[J]. 同济大学学报(自然科学版),2006,34(5):586-592.

[6] Jiang X,Soares C G. Ultimate capacity of rectangular plates with partial depth pits under uniaxial loads[J]. Marine Structures ,2012,26(1):27-41.

[7] Rahbar-RanjiA. Ultimate strength of corroded steel plates with irregular surfaces under in-plane compression[J]. Ocean Engineering,2012,54(14):261-269.

[8] Melchers R E,Ahammed M,Jeffrey R,et al. Statistical characterization of surfaces of corroded steel plates[J]. Marine Structures,2010,23(3):274-287.

[9] Garbatov Y,Soares C G,Parunov J,et al. Tensile strength assessment of corroded small scale specimens[J]. Corrosion Science,2014,85(1):296-303.

[10] Garbatov Y,Soares C G,Parunov J. Fatigue strength experiments of corroded small scale steel specimens[J]. International Journal of Fatigue,2014,59(3):137-144.

[11] Nguyen X T,Nogami K,Yoda T,et al. Corrosion evaluation of gusset plate connection removed from steel truss bridge,IABSE Symposium Report. 2015.

[12] Chen Lu. Study on the deterioration properties of corroded steel[D]. Xi'an:Xi'an University of Architecture and Technology,2010.

[13] 潘典书. 锈蚀H型钢构件受弯承载性能研究[D]. 西安:西安建筑科技大学,2009.

[14] 白烨. 锈蚀槽钢受弯性能试验研究与理论分析[D]. 西安:西安建筑科技大学,2009.

[15] Xu Jun, Chen Weizhen, Yan Bochong. Improved quality assessment procedure for old truss bridges according to measuring data[J]. Stahlbau, 2014, 83(12):905-912.

[16] 马兴亮,王会利,张哲. 一种考虑力学因素的钢结构腐蚀疲劳寿命评估方法[J]. 钢结构, 2015, 30(11):94-97.

[17] Adasooriya N D, Siriwardane S C. Remaining fatigue life estimation of corroded bridge members[J]. Fatigue & Fracture of Engineering Materials & Structures, 37(2014), H. 6, S. 603-622.

[18] Garbatov Y, Soares C G, Parunov J. Fatigue strength experiments of corroded small scale steel specimens[J]. International Journal of Fatigue, 59(2014), H. 3, S. 137-144.

[19] Feliu S, Morcillo M, Chico B. Effect of distance from sea on atmospheric corrosion rate[J]. Corrosion, 1999, 55(9):883-891.

[20] Pourbaix M. The linear bilogarithmic law for atmospheric corrosion, in: W. H. Ailor (Ed.), Atmospheric Corrosion[M]. New York: John Wiley & Sons, 1982.

[21] Benarie M, Lipfert F L. A general corrosion function in terms of atmospheric pollutant concentrations and rain pH[J]. Atmospheric Environment, 1986, 20(1967):1947-1958.

[22] S Feliu, M Morcillo, SF Jr. The prediction of atmospheric corrosion from meteorological and pollution parameters—Ⅱ[J]. Long-term forecasts, Corrosion Science, 1993, 34(3):415-422.

[23] Cai J, Cottis R A, Lyon S B. Phenomenological modelling of atmospheric corrosion using an artificial neural network[J]. Corrosion Science, 1999, 41(10):2001-2030.

[24] Pintos S, Queipo N V, Rincón O T D, et al. Artificial neural network modeling of atmospheric corrosion in the MICAT project[J]. Corrosion Science, 2000, 42(99):35-52.

[25] Liang CF, HouWT. Prediction of atmospheric corrosion for steels[J]. Journal of Chinese Society for Corrosion and Protection, 2006, 26(3):129-135.

[26] 方震. 涂膜保护寿命的预测理论初探[J]. 涂装与电镀, 2005(1):3-5.

[27] Kayser J R, Nowak A S. Reliability of corroded steel girder bridges[J]. Structural Safety, 1989, 6(89):53-63.

[28] Sharifi Y, Paik J K. Ultimate Strength Reliability Analysis of Corroded Steel-Box Girder Bridges[J]. Steel Construction, 2011, 49(1):157-166.

[29] Kayser J R, Nowak A S. Capacity Loss Due to Corrosion in Steel-Girder Bridges[J]. Journal of Structural Engineering, 1989, 115(6):1525-1537.

[30] BS EN1993-1-1, Eurocode 3: Design of steel structures - Part 1-1: General rules and rules for buildings, British Standards Institution, 2005.

[31] Adasooriya N D, Siriwardane S C. Remaining fatigue life estimation of corroded bridge members[J]. Fatigue & Fracture of Engineering Materials & Structures, 2014, 37(6):603-622.

3 钢桁桥整体移运

3.1 概　　述

目前钢桁架桥整体移运施工的工程实例主要在新建桥梁中较多，对于既有桥梁的整体移运工程实例相对较少。较为常用的桥梁整体移运的方案主要有“海”“陆”“空”三种方式。“海”即利用浮船或者浮箱等相关设备完成桥体的整体移运。青阜铁路茨淮新河大桥的施工中，64m 下承式钢桁梁采用了河边拼装、浮运、水上架梁的施工技术[1]。新长铁路第十七合同段京杭大运河特大桥主跨为 80m 下承式单线铁路钢桁梁，亦采用了浮运法架设施工方案[2]。“陆”即利用滑道、滑轨或者模块车等设备完成桥体的整体移运。上海金山铁路跨越老龙泉港铁路钢桥，采用了包括整体提升、落梁、顶推滑移的钢桥梁体整体移运方案[3]。某钢拱桥则采用滑移轨道、滑移小车等设备完成了钢桥整体拖拉滑移的安装[4]。“空”即利用大型吊装工具完成桥体的整体移运。苏南运河苏州市区段三级航道整治工程项目，采用了大型浮吊整体架设钢桁梁的施工方案[5]。也有许多工程采用了两种方式结合实现桥体的整体移运。上海外白渡桥大修中就采用了“海”“空”结合的方式，利用浮船托运配合使用 1000t 浮吊，使桥体整体移运至修桥场地[6]。广州海珠桥则采用了“海”“陆”结合的方式，利用浮墩支撑、连续千斤顶同步整体拖拉顶推技术，成功将海珠桥边跨从水上顶推至岸边厂房[7]。

综合以上实例可以看出，桥梁整体移运会根据不同的施工条件而有所差别。浙江路桥大修工程，需要结合钢桁架桥结构特点及现场场地条件，研究确定整体移运施工技术方案。

3.2 技术特点和施工难点

浙江路桥大修工程属于改建工程，不同于常规钢结构新建工程。已建结构自身的不确定性多，且现场场地条件复杂。通过对结构自身特点、施工工艺以及现场管理等方面的深入分析，归纳了以下几个特点和难点，并将这些问题作为技术关键加以研究解决。

1）桥体建造时间久，杆件表面锈蚀严重，整体移运风险大

浙江路桥建成于 1908 年，至今已有百余年历史，很多杆件存在锈蚀的现象，对杆件承载力产生不利影响，因此整体移运时的施工风险较大。在技术路线确定时，应确保桥体在移运时受力明确，抑或使受力状态接近使用状态；此外，应对桥体进行必要的加固措施，并考量移运时，道路平整度、设备同步性以及河水流动等因素造成的扰动，采取相应的应对措施，做好施工测量。同时，施工阶段的全过程杆件应力监测工作也是必不可少的，对潜在的危险作出及时的预警，最大限度地降低施工风险。

2）桥体为文物，杆件外观保护同样重要

浙江路桥为文物，修缮秉承“修旧如旧”的原则，故杆件外观的保护同样重要，也是施工质

量的考核指标之一。在桥体移运时，不可避免地会采取一些杆件加固措施，增设吊点等施工措施。这些措施应尽量避免现场焊接施工，焊接可能会造成杆件表面的损伤，影响杆件外观。此外，钢桥材质年数已久，与现在的焊材未必匹配，可能会影响焊接质量，因此装配式构造是首选。

3）多设备协同作业，同步性控制要求高

桥体整体移运时参与的施工设备种类多，适用于水上运输、空中运输和地面运输等不同要求，以实现桥体由水上向陆地的运输作业或是由陆地向水上的运输作业。各施工设备都有独立的动力系统，桥体移运过程中的每个阶段几乎都是施工设备两两配合作业。为最大程度减小桥体受到的施工扰动，必须做好设备施工时的同步，其中明确不同阶段两台设备的动力主从关系以及具有完善的施工指挥系统是两个关键点。

4）桥体支座拆除和落架就位难度大

老桥支座与新桥支座均采用辊轴支座，北端固定，南端滑动。支座拆除时应尽可能避免对老桥产生扰动，并应确保老支座的完整性；新桥落架时，需要精准的测量控制和定位，方能顺利完成端柱与支座耳板之间的销轴安装施工。

5）工期紧迫，施工技术准备及工程实施时间少

桥体移运可能仅需要一天时间，但移运前的准备工作非常重要，是桥体移运的前提基础。然而现场不确定性因素很多，如原居民楼地基土下方的管线布置、河道淤泥情况、水下混凝土护坡范围、桥体总重等。这些都给准备工作带来很大的困难，繁多的准备工作包括桥面铺装层凿除、河道疏浚、水下混凝土护坡凿除以及重型起重设备地基处理等，需要大量的时间、人力和物力，因此工期极其紧迫，施工技术准备及工程实施时间少。

为此，组建具有丰富经验的项目管理团队，从设计施工图协调、施工场地综合安排、施工工期工序搭接协调、施工质量控制监督、施工全过程安全和进度监控等进行全方位项目管理。此外，施工方案的选择应充分考虑技术成熟性、可靠性，施工方案所需的设备、材料等资源也应考虑容易调配，以有效缩短前期技术方案准备过程中的技术攻关时间、新技术新方法测试试验时间以及设备材料等资源的落实时间。

3.3 总体施工技术路线

3.3.1 周边环境及水文条件

浙江路桥连接浙江北路与浙江中路，距离西侧的西藏路桥约 450m，距离东侧福建路桥约 250m，为苏州河下游侧第七座桥梁，且上下游桥梁净空均较低。其中南岸浙江中路宽度约 9m，两侧都是居民楼和商铺；北岸浙江北路宽度约 18m，两侧都是华侨城开发地块。其中，工程实施前，西侧华侨城 41 街坊正在建设中，东侧华侨城 3 街坊还处于动拆迁阶段，拆迁完成后可作为临时大修场地使用。

苏州河（吴淞江）长 20km，宽 50 ~ 70m，东侧接通黄浦江。历史上，苏州河是一条中等感潮河流，属浅海非正规半日潮，其潮流界在黄渡附近，潮区界在赵屯以西江苏境内。苏州河河口已建挡潮闸（图 3.1），建闸后，原自然状态感潮河道的特性已发生了变化，苏州河水位将属于

可控状态。根据上海水务规划设计院水力模型计算，苏州河最高水位受排涝工况控制，在承受两岸河道排涝及上游来水的情况下，最高防御水位为4.79m，正常控制水位为2.50~3.50m，最低控制水位为1.50m。

图3.1　苏州河河口挡潮闸

苏州河水位的变化主要受潮汐和闸门工作的影响。根据外白渡桥海事所得到的闸门开关门时间表可知，大汛期间（农历廿九至初六、十五至廿一）实行“东引北排”调水，在涨平潮时开闸，涨到最高潮时关闸，此时苏州河水位为2.8m。关闸后，苏州河水位控制在2.5~2.8m之间。其余时间（农历初七至十四、廿二至廿八）实行自西向东引水，在落平潮时开闸，退到最低潮时关闸，此时苏州河水位为1.5m。关闸后，苏州河水位控制在1.5~3.5m之间。闸门关闭时间在7~8h之间，闸门开门时间在3~4h之间。

浙江路桥下方苏州河处河面宽约为55.4m，水下地形略有变化，河床断面基本呈“U”字形，断面实测江底河床高程为-3.50~1.10m，最大水深为河中心处，约为6.6m。河道两侧为现状防汛墙，如图3.2所示。结合海事所的闸门控制水位线，可得出桥梁支点距离水面高度在1.15~2.65m之间。

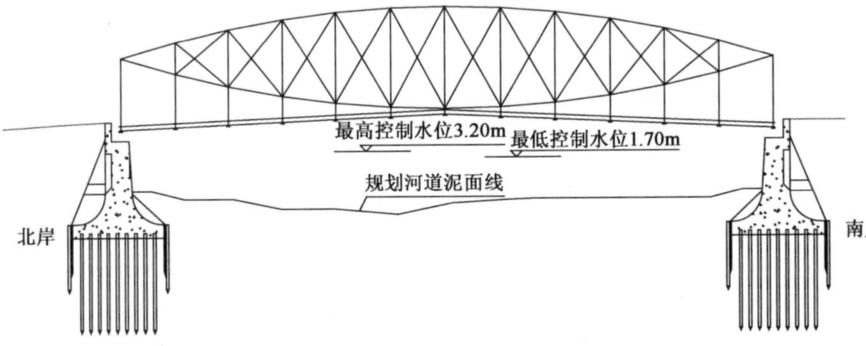

图3.2　浙江路桥处河床断面图

3.3.2　总体方案比选

自黄浦江苏州河河口水闸至浙江路桥，沿途需要经过外白渡桥、乍浦路桥、四川路桥、山西路桥、河南路桥、福州路桥6座桥梁。这六座桥中，乍浦路桥的通航净空最小，仅为3.5m。考虑到此原因,大型浮吊难以抵达施工现场。由于浙江路桥横跨苏州河,也不能单纯采用陆上吊机完成整体移运,因此传统桥体整体移运的“空”法难以实施。由于沿线诸多现状桥梁的存在,使得浙江路桥大修也不能采用外白渡桥大修时采用的船移至维修场地的方式,即传统桥体整体移运的“海”法也不适合。而对于传统的“陆”法,需要相关滑移设备。该工程如采用此法,需在河中搭设临时墩,设立滑轨等,会对河道通航产生较大影响,不能满足航道部门相关要求。

综合考虑,该桥需要采用两种或多种移运方式的配合使用。这里主要关注三种方案:

1)“陆”“空”协调作业——提升顶推作业

参考兰州中山桥的原地提升作业,提出了提升顶推协调作业的整体移运方式,如图 3.3 所示。两侧桥台分别安装提升支架 1 和提升支架 2,梁底安装托架,桥梁整体同步提升 2.0m。利用驳船作为水中平台、岸上设立混凝土临时墩,并在相关平台上设立顶推系统。然后利用提升系统将桥体整体放至顶推系统上,桥体顶推 60m,完成桥体从河道内转移至岸上作业步骤。然后在提升系统帮助下,将桥体放到运梁车上,最终完成桥体整体移运至维修厂房内过程。

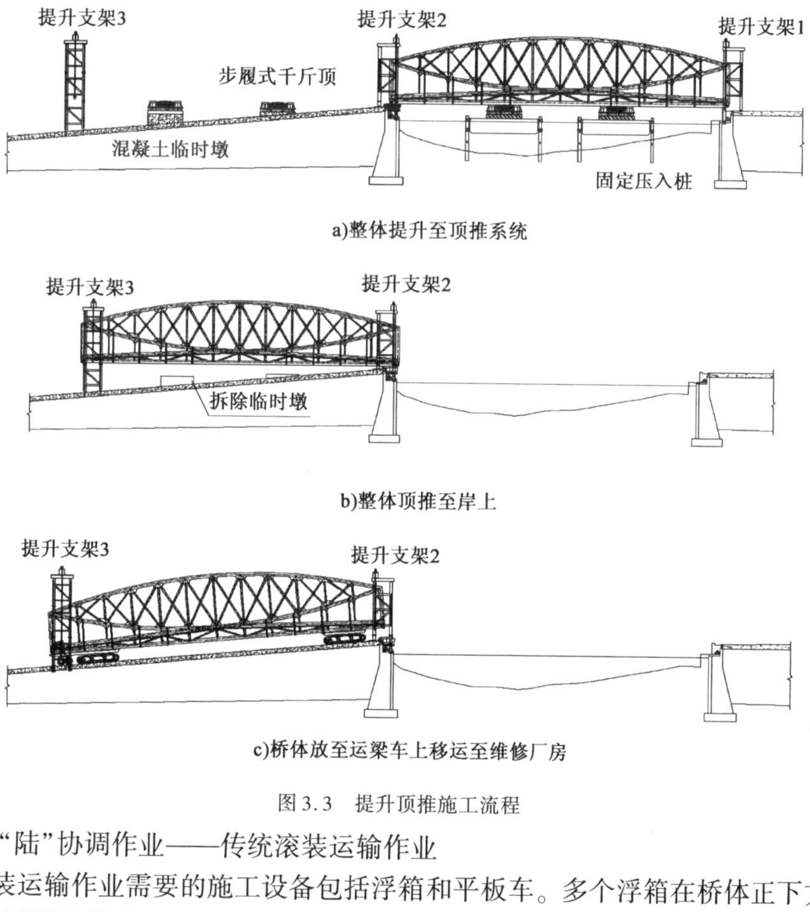

图 3.3 提升顶推施工流程

2)“海”“陆”协调作业——传统滚装运输作业

传统滚装运输作业需要的施工设备包括浮箱和平板车。多个浮箱在桥体正下方拼接后接近全跨长度,铺设滚装跳板后,两辆平板车行驶至浮箱甲板上,并支承桥体的两端,再将桥体从浮箱上运至路面,最后行驶至维修厂房,如图 3.4 所示。

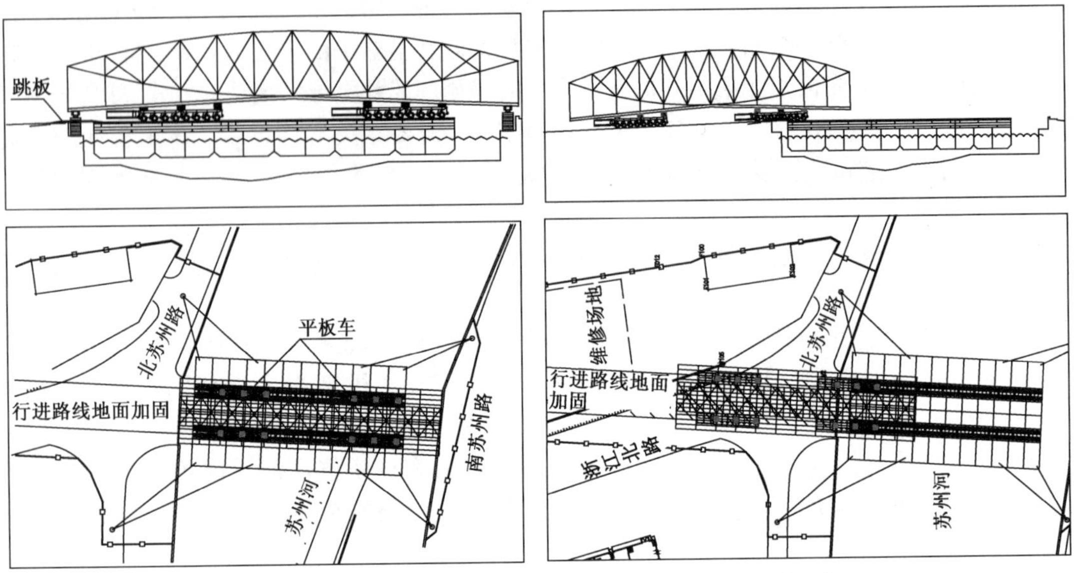

a)第一步　　b)第二步

图 3.4　传统滚装运输施工流程

3)"海""陆""空"多设备协同移运

结合几种传统施工方式的优势,创新提出了"海""陆""空"多设备协同移运的施工方案。主要思路是将浮吊上的吊机转移至岸边,将传统滚装作业的平板车放在岸上,利用驳船或是浮箱实现桥体在水上的移运。这里具体考虑两种方案,方案 A 是利用南、北两岸的履带吊、水中的驳船以及岸上的平板车完成接力移送施工;方案 B 是利用北岸的履带吊、水中的浮箱以及岸上的平板车完成接力移送施工。

方案 A 中,在浙江路桥南北两岸各布置一台履带吊,桥体支座约束解除后,双机抬吊桥体,吊点设置于端柱上,并将桥体北侧搁置于第一辆平板车上,南侧搁置于驳船上;驳船和平板车都自带动力系统,两个设备协同作业将桥体向北岸移送;当桥体南端靠近北岸时,再利用北岸履带吊将桥体吊起,并将桥体南侧搁置于第二辆平板车上,最终两辆平板车将桥体移送至维修厂房,如图 3.5 所示。

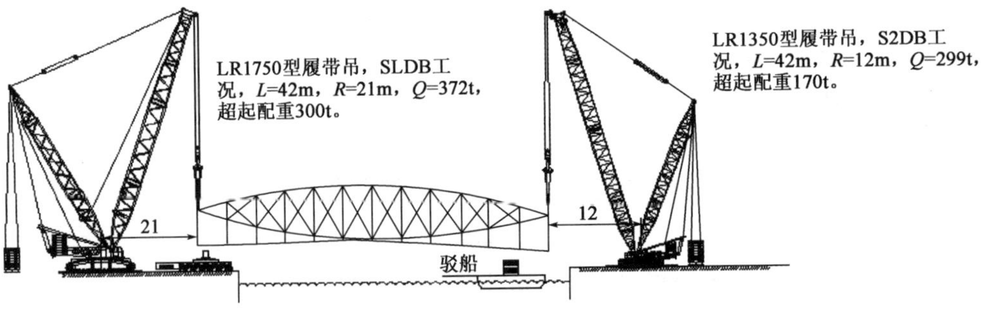

a)第一步

图　3.5

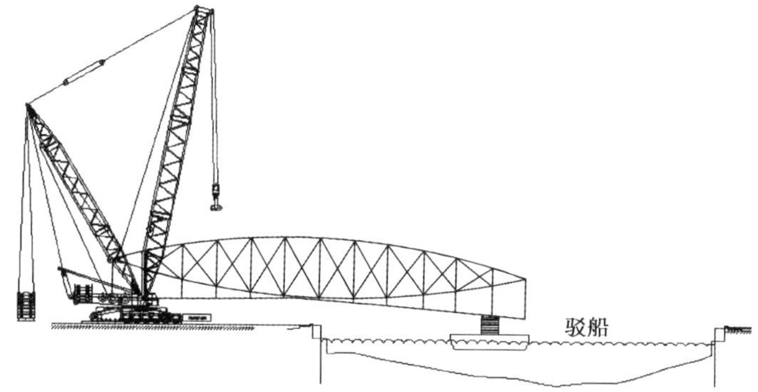

b)第二步

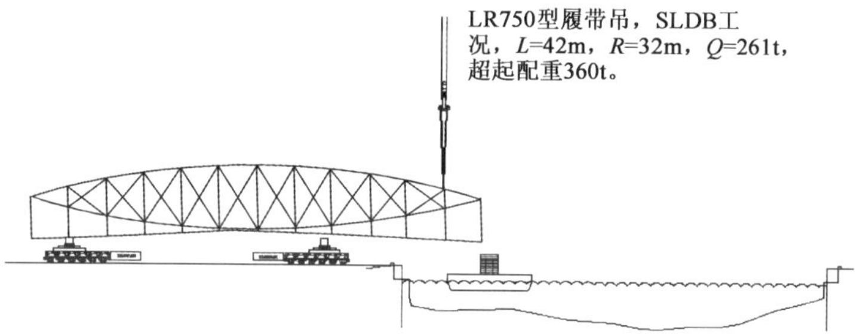

c)第三步

图 3.5 方案 A 施工流程(尺寸单位:m)

方案 B 中,在浙江路桥北岸布置一台履带吊,桥体支座约束解除后,水中的浮箱通过排出压舱水,托起桥体南端,履带吊吊起桥体北端,履带吊与浮箱协同作业,桥体向北岸移送,并将桥体北端搁置于第一辆平板车上;利用平板车完成滚装作业,履带吊吊起桥体南端,并将桥体南端搁置于第二辆平板车上;最终两辆平板车将桥体移送至维修厂房,如图 3.6 所示。

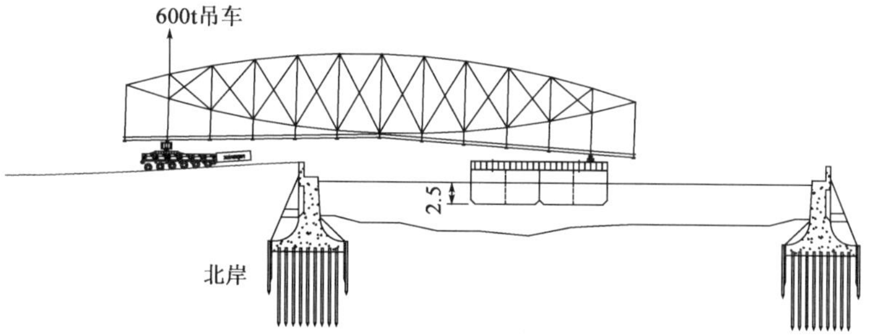

a)第一步

图 3.6

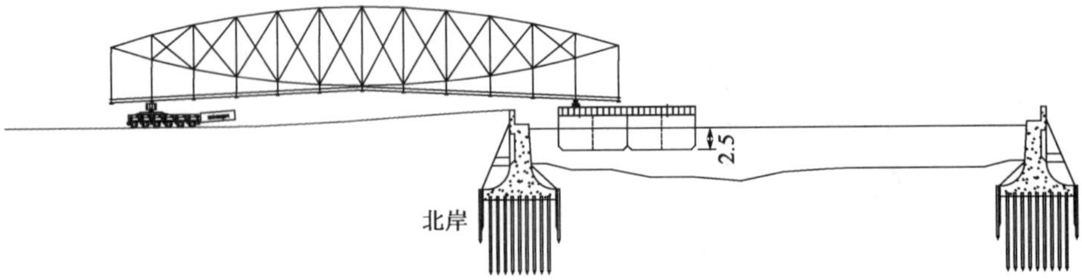

b)第二步

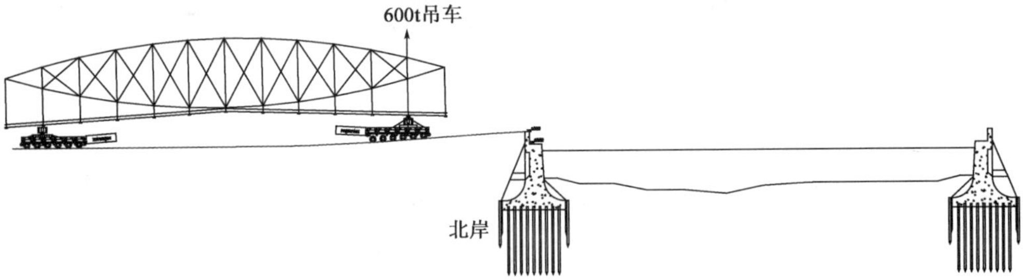

c)第三步

图3.6 方案B施工流程(尺寸单位:m)

3.3.3 总体方案确定

考虑到城市桥梁大修也是民生工程,由于该工程位于市中心,对周边环境的影响同样是方案制订时需要考量的重要环节。总体方案的确定遵循以下几个原则:

(1)施工过程结构受力明确,并力求接近使用状态。

(2)施工方案实用可行,不追求技术华丽。

(3)施工资源便于落实,以确保施工顺利推进。

(4)充分考虑现场场地条件,以满足设备进场。

(5)施工措施简明有效,成本相对合理。

(6)封航时间控制在24h以内。

(7)尽可能减小对周边环境的影响,包括道路交通、周边居民正常生活等方面。

表3.1针对上述原则,对上述方案进行了比较。

移桥方案比选一览表 表3.1

考核项目	提升顶推作业	传统滚装施工	“海”“陆”“空”多设备协同移运施工	
			方案A	方案B
结构受力	多支点支撑受力不明确	多支点支撑受力不明确	两点支承受力明确	两点支承受力明确
施工设备	浮箱+平板车	浮箱+平板车	履带吊+驳船+平板车	履带吊+浮箱+平板车
施工工艺	中	少	中	多
施工难度	中	小	中	大
施工成本	大	少	多	中

续上表

考核项目	提升顶推作业	传统滚装施工	“海”“陆”“空”多设备协同移运施工	
			方案 A	方案 B
封航时间	不满足要求	不满足要求	满足要求	满足要求
通航净空	受限制	受限制	不受限制	不受限制
环境影响	大	小	大	中

提升顶推作业基本采用常规工艺，且有类似工程经验可以借鉴。但桥体在提升顶推过程中存在多次支点转换过程，施工过程相对较为复杂。顶推过程中存在较多杆件受力状态与使用状态不同，需对较多杆件进行加固。而且顶推施工需在梁体下安装托架，再加上考虑到提升机顶推施工的速度，采用该施工方式将对河道通航影响较大，同时由于临时提升支架的搭设对周边道路交通的影响也较大，难以满足交通部门相关要求。

传统滚装作业工艺成熟，施工难度较小，且施工成本较低。桥体在施工过程中处于两端支承的受力体系，与使用状态接近，容易确保桥体安全性。但受到通航净空的限制，平板车上浮箱甲板前，必须事先将桥体抬升 2.5m，方可满足要求。若是采用千斤顶顶升工艺，如此大的行程存在施工风险；若是利用吊车，显然会增加施工成本，同时影响周边交通。此外，浮箱拼接后占据几乎整个航道，封航时间较长，将会超过 24h。

“海”“陆”“空”协调作业的两个方案都很好地解决了通航净空小这一困难，且均能满足 24h 内的封航要求。但两个方案各有利弊。方案 A 中，施工作业主要包括双机抬吊、平板车—驳船协同移运和平板车运输，施工流程简明，工艺成熟，施工风险较低，且避免了滚装作业。但两岸均布置履带吊，使得施工成本较大。南北两岸均需要搭设大面积围挡，致使南北两岸的主要道路封闭，交通影响大。另外，南岸存在大量老式居民楼，设备停放将影响周边居民的正常生活。方案 B 中，施工作业以设备之间的协同作业为主，包括履带吊—浮箱协同作业、平板车—浮箱协同作业、平板车—履带吊协同作业和平板车运输，此外由于起重机起重性能受限，还需要完成一小段非常规的滚装作业，施工工艺较为复杂，施工难度较大。但整个方案去除了南岸的履带吊，大大减轻了道路交通以及周边环境的影响，降低了施工成本。

综合比较后，“海”“陆”“空”多设备协同移运施工中的 B 方案在满足施工可行性的同时，最大限度地控制了施工成本，减小施工对周边环境的影响，且满足通航净空和封航时间等硬性指标。

最终确定的钢桁架桥整体移运总体技术路线为：抱箍式杆件加强构造进行结构杆件加固，安装装配式吊耳，以履带吊、浮箱和平板车为核心设备的“海”“陆”“空”多设备协同移运施工。主要优点是：

(1)施工安装过程中钢桁架始终处于两点支承状态，受力状态明确、合理，自身结构强度和刚度得到充分利用。

(2)充分利用各设备的自身优势，通过两两接力运送实现钢桁架桥由水上向地面的转移或是由地面向水上的转移，并尽可能降低对通航净空的要求。

(3)抱箍式杆件加强构造和装配式吊耳的引用，最大限度地避免了焊接工艺对桥体外观的损伤，并满足杆件加强和吊装需求，布置简明高效。

(4)最大限度地降低了施工作业对周边环境的不利影响，施工成本合理。

老桥移运施工总体技术路线：

桥面混凝土切割→吊机进场拼装→水上拉锚桩施工→河道疏浚→浮箱进场拼装→结构加固→支座解除→浮箱—吊机协同移运→模块车—浮箱协同移运→模块车—吊机协同移运→模块车—模块车协同移运→整体落架。

主要流程的施工内容如下。

(1)桥面混凝土切割：利用液压碟式切割机拆除桥面混凝土铺装层。

(2)吊机进场拼装：履带吊停机位置重载路基施工，路基箱铺设，超起台车轨道安装以及履带吊拼装。

(3)结构加固：将桥体南北两侧第二根吊杆作为吊机吊点和浮箱支承点，吊杆受力由拉力转为压力，与设计意图不符，对结构进行加固处理。

(4)支座解除：端柱与桥台支座之间通过销轴连接，利用千斤顶作为桥体两端的临时支承点，取出支座销轴，解除端柱约束。

(5)浮箱—吊机协同移运：利用布置在浮箱甲板上的卷扬机，将浮箱从南岸拖向北岸。此时，卷扬机作为牵引动力源，浮箱主动，吊机随动，直至桥体搁置到北岸的第一辆模块车上。该工况示意如图3.7所示，对应现场照片如图3.8、图3.9所示。

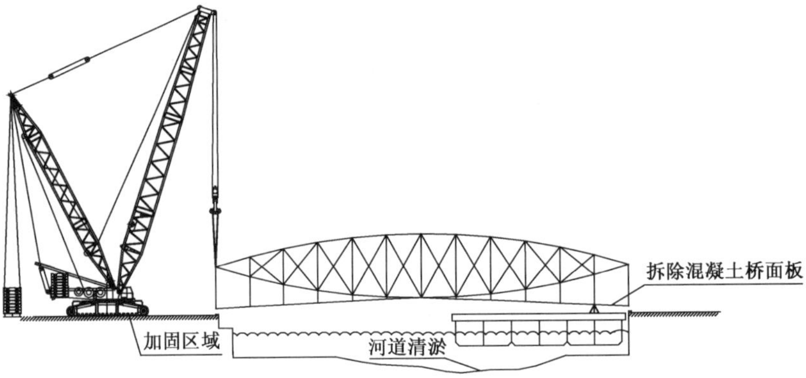

图3.7　浮箱—吊机协同移运(一)

图3.8　浮箱—吊机协同移运(二)

图 3.9 浮箱托住老桥一端向北岸移动

(6)模块车—浮箱协同移运:当桥体北侧吊点转为北岸第一辆模块车支承点后,继续利用布置在浮箱甲板上的卷扬机,将浮箱拖向北岸。此时卷扬机作为牵引动力源,浮箱主动,模块车随动,直至浮箱靠岸。浮箱南侧支承点在浮箱轨道梁上进行滚装作业,模块车作为牵引动力源,模块车主动,滑移支座随动,直至吊机吊钩挂在桥体南侧吊点上。该工况示意如图 3.10 所示,对应现场照片如图 3.11 所示。

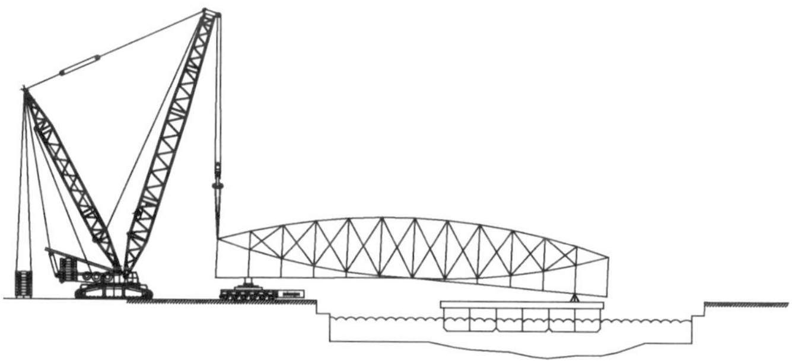

图 3.10 模块车—浮箱协同移运(一)

图 3.11 模块车—浮箱协同移运(二)

(7)模块车—吊机协同移运:当桥体南侧支承点转为吊机吊点后,模块车作为牵引动力源,模块车主动,吊机随动,将桥体向北移送,直至桥体搁置到第二辆模块车上,如图 3.12 所示。

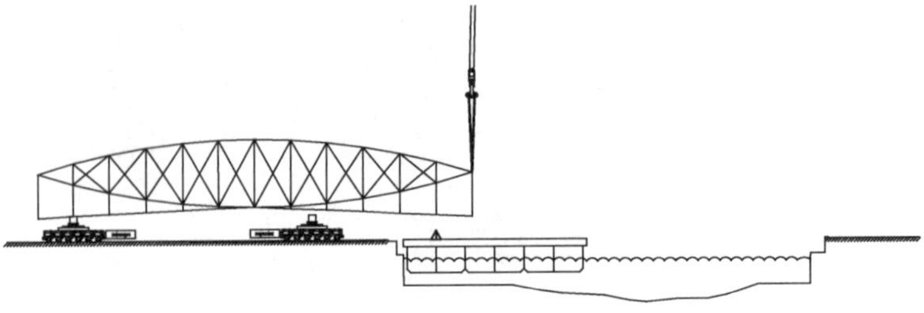

图 3.12　模块车—吊机协同移运

(8)模块车—模块车协同移运:当桥体南侧吊点转为第二辆模块车支承点后,第一辆模块车继续作为牵引动力源,第二辆模块车随动,将桥体移运至维修厂房内。

(9)整体落架:两台模块车将桥体移运到位后,利用液压装置将桥体落至厂房内的临时支墩上,现场照片如图 3.13 所示。

图 3.13　老桥进入厂房

新桥复位施工总体技术路线为:

桥台垫石施工→吊点安装及结构加固→吊机进场拼装→水上拉锚桩加固→河道淤泥高程复测→模块车—模块车协同移运→模块车—吊机协同移运→模块车—浮箱协同移运→浮箱—吊机协同移运→落架施工→桥面铺装。

主要流程的施工内容如下。

(1)桥台垫石施工:扩大桥台垫石平面尺寸。

(2)吊点安装及结构加固:采用装配式吊耳以提高装拆效率,并在支承点处增设横桥向水平支撑体系。

(3)模块车—模块车协同移运:两两模块车进入厂房内,托起新桥桥体。前车作为牵引动力源,后车随动,将桥体移出维修厂房,直至吊机吊钩挂在桥体南侧吊点上,现场照片如图 3.14、图 3.15 所示。

(4)模块车—吊机协同移运:当桥体南侧支承点转为吊机吊点后,模块车作为牵引动力源,模块车主动,吊机随动,将桥体向南移送,直至桥体搁置到浮箱支承滑移支座上。

图 3.14 大修完成,准备复位

图 3.15 模块车移运

(5)模块车—浮箱协同移运:当桥体南侧吊点转为浮箱支承点后,利用布置在浮箱甲板上的卷扬机,牵引桥体自浮箱北侧向浮箱南侧滚装作业。此时卷扬机作为牵引动力源,滑移支座主动,模块车随动。利用布置在浮箱甲板上的卷扬机,牵引浮箱向南岸移动,卷扬机作为牵引动力源,浮箱主动,模块车随动,直至吊机吊钩挂在桥体北侧吊点上。

(6)浮箱—吊机协同移运:利用布置在浮箱甲板上的卷扬机,将浮箱拖向南岸。此时卷扬机作为牵引动力源,浮箱主动,吊机随动,直至浮箱靠岸。如图 3.16 ~ 图 3.18 所示。

图 3.16 浮箱—吊机协同移运(一)

图 3.17 浮箱—吊机协同移运(二)

图 3.18 浮箱移运

(7)整体落架:浮箱压舱水调节,与吊机一起将桥体落至桥台处的支承千斤顶上,再利用千斤顶完成桥体支座安装工作。

(8)桥面铺装:人行道木地板铺设和机动车道沥青路面施工。

3.3.4 移桥主要设备

1)模块车

SPMT是一种模块化生产及组装的自行式平板拖车,可以根据装载货物实际情况组合成相匹配的拖车形式。SPMT的基础部件是一个6轴的模块组以及一个动力头(PPU)。现场配备两台SPMT,每台SPMT由3个6轴模块组和一个PPU组成。构造示意如图3.19所示。

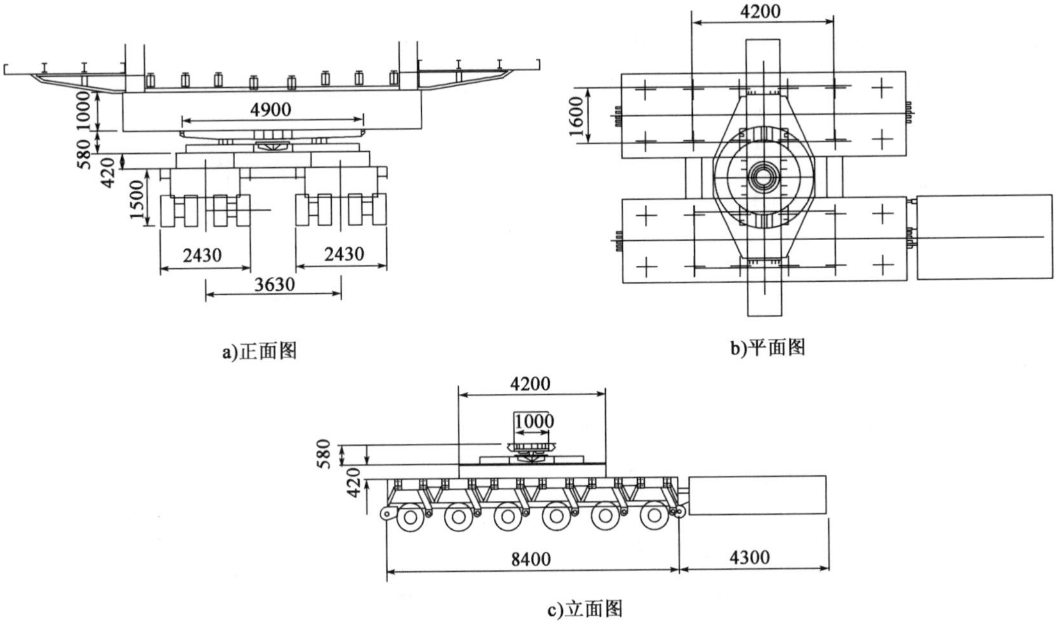

图3.19　液压悬挂平板运输车示意(尺寸单位:mm)

单元组合式液压悬挂平板车由大梁、转铰式支座、分载梁全液压模块运输车组成。大梁直接支撑桥体,并将荷载传与转铰式支座;转铰式支座将荷载传给分载梁,并保证运输过程中的平面转动;分载梁将支座传下来的荷载均匀地传到全液压模块运输车;全液压模块运输车将荷载均匀传到地面,足够轴数即可将地耐力要求降到对地面道路影响小的范围内。采用全液压模块运输车设备全液压悬挂、全液压驱动,轮压分散且均匀,充分利用现有道路资源。模块车参数详见表3.2。

2)履带吊

采用CC2800型(600t级)履带吊,组装后现场照片如图3.20所示。主要工作参数:臂长42m,最大作业半径28m时起质量控制在236t,另需配置300t超起压铁,超起配重中心半径为15m。

模块车相关参数

表3.2

型　　号	DCMC06		
行驶速度(km/h)	3	1	0.5
自重(t)	27	27	27
额定载质量(t)	192	204	213
轴线载荷(t)	36.5	38.5	40
载重平台高度(mm)	1500 ± 350		
满载爬坡能力(纵坡)	6%		
满载爬坡能力(横坡)	2%		
制动力(kN)	440		
转向角度	230		
工作温度	-30 ~ 50℃		

图3.20　600t履带吊专用配重车及轨道

3)浮箱

使用浮箱作为顶升支承架以及水上运输工具,水上作业选用2个500t级的浮箱单元横向组拼成整体的浮箱平台。单个500t级的浮箱单元长24m,宽8m,型深3.5m,满载吃水3m,空载吃水0.4m,如图3.21所示。单个浮箱宽度8m,可通过闸口不受限制;使用时将多个单体拼装成整体平台,增加甲板面积及承载能力,上布垫高分载结构及支承滑移结构。

浮箱拖航分为两段,沿海拖航至黄浦江段和黄浦江拖航至苏州河段。沿海拖航至黄浦江段为常规拖航,采用1艘主拖航捆绑拖航。从黄浦江苏州河河口水闸至目的地大约为4km距离,沿途经过苏州河东岸六座跨河桥梁,沿途经过桥梁最小通航窗口宽34m,在最低潮时通航高度约4.5m。

拖航至拼装区域之后挂设绞揽,利用绞揽牵引至河中间区域之后进行压舱水。压舱水量结合潮位高度考虑。该项目工况下，作业时候浮箱吃水为2.35m（按照500t考虑），不利用潮位可以抬升0.65m。根据外白渡桥海事所提供的资料，浙江路桥段苏州河水位在1.7～3.2m之间。

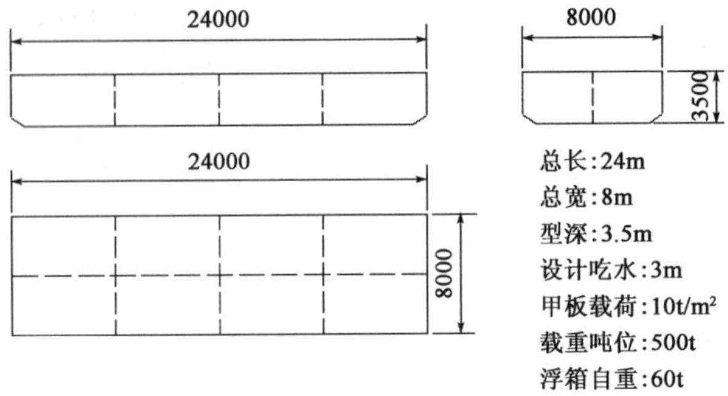

图3.21　浮箱布置及主要参数(尺寸单位:mm)

3.3.5　施工总平面布置

施工总平面布置合理与否，将直接关系到施工进度的快慢和安全文明施工管理水平的高低。针对该工程实际特点，着重研究和规划了施工作业道路、各施工机械设备在场地内的布置位置以及开行路线等。具体布置形式如图3.22所示。

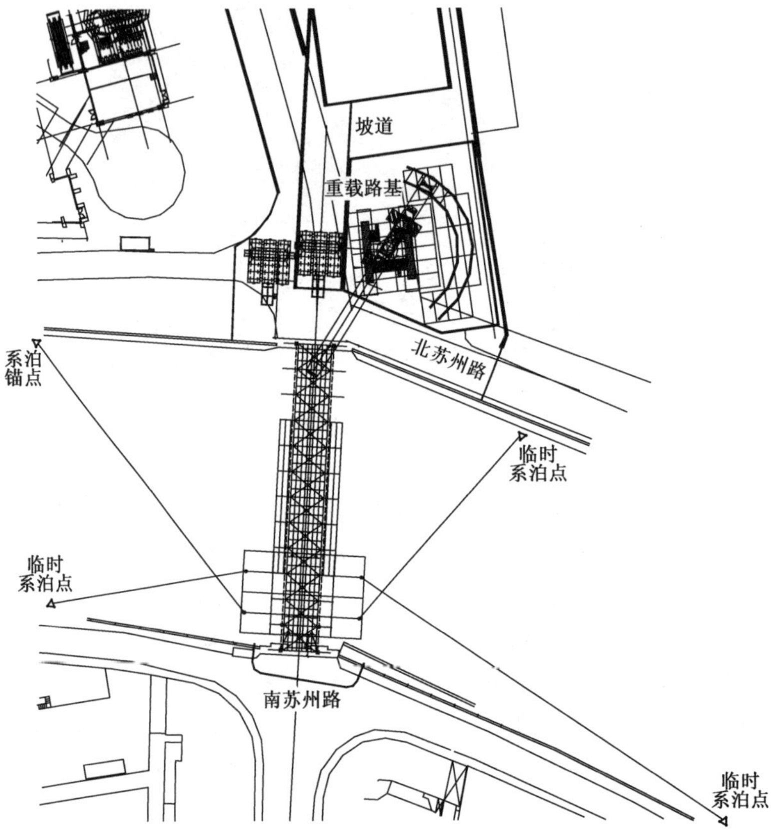

图3.22　桥体移运平面布置图

1)履带吊布置

总平面布置中,履带吊停机位置的布置最为关键也最为复杂。吊机布置在北岸,处于苏州河与维修场地之间,为了让出模块车移运道路,故只能选择在靠东侧的空地上。吊机中心位置的选择受到多方面因素的牵制,除了桥体质量以外,还包括堤岸稳定性、东侧高压线以及原道路下方的煤气管线等。吊机离旧桥吊点越近,起重能力越大,但对堤岸的土压力也越大,对堤岸的稳定性越不利;吊机距离高压线应具有1.5~2m的安全距离,因此吊机不能太靠东,也就意味着距离模块车移运的道路越近;原道路下方存在煤气管线,为保证管线的安全,吊机应与管线之间留有合适的安全距离。综合表3.3所列各制约因素,图3.23给出了最终的吊机停机位置,并经计算,堤岸在不加固的前提下仍可保证稳定性。

履带吊布置制约因素及应对措施 表3.3

重点和难点	制约因素	应对措施
起重能力	离北岸越近越好	凿除桥面混凝土,最大限度降低起吊质量
堤岸稳定性	离北岸越远越好	在荷载基本组合和特殊组合作用下验算2级水工建筑物结构安全
东侧高压线	保持安全距离	对高压线增设保护套
运输道路下方的煤气管道	降低道路直接荷载	对运输道路进行加固处理,扩大分载面积,降低对煤气管道的压力
桥体移运路线	不能阻挡桥体	应用BIM技术模拟施工过程进行碰撞检查

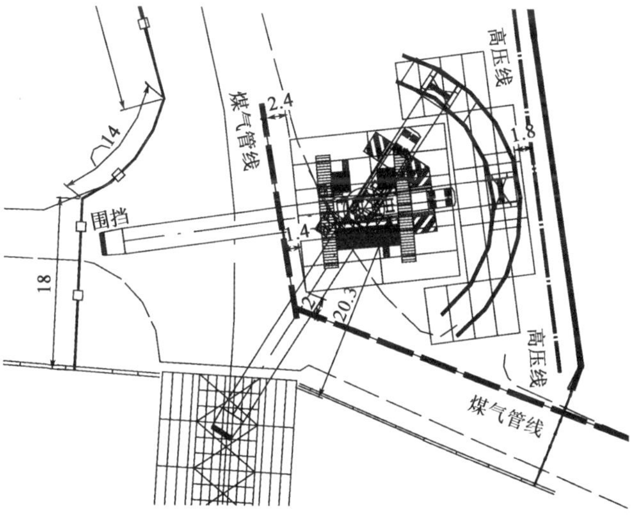

图3.23 履带吊布置(尺寸单位:m)

2)驳岸稳定验算

浙江路桥整体移桥中须保证驳岸的安全。履带吊附近苏州河驳岸为2级堤防工程,主要建筑物属2级水工建筑物(图3.24)。按照圆弧滑动面法(图3.25),对驳岸稳定性进行验算,考虑的主要工况如下。

基本组合:吊机拼装完毕,未起吊浙江路桥身,荷载为30kPa,地下水位取地坪以下0.5m,其他荷载5kPa。该工况持续时间较长,为基本组合工况。

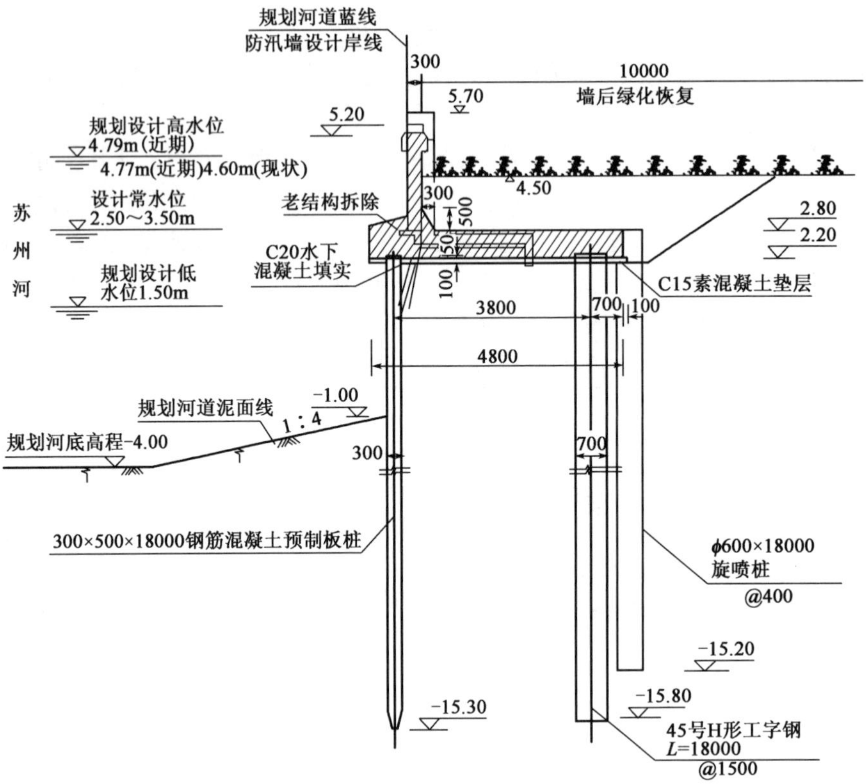

图 3.24　驳岸结构形式(尺寸单位:mm)

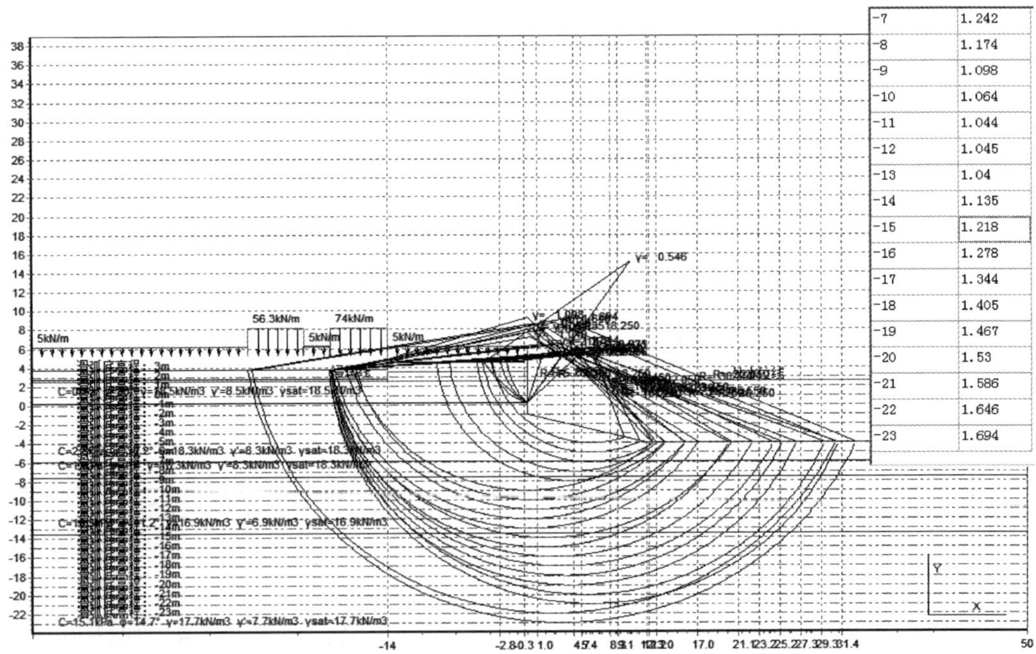

图 3.25　圆弧滑动面法计算

特殊组合(施工):吊机拼装完毕,起吊浙江路桥身,荷载为74~56kPa,地下水位取地坪以下1.0m,其他荷载5kPa。该工况持续时间较短,为施工组合工况。

由表3.4验算可见,经过采取履带吊合理布置、减轻荷载等措施,驳岸整体稳定能满足规范要求。

驳岸稳定验算结果

表3.4

计算水位	工况	前履带荷载(kPa)	后履带荷载(kPa)	安全系数	规范要求
1.50(低水位)	基本组合	30	30	1.267	1.25
2.50(常水位)	施工组合	74	56	1.218	1.15

3.4 移桥准备

3.4.1 混凝土桥面拆除

浙江路桥面系为纵梁、横梁、小纵梁、小横梁组成的梁格系,上铺钢筋混凝土桥面板,桥面板在梁格系上设置加腋进行加强,与梁格系采用加劲角钢连接。钢主桁内侧为机动车道,铺装层为钢筋混凝土+沥青混凝土,面积为430m^2,质量约220t。钢主桁外侧为非机动车道和人行道,铺装层为钢筋混凝土,面积为380m^2,质量约99t。

考虑到桥梁属性、所处地理位置、周边交通组织、封航时间、管线现状、起吊运输能力等,对桥面混凝土进行拆除,减轻整体吊运质量,尽量减少对周边道路、管线、绿化的影响。对沥青混凝土铺装层采用小型铣刨机清除,对混凝土铺装层拆除考虑了如下三个施工方案。

1)人工风镐拆除

安装活动钢结构吊篮(图3.26),对桥面进行兜底,防止混凝土碎块掉落至苏州河,同时利用栏杆在两侧设置密目网进行围挡。吊篮每侧宽出桥面50cm,长6m,四周设置50cm高挡板,其中一侧设置成可开启式挡板,方便混凝土倾卸。吊篮配备四个卷扬机,控制吊篮的升降。凿除混凝土时将吊篮提升接近纵横梁底部,一片混凝土凿除完成后,将运输船定位在开启式挡板下口,将混凝土倾倒至运输船内运走。

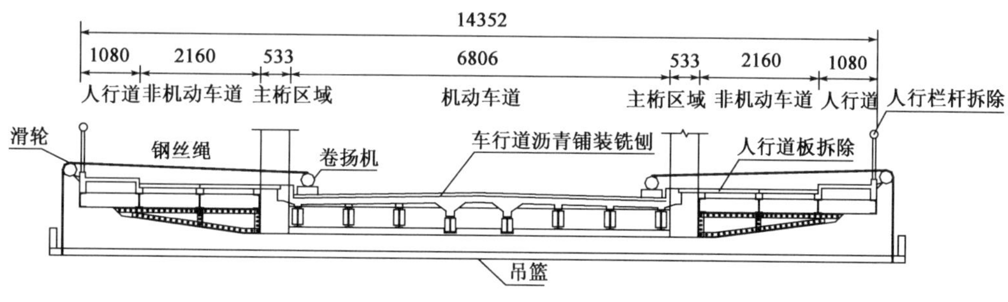

图3.26 吊篮布置(尺寸单位:mm)

2)切割法静力拆除

桥面板切割顺序为先切割人行道和非机动车道部分,再切割机动车道部分,从桥南侧向桥北侧进行。纵向切缝避开纵梁和角钢加强部位,共26条切缝;横向切缝按横梁、小横梁间距控制,共72条切缝(图3.27)。

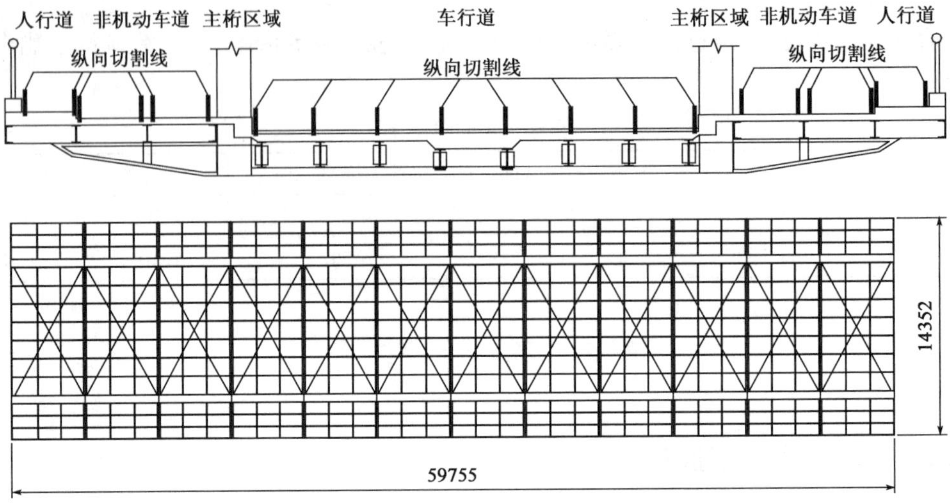

图3.27 桥面混凝土切割示意(尺寸单位:mm)

3)水射流拆除

超高压水射流技术是用高压泵将水增压至100MPa以上的压力,形成高压水射流。超高压水射流技术,主要用于混凝土结构清理、拉毛、去涂层和混凝土剥离等。水射流切割线沿着纵横梁,将钢梁与混凝土板分离,最后切断钢筋,将桥面板运出。为保护环境,在切割点下布置驳船,接收施工污水及混凝土碎块。

三种方案在技术上均可行,方案比选详见表3.5,最终采用切割机拆除方案,现场施工如图3.28所示。

桥面混凝土拆除方案比选 表3.5

项　目	方案一:人工风镐	方案二:切割机	方案三:水射流切割
施工组织	便于组织,施工灵活	施工精度要求高	施工精度要求高,水射流设备不常用
剩余质量(t)	286	406	286
工期(天)	15	20	25
费用(万元)	44	48	60
文明施工	噪声较大,洒水减小粉尘,污水较少,切块落于吊篮中	噪声较大,无粉尘,污水较多,混凝土切块易落于河道中	噪声较大,无粉尘,产生大量污水,不易收集
结论	比选	推荐	比选

3.4.2 河道清淤

考虑最不利工况,即最低控制水位1.5m,浮箱载重350t,吃水深度2.1m,则河床底要清淤高程至约 -1.1m。每个断面清淤面积约 $23m^2$,桥位处上下游清淤长度共100m,清淤量 $2300m^3$。河道清淤范围如图3.29所示,现场清淤如图3.30所示。

图 3.28 老桥桥面混凝土切割拆除

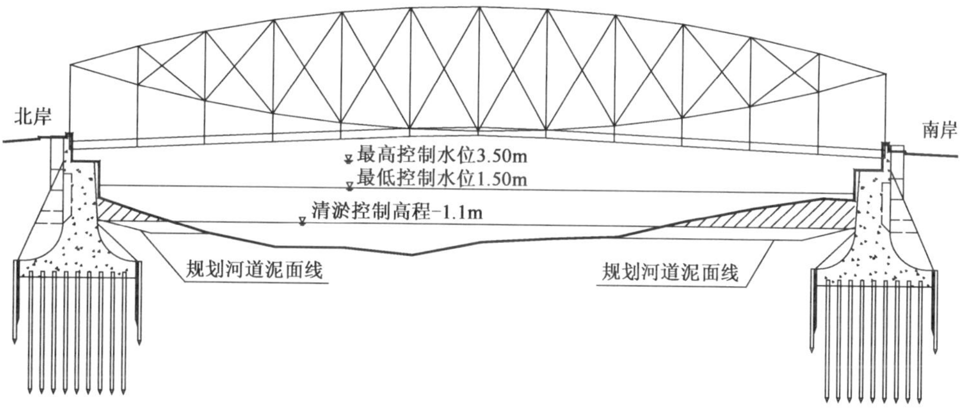

图 3.29 河道清淤示意

图 3.30 河道清淤照片

3.4.3 吊点布置

1)维修前移运

维修前移运时,吊点布置于近端柱的第二根吊杆(图3.31)。结合吊杆抱箍加固构造,设计出一种吊耳抱箍(图3.32)。它与普通抱箍形成整体,以保证杆件的整体稳定性。同时,也作为起重设备吊装用吊耳,满足吊装作业要求,履带吊架见图3.33。吊耳抱箍本身通过预紧螺栓连接,是可拆卸构件,施工时不会对构件产生损伤,具有操作方便且可回收的优点。

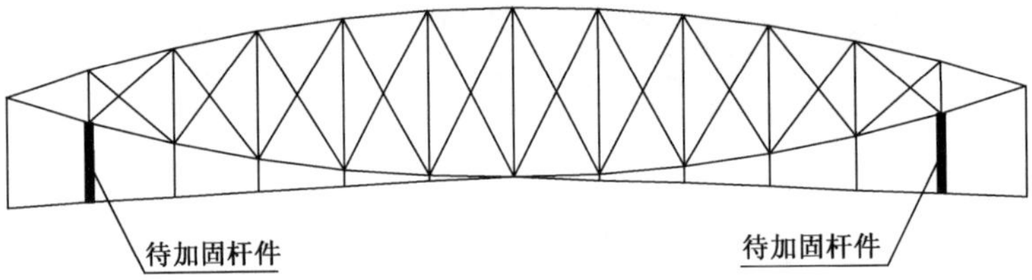

图3.31 维修前移运吊点布置

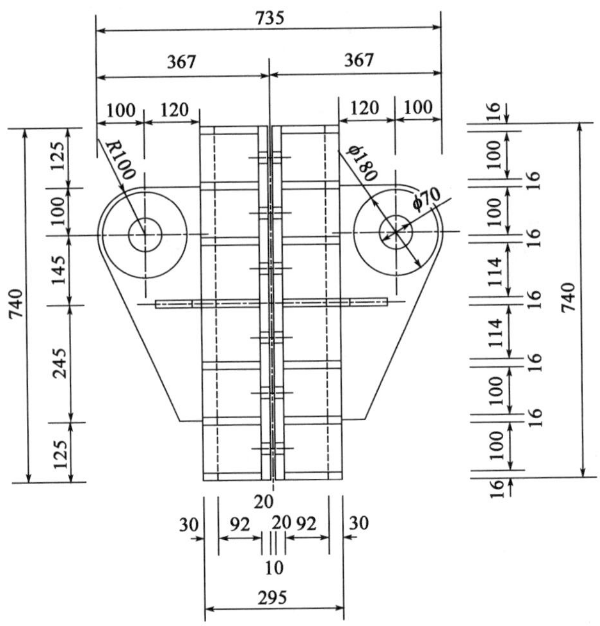

图3.32 吊耳抱箍(尺寸单位:mm)

该工程中,钢桁架桥桥面系统吊挂于鱼腹式桁架之下,故桁架与桥面之间的立杆在正常使用状态下主要承受拉力,杆件在拉力作用下不会出现失稳,可以充分利用材料强度。桥体在整体移运时,支承桥休自重的结构构件由端柱转为近端柱的第二根吊杆,吊杆作为支承构件后,内力状态由拉力转为压力,杆件在压力作用下有失稳的可能性,不能充分达到材料强度,需要重点进行考察。经计算分析可知,吊杆在移运阶段将承受的压力为1152kN,吊杆截面不能满足承载力要求,故需要进行截面加固。

传统钢结构杆件的加固方式,主要是通过焊接或栓接等方式在原有杆件外侧增设外贴板,但这些方式都会对原桥结构和外形造成一定影响,因此这种加固方式对于需要进行保护的文物是不合适的。因此，在综合考虑保护文物及方便吊装的条件下，提出利用装配式抱箍件对吊杆截面进行加固的方式。抱箍件分为普通抱箍和吊耳抱箍，吊耳抱箍可供吊机吊装施工使用，并与普通抱箍连接成整体，实现吊杆全长抱箍的加固形式，如图3.34、图3.35所示。吊杆由工字形截面调整为箱形截面，大大提高截面的回转半径，减小构件的长细比，从而提高吊杆的稳定系数，提高截面的承载力。此外，抱箍构件本身通过预紧螺栓连接，是可拆卸构件，施工时不会对构件产生损伤，具有操作方便且可回收的优点。现场照片如图3.36所示。

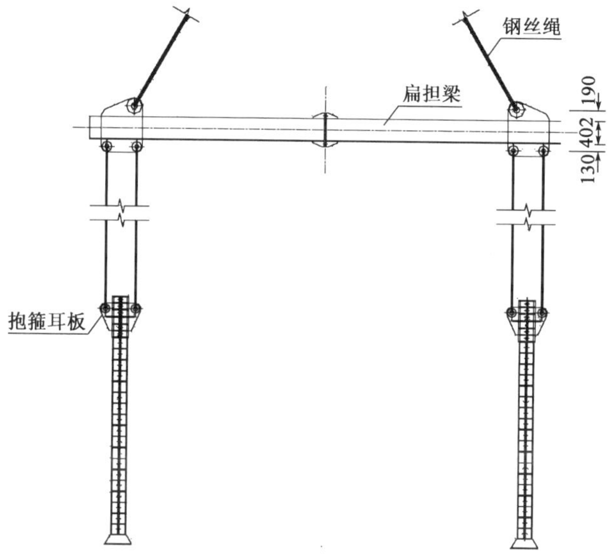

图3.33 履带吊架(尺寸单位:mm)

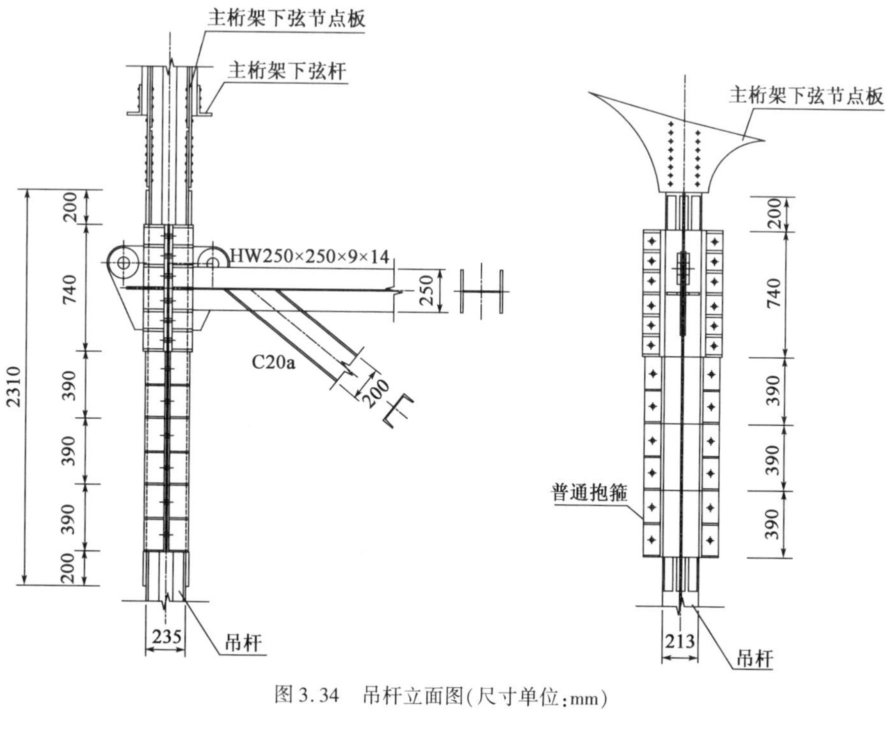

图3.34 吊杆立面图(尺寸单位:mm)

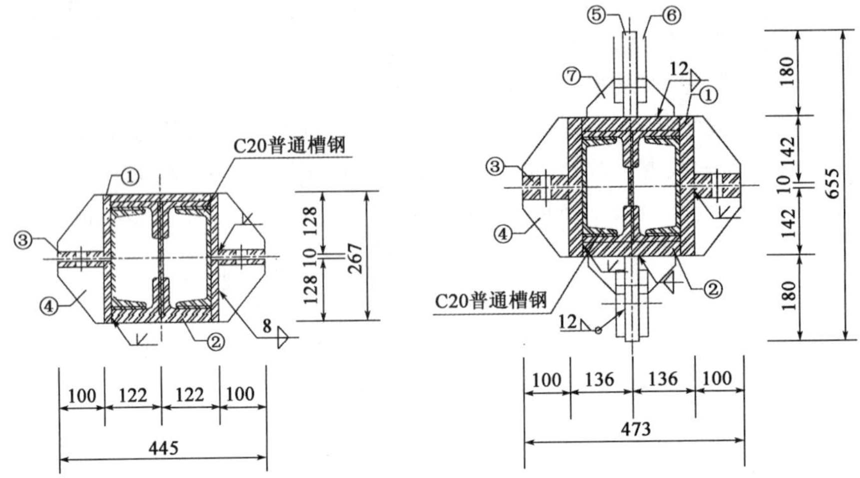

图 3.35　吊杆断面图(尺寸单位:mm)

图 3.36　吊耳抱箍施工

2)维修后复位

维修后复位时,因上平联杆件与吊杆在同一横断面上,为避开上平联杆件,吊点只能布置于吊杆两侧鱼腹式桁架下弦杆上。为避免桁架节点出现偏心弯矩,吊点对称布置在吊杆两侧,位置示意如图 3.37 所示。具体构造为:一根托梁支承桥体,托梁与下弦杆下翼缘之间通过螺栓连接,故是装配式节点,可拆卸、可重复使用。吊杆在施工过程中仍承受拉力,省去吊杆加固的工作。现场施工如图 3.38 所示。

3.4.4　桥体加固措施

桥体在移运时始终处于四点支承状态。在水陆移运阶段,北侧支承点为吊机吊点,吊钩之下的两个吊点基本可保证在同一高程上,南侧支承点为浮箱,水面波动很可能造成浮箱上的两个支承点高程出现差异,从而导致整个桥体产生扭转变形。原结构主桁架之间只有上下弦杆之间的平面联系杆件,整体抗扭性能较差,故需要对桥体进行横桥向加固。

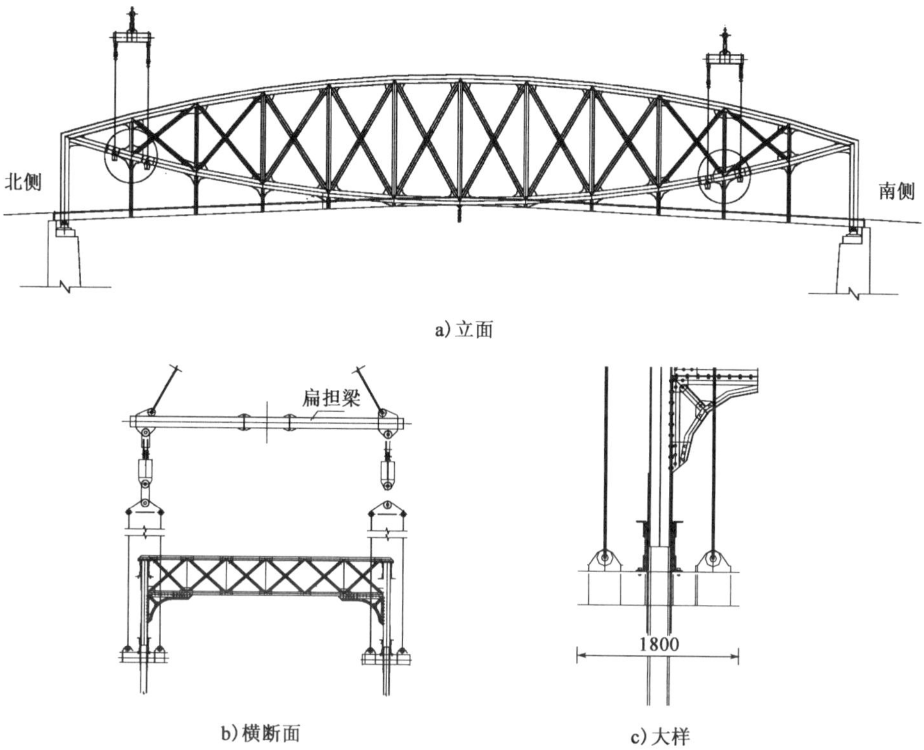

图 3.37 新桥复位吊点布置(尺寸单位:mm)

图 3.38 吊点布置

在主桁架之间,即横桥向增设竖向交叉支撑,如图 3.39 所示。选用高强度吊带作为交叉支撑构件,通过手拉葫芦对吊带施加预紧力,使得交叉吊带具有一定的刚度。吊带与桁架端柱或是弦杆采用捆扎的方式连接,吊带与桥体构件之间布置橡胶皮,防止吊带被构件棱角割伤。现场照片如图 3.40 所示。

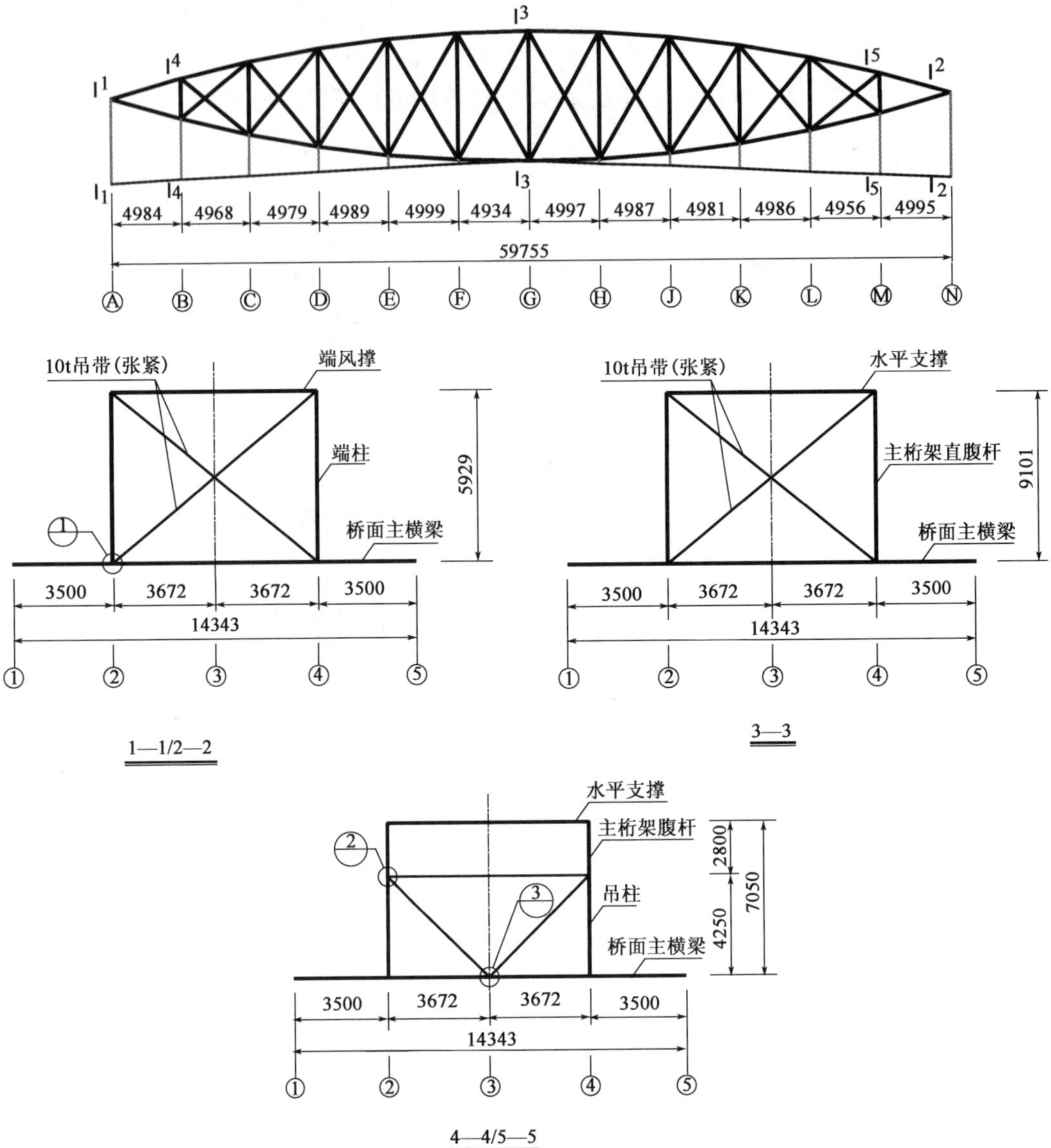

图 3.39　移运过程中横桥向加固示意(尺寸单位:mm)

图 3.40　老桥桥面拆除及桥体加固

3.5 滚装作业施工工艺

3.5.1 滑移设备

受限于吊机起重能力,桥体需要在浮箱上经历一段距离为12m的滚装作业。不同于传统的滚装作业,浮箱甲板上不能停放模块车。为实现桥体在浮箱上的移动,在浮箱甲板上设置两根滑移基础梁(图3.41、图3.42),桥体通过一个可滑移的铰支座搁置在基础梁上。基础梁顶面还设有导向支座,在引导桥体移动的同时也能防止桥体从基础梁上滑落。此外,限位支座用于固定可滑移的铰支座,防止其在滚装作业以外的施工阶段出现滑动,所有的导向支座和限位支座均通过螺栓与基础梁连接,装配式连接为限位支座的安拆提供便利。

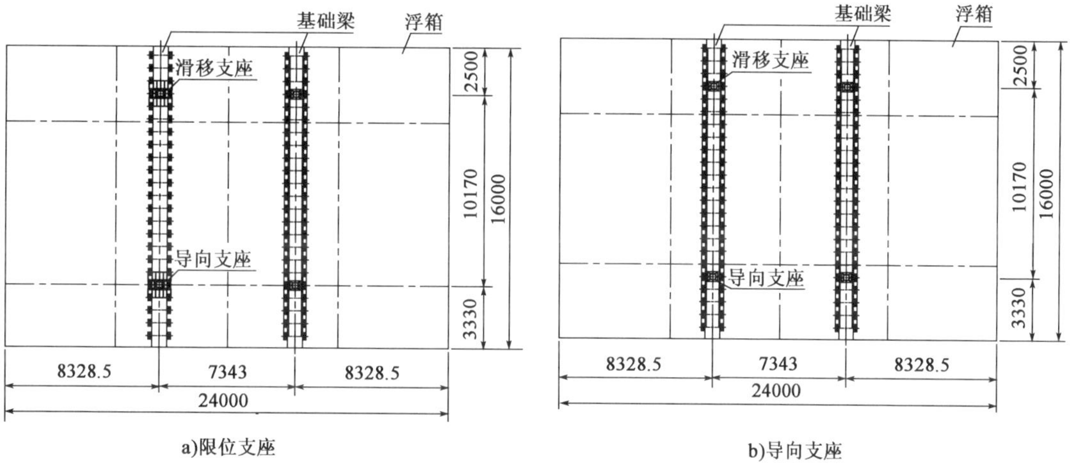

图3.41 浮箱甲板基础梁平面布置图(尺寸单位:mm)

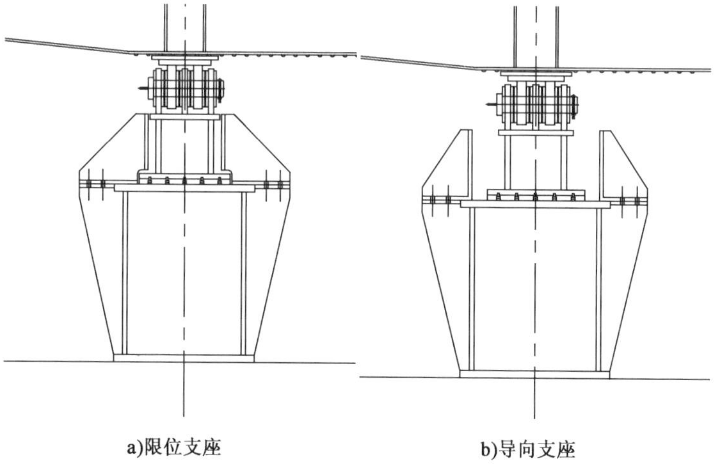

图3.42 浮箱甲板基础梁立面布置图

滚装作业时,铰支座需要在基础梁上滑动,为确保起步顺利,从施工工艺、支座构造和应急措施三个方面做好应对措施,具体方法如下:

(1)滑移支座在安装到位前,应对轨道梁表面事先抹上黄油。并在起步位置处布置一块不锈钢板,此不锈钢板与轨道梁之间不需要涂抹黄油。

(2)铰支座底部带有一块减摩板,用于减小与基础梁钢板之间的摩擦力,并设置注油孔和油槽,减摩板两侧开倒角,如图3.43所示。为现场应急注油提供可能性。

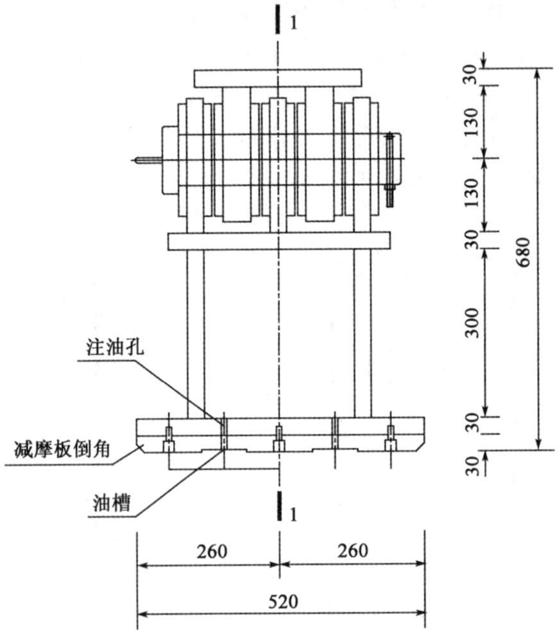

图3.43　铰支座构造(尺寸单位:mm)

(3)准备好备用的手持式千斤顶,当起步困难时可即刻使用,配合现场的应急处理。

3.5.2　压舱水调节

滚装作业时支承点由南向北移动,对浮箱而言相当于一个移动的集中荷载,当荷载处于浮箱一侧时,浮箱存在向该侧倾斜的趋势。滚装作业不允许浮箱倾斜,甲板水平度非常重要。浮箱内部各舱室之间的水量置换可以实现移动荷载下浮箱始终处于水平状态。

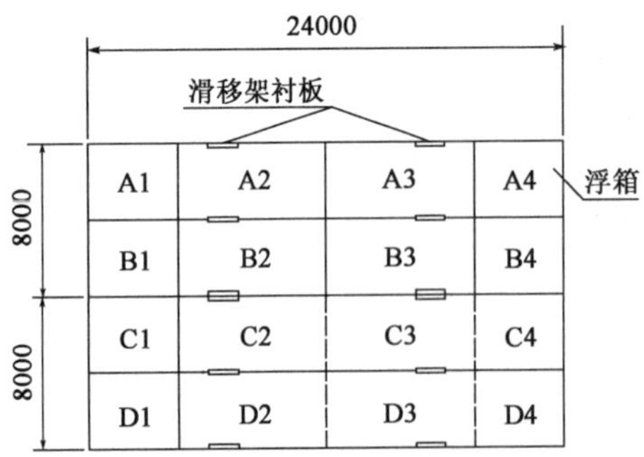

图3.44　浮箱舱体编号(尺寸单位:mm)

浮箱各舱室都可以灌入或排除河水。根据各舱室的水量,会存在相应的浮力。当浮箱甲板的荷载开始移动时,会对浮箱产生竖向荷载及对中心的力矩,若所有舱室的浮力合力数值上与外荷载一致,方向相反,或者对浮箱中心的合力矩数值与外力矩一致,方向相反,则浮箱始终处于水平状态。具体表现为浮箱舱室之间压舱水的置换。

浮箱舱体编号详见图3.44。在滑移时,查看浮箱的倾斜情况,若倾斜量达到100mm,则停止滑移，打开 A2、A3 舱体的潜水泵，将压舱水分别灌入 D2、D3 舱内，待浮箱调平后，继续向北滑移，查看浮箱的倾斜情况，以 100mm 为限值，停止滑移后调整压舱水。不断循环该操作，直至 A2、A3 舱内各排出 85t，再从 B3、C3 舱内将水灌入 B2、C2 舱内各 20t。整个滚装距离为 12m，排水量为 200t。

3.5.3 维修前滚装上岸

维修前桥体滚装上岸流程详见图 3.45。浮箱牵引至北岸后，南侧支承点搁置于浮箱基础梁上，北侧支承点搁置在模块车上。浮箱则紧靠桥台。解除限位支座对铰支座的约束，启动模块车，由模块车带动钢桁架桥向北移动，铰支座在事先涂抹黄油的基础梁顶面滑动，调节浮箱压舱水，以保证浮箱在整个滚装作业过程中的水平度，最终完成滚装上岸作业。在整个滚装作业过程中，浮箱紧靠桥台并对桥台施加压力作用，因桥台具有良好的抗压性能，能有效限制浮箱的运动，故浮箱和桥台之间不必进行任何连接处理，也不必对桥台进行加固。

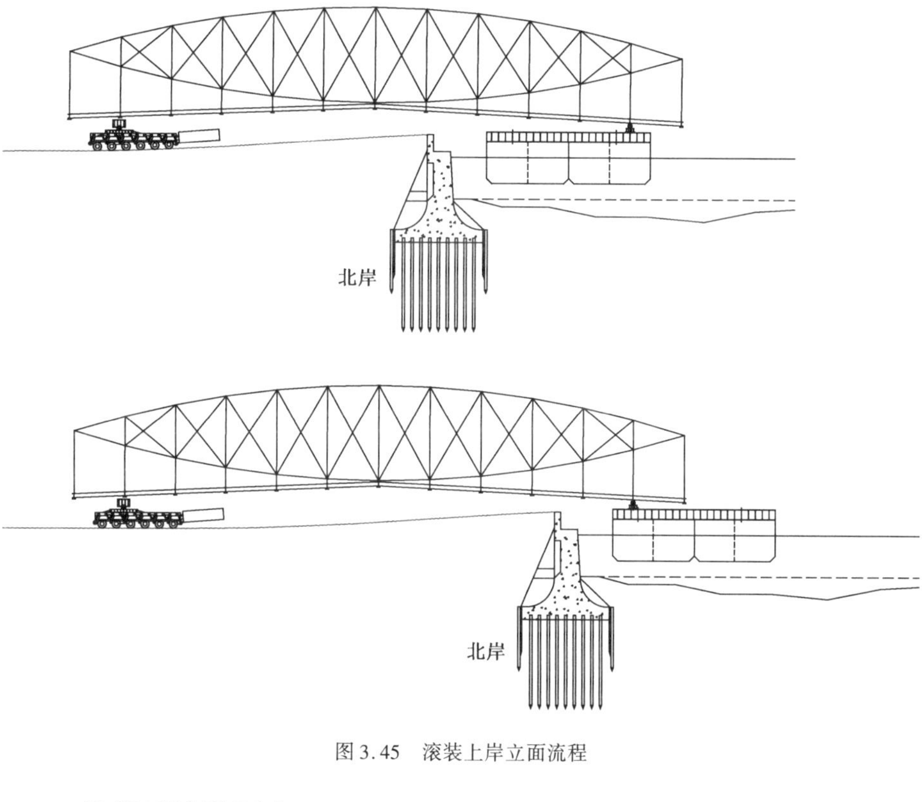

图 3.45 滚装上岸立面流程

3.5.4 维修后滚装下水

维修后桥体滚装下水流程详见图 3.46。当桥体南侧吊点转为浮箱支承点后，北侧支承点搁置在模块车上，浮箱靠近桥台。解除限位支座对铰支座的约束，利用布置在浮箱甲板上的卷扬机（图 3.47），牵引桥体自浮箱北侧向浮箱南侧移动，铰支座在事先涂抹黄油的基础梁顶面滑动，调节浮箱压舱水，以保证浮箱在整个滚装作业过程中的水平度，模块车随动，最终完成滚装下水作业。与滚装上岸不同，滚装下水需要两套动力系统的协同配合，即卷扬机与模块车之

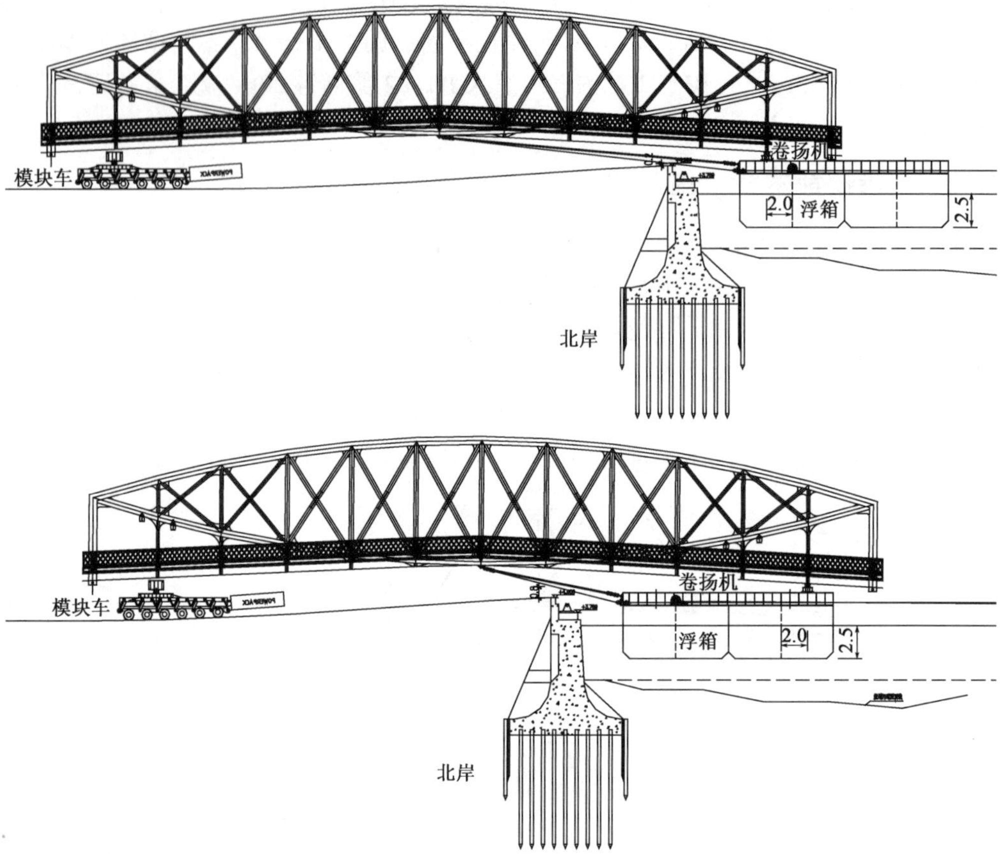

图 3.46　滚装下水立面流程(尺寸单位:m)

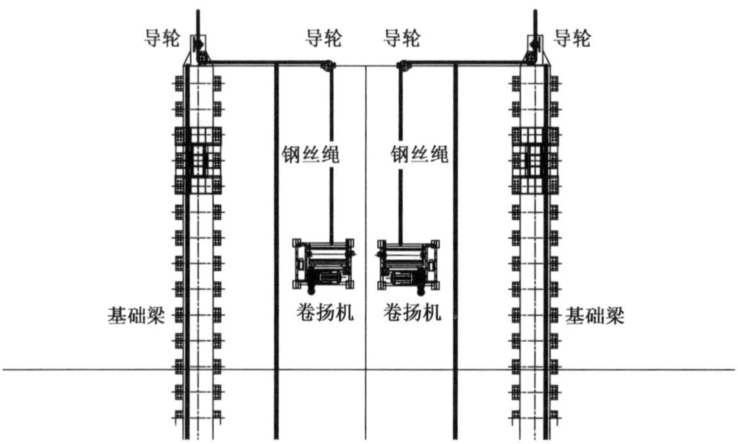

图 3.47　滚装作业用牵引卷扬机平面布置

间的配合,因为模块车与地面的摩阻力远大于铰支座与基础梁之间的摩阻力,倘若模块车不动,卷扬机牵引桥体时,则可能会造成牵引力不足,桥体纹丝不动;倘若模块车移动过快,则会推动桥体向南移动,进而造成浮箱移动,对桥台产生拉力作用,不利于桥台稳定。因此,滚装下水作业过程中需保持两者之间较好的同步性,桥体向南运动对浮箱产生的水平力正好与卷扬牵引对浮箱产生的水平力相抵消,形成自平衡体系,这样浮箱才不会对桥台产生附加作用,才能确保桥台的安全性。

3.6 支座拆除及安装

3.6.1 维修前支座拆除、桥体顶升

浙江路桥采用辊轴支座,直接取出销轴是实现桥体与支座分离的最佳办法,但实际上,支座销轴与耳板的间隙小,重锤敲击的实施空间小,取出销轴绝非易事。实际操作中,利用气割从端柱截面内侧在腹板上开设猫洞,猫洞形式如图3.48所示。切除的腹板部分占整个端柱截面的比重很小,尽可能保证了端柱截面的完整性。

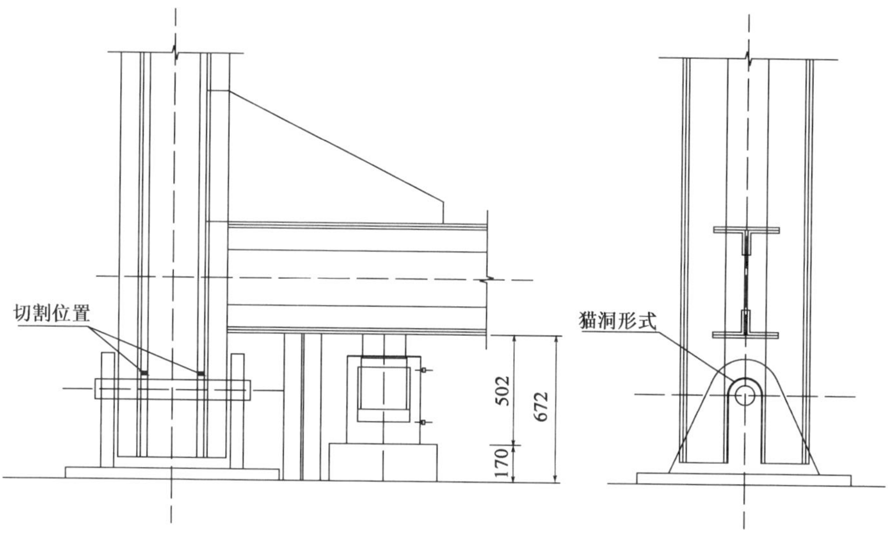

图3.48 猫洞开设形式(尺寸单位:mm)

为确保浮箱顺利进入桥底,需要抬高桥体。利用千斤顶顶升桥体,千斤顶布置在端柱横梁下方,由于千斤顶行程较小,无法在一个行程内完成顶升工作,故需要利用临时支撑,相互转换实现大行程的顶升工作。准备若干个标准件,尺寸控制在一个行程之内,在千斤顶顶升过程中,交替放置于临时支撑顶面和千斤顶底部,从而完成整个顶升施工,详见图3.49。

3.6.2 维修后支座安装、桥体落架

维修后新桥支座仍为辊轴支座,端柱与支座通过销轴连接。支座与混凝土垫石则通过地脚锚栓连接。考虑到销轴与耳板孔壁之间的间隙小,为方便支座就位,在新桥移运时,事先将支座与端柱连接就位。落架到位后,只需要将锚栓插入混凝土预留孔内即可,混凝土预留孔孔径取锚栓直径的2倍,当支座就位后,再压浆填补预留孔缝隙。该施工工艺可行性高,施工难度小。

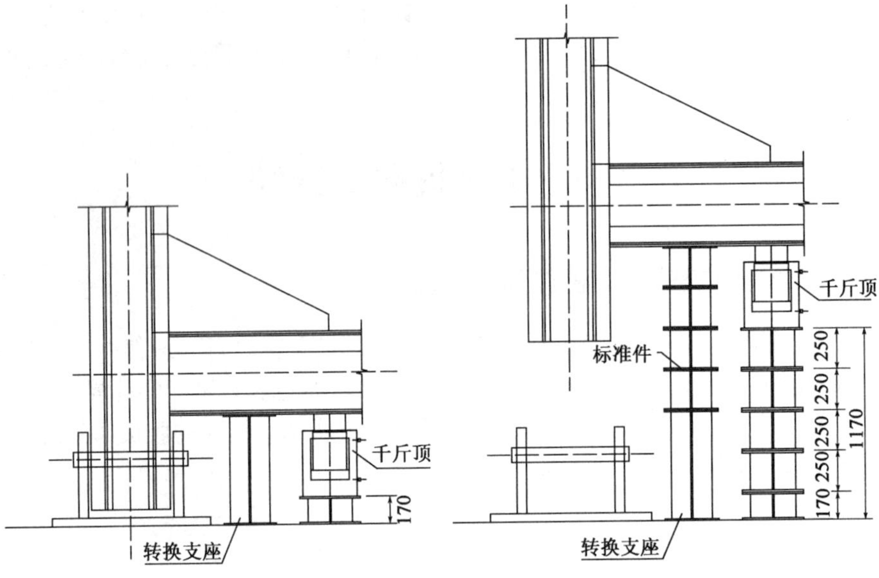

a)开始状态　　b)完成状态

图 3.49　桥体顶升施工(尺寸单位:mm)

由于浮箱在最大吃水深度状态下,桥体高程仍高于就位高程,需要利用千斤顶进行落架施工。在桥体外挑悬臂钢梁底部设置一根扁担梁,扁担梁南北向放置,两侧各布置一个千斤顶。由于千斤顶行程较小,与抬升施工一样,需要利用临时支撑,相互转换实现大行程的落架施工。千斤顶在落架时的不同步会造成扁担梁受力不均,进而导致悬臂钢梁受扭,对构件十分不利。准备若干个标准件的同时,还要准备若干块钢板,单块钢板的厚度控制在 10 ~ 30mm 之间,所有钢板叠起来正好等于一个标准件的高度。这样做是为了控制落架的行程,落架必须分级进行,各级量值控制在一块钢板的厚度内,从而尽可能避免千斤顶缩缸不同步带给构件的不利影响。桥体落架施工详见图 3.50、图 3.51。

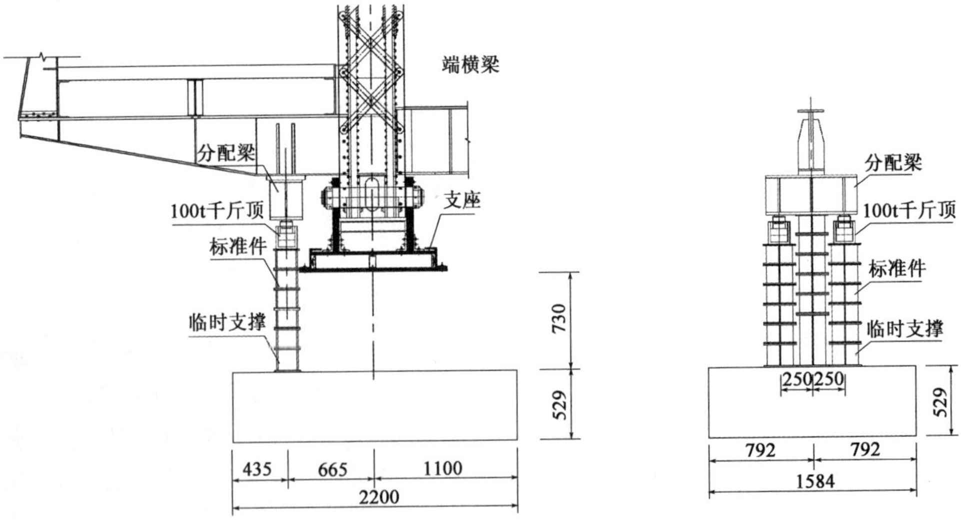

图 3.50　桥体落架施工开始状态(尺寸单位:mm)

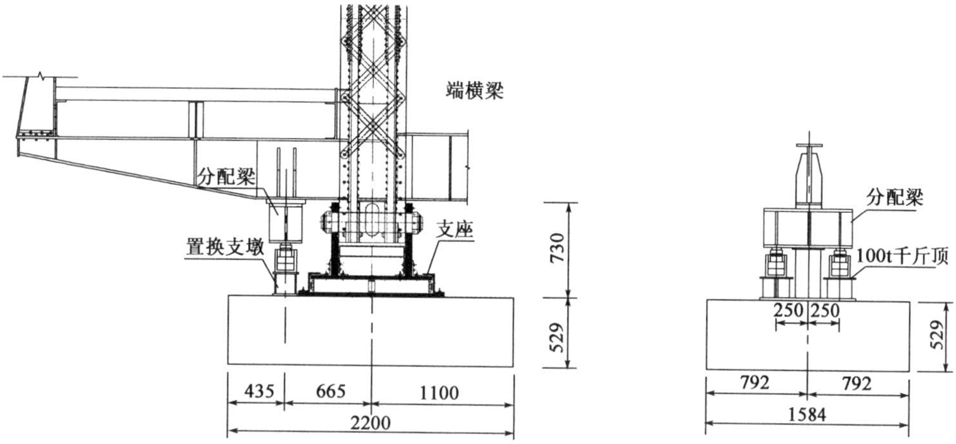

图 3.51 桥体落架施工完成状态(尺寸单位:mm)

3.7 多设备协同作业

桥梁整体移运中涉及设备详见图 3.52。

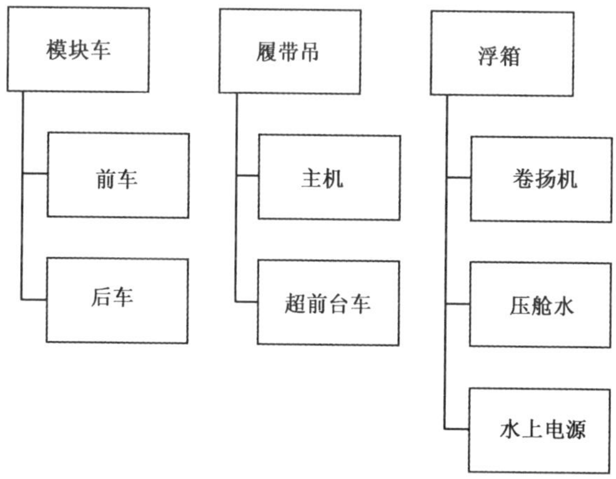

图 3.52 移运主要设备

桥梁整体移运中需多设备协同配合作业,主动及随动设备的确定非常重要,详见表 3.6。值得注意的是,履带吊机与其他设备协同作业时,只能作为随动设备。现场多设备协同作业详见图 3.53 ~ 图 3.56。

表 3.6 多设备协同作业

协同作业阶段	主 动 设 备	随 动 设 备
浮箱—吊机	浮箱(卷扬机)	吊机
模块车—浮箱	浮箱(卷扬机)	模块车
模块车—吊机	模块车	吊机
模块车—模块车	模块车(前车)	模块车(后车)

图 3.53 浮箱—吊机协同作业

图 3.54 浮箱—模块车协同作业

图 3.55 模块车—模块车协同作业

图 3.56 模块车与吊机协同作业

3.8 桥体移运模拟分析及监测

3.8.1 移运模拟分析

该桥在整体移运过程中经历数个受力状态,各个受力状态桥体支座位置不同,导致桥体各施工阶段杆件应力发生改变。部分移桥工况下将第二根吊杆处作为平板车或浮箱支撑点,吊杆受力由拉力转为压力,与桥梁设计成桥受力意图不符,需对其局部进行加固处理。通过施工各阶段力学状态分析,可归纳施工阶段计算模型如图 3.57 所示。

采用有限元结构分析软件 MIDAS 建立大修前后桥梁的三维有限元杆系模型对移桥关键施工工况进行分析计算,考虑不同工况下支撑条件的变化,荷载主要为结构恒载(人修前及大修后结构恒载均按 410t 计)。

计算结果如表 3.7 所示。

移桥各工况下主桁杆应力均满足要求,结构最大挠度为 26.2mm,受压吊杆经过局部加强后受压稳定均满足。

a)工况1 初始状态

b)工况2 起重机+浮箱移运状态

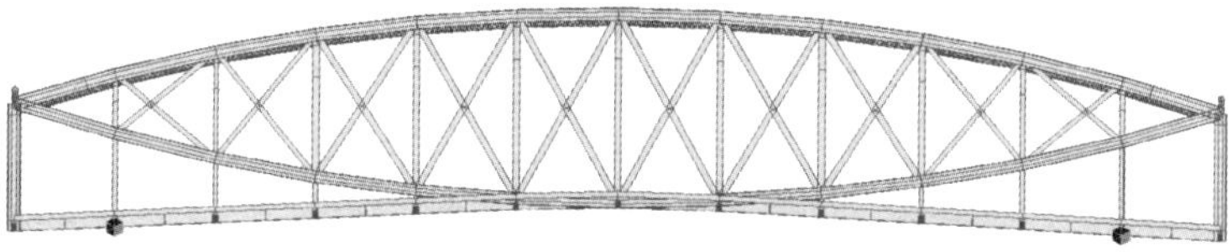

c)工况3 平板车+浮箱移运状态

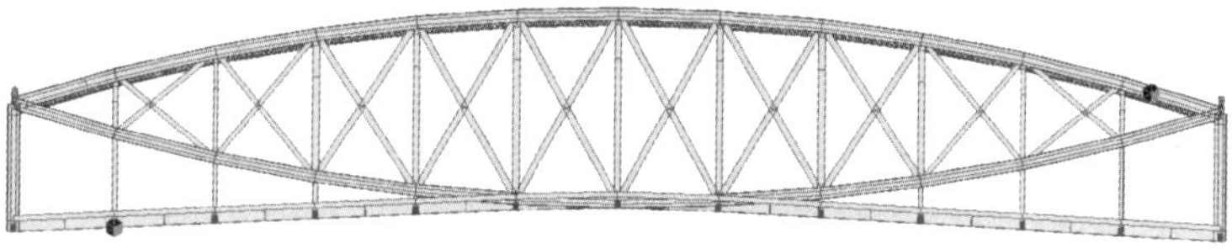

d)工况4 平板车+起重机移运状态

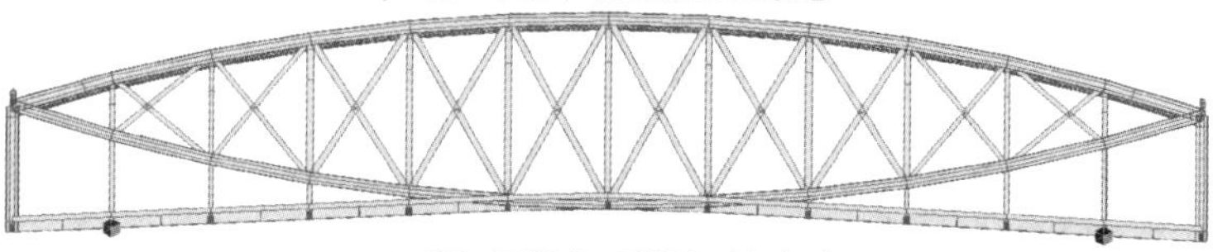

e)工况5 平板车+平板车移运状态

图3.57　移运施工计算工况

浙江路桥移桥施工计算结果　　表3.7

计算工况	计算结果		
	杆身最大应力(MPa)	结构最大挠度(mm)	受压吊杆局部稳定
工况1	72.76	17.7	√
工况2	103.8	16.8	√
工况3	101.0	17.2	√
工况4	103.3	18.7	√
工况5	72.76	26.2	√

3.8.2 移运监测方案

浙江路桥施工工序复杂,为保证移桥及大修安全,需对桥体及驳岸整个移运过程中受力和变形进行实时跟踪监测。预先制订监测方案,对主要构件的内力、变形、位置及其变化进行实时监测。

根据本工程施工特点并结合以上计算分析结果,应力测点主要布置于南北两侧竖吊杆、桁架端部弦杆、跨中弦杆和腹杆、端部横梁和临时支撑等部位。应力测点布置如图 3.58 ~ 图 3.61 所示。应力测点共 33 个,其中横梁和第 1 根立杆每个测点布置 2 个应变计,共计 39 个应变计。

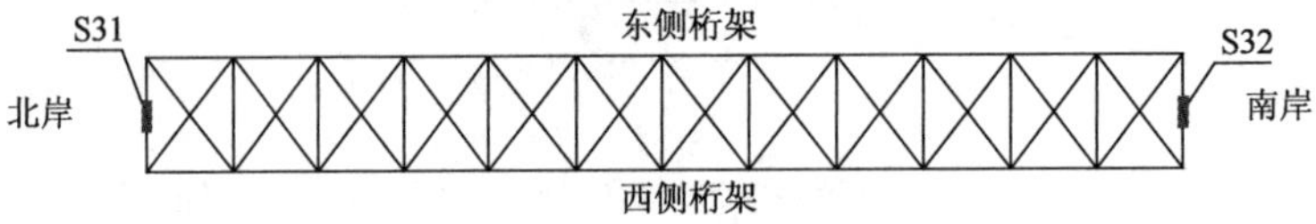

图 3.58 横梁应力测点布置图

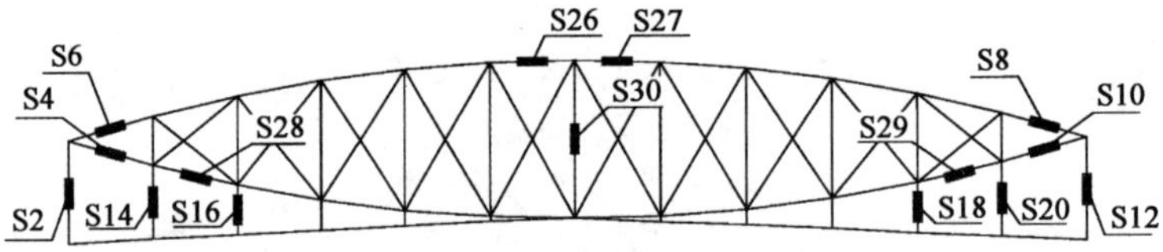

图 3.59 东侧桁架应力测点布置图

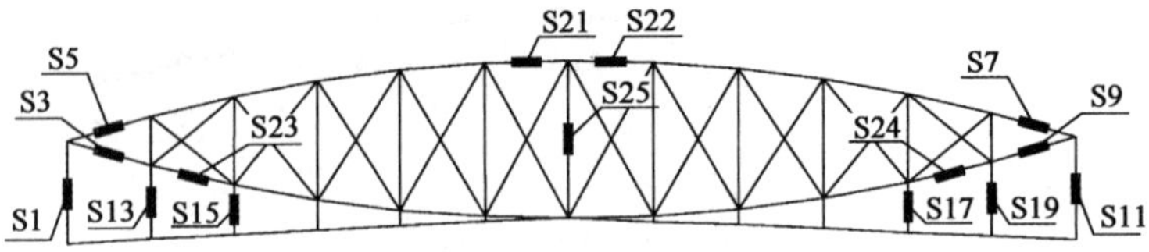

图 3.60 西侧桁架应力测点布置图

由于吊机布置在浙江路桥北岸东侧,因此,北岸东侧增加的荷载较大。具体施工中,在浙江路桥北岸东西侧 50m 范围内防汛墙顶部、南岸东西侧 30m 范围内防汛墙顶部设置固定的沉降及位移观测点(图 3.62)。在吊机架设、旧桥移卸、新桥复位的施工过程中以及竣工后 6 个月内,对防汛墙与桥台进行定点的沉降位移观测。

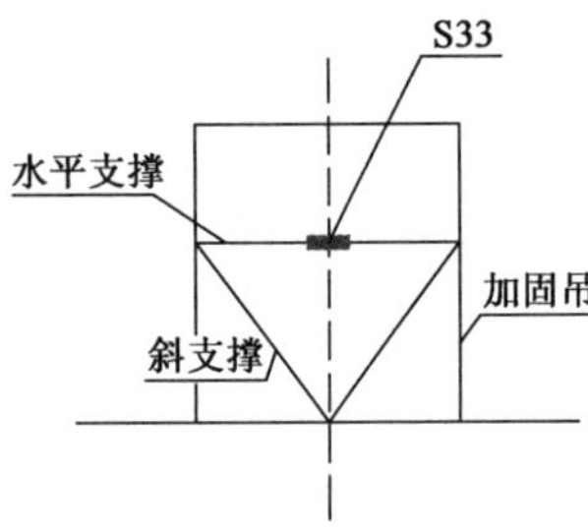

图 3.61 临时支撑杆件应力测点布置图

本工程采用的应变计与采集仪通过有线方式连接,各应变计需用四芯屏蔽电缆连接至采集箱中。考虑导线长度和测点位置,将采集箱置于桥体西侧桁架跨中位置,并搭设作业平台(图 3.63)。考虑现场供电情况,采集箱增配太阳能电池板以保证采集器电量(图 3.64)。安装应变计时,先除掉构件表面涂装并磨平,再使用胶将支座粘牢,最后再安装应变计和电缆。现场应力测点如图 3.65 所示。

监测之前首先确定相关预警值(表 3.8),并在施工过程中将监测数据与理论计算值比较(图 3.66、图 3.67)。

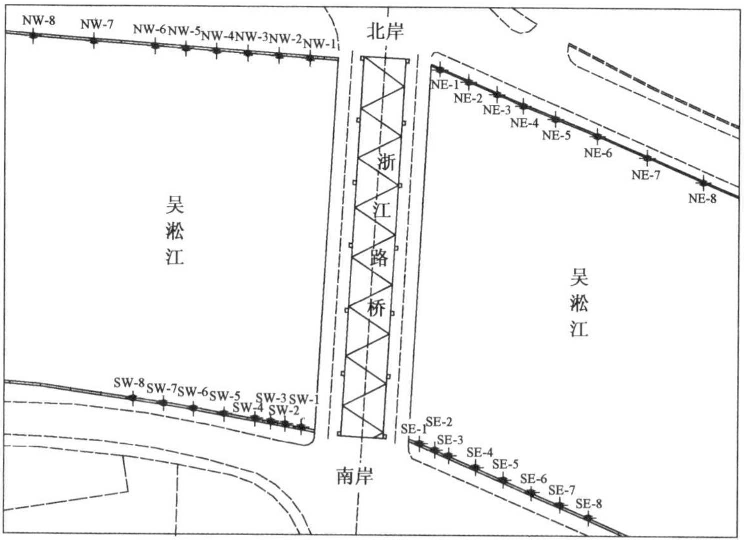

图 3.62　防汛墙位移测点平面布置图

图 3.63　现场数据采集箱和作业平台

图 3.64　采集箱和太阳能电池板

图 3.65　现场应力测点

应力位移预警值　　表 3.8

预警指标	安全范围	黄色预警值	红色预警值	预警阈值
应力预警指标(MPa)	<70	70	95	135
跨中挠度预警指标(mm)	<74	74	105	149

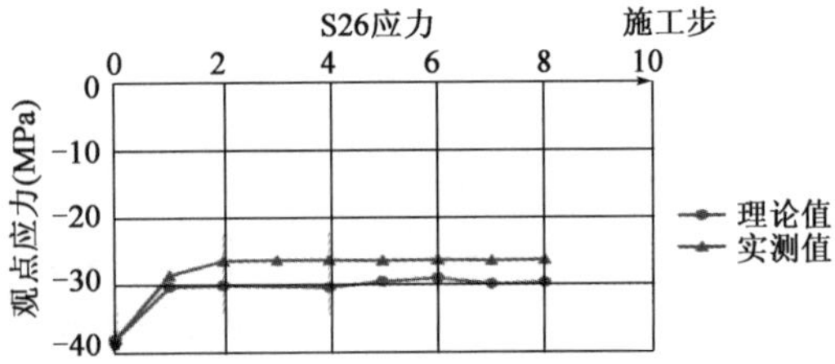

图 3.66　实测值与理论值比对

图 3.67　现场实施监测

3.8.3　移运监测结果

(1)结构体系转换和应力突变:北侧加固立杆测点 S13/S14 在移桥过程经历了三次突变,这是因为,桥体北侧支承点转换时,北侧加固立杆下支座经历了“搁置—起吊—搁置”的过程,每一次支承点转换都会引起测点应力突变;南侧加固测点 S19/S20 在移桥过程经历了两次突变,这是因为,桥体南侧支承点转换过程中,南侧加固立杆下支座经历了“起吊—搁置”的过程,每一次支承点转换都会引起测点应力突变。

(2)最大拉应力和最大压应力:在整个施工过程中,最大拉应力出现于 S23、S24 和 S28 测点,其值为 32.8MPa;最大压应力出现在 S21、S22、S26 和 S27 测点,其值为 -37.9MPa。在整个施工过程中,所有应力测点应力值均在安全范围内。

(3)整体应力水平:对比分析实测应力代表值和施工控制计算理论值可知,加固立杆测点实际监测应力代表值与理论值差别较大,但变化趋势相同,这是因为加固立杆的实际构造导致加固立杆主要由抱箍受力,原构件受力较小。其他测点实际监测应力代表值与理论值差别不大,变化趋势也相同,造成两者差异的原因主要是采取柔性支撑等施工措施。

(4)防汛墙位移:在施工当天,通过对防汛墙关键测点的位移监测可知,在最不利施工步防汛墙关键测点 Y 向位移超限,需在后续施工过程中采取措施。

(5)台座沉降:通过在施工前后对台座进行沉降监测可知,在整个施工过程中,台座沉降满足要求。

(6)桥体结构位形:在施工前、施工过程中对桥体位形进行监测可知,施工过程中桥体跨中挠度比施工前小 10mm,比施工控制计算中挠度差值略小。

综合以上监测结论认为,在旧桥移卸施工阶段中,桥体结构应力、位移等指标均处于安全范围,结构处于安全状态;台座位移处于安全状态;防汛墙位移超限,需在后续施工中采取措施。

3.9 小　　结

浙江路桥整体移运过程中相关施工方法及关键技术成果,可为以后类似桥梁设计施工提供诸多经验:

(1)受限于内河航道的通航情况及周边城市的建设情况,一般内河桥梁大修宜尽可能就近选择维修场地。在充分考虑桥体移运过程中受力接近原受力状态下,采用多手段协调作业,以尽量缩短移运施工时间及移运距离,从而降低移运施工对交通的影响,并减少移运过程中的风险。

(2)针对城市内河钢桁架桥的整体迁移,本工程通过研究与实践形成了"海""陆""空"多设备协同整体移运的施工技术。核心设备包括一台浮箱、一台履带吊和两台模块车。该技术充分发挥各设备的自身优势,具有工期短、成本低以及环境影响小等优点。

(3)大胆尝试结合浮箱压舱水调节和轨道牵引工艺的滚装作业施工技术,成功实施桥梁整体原位移运上岸或下水,从而降低对陆上吊机的要求。

(4)对于有历史文物价值的桥梁,桥梁移运加固过程中,应注重保护桥梁原有外观,尽量采用装配式加固,以减小对原有结构外观的影响。

(5)充分利用现代化分析及监控手段,对整体移运过程进行相关分析和监测,以确保移运过程中既有桥梁结构及周边相关建筑物的安全性。

(6)因为桥梁整体移运荷载较大,需要对整体移运路程中的道路、管线、障碍物及周边邻近建筑物等提前进行相关调查研究,必要时需采取相关措施,以保证安全。

本章参考文献

[1] 姚长习.六十四米钢桁梁浮运架设施工技术[J].福建建筑,129(3):88-90.

[2] 龙皓.浮运法在80m铁路钢桁梁架设中的应用[J].桥梁建设,2007,增刊1:58-61.

[3] 朱振华.大跨度既有铁路钢桥整体平移技术[J].路桥建设,2014,7(36):869-871.

[4] 杨亮,徐传忠.大跨度钢拱桥整体顺桥拖拉滑移安装技术的研究与运用[C]//2012年全国钢结构设计与施工技术学术交流会论文集.2012:276-280.

[5] 任其震.运河上浮吊船整体架设钢桁梁施工技术[J].国防交通工程与技术,2016(1):71-73.

[6] 毛安吉.上海外白渡桥保护修缮的技术措施和施工流程[J].中国市政工程,2010,146(3):38-40.

[7] 王超.钢桁梁水中浮运顶推施工技术[J].江西建材,2016,197(20):154.

4 钢桁桥大修改造

4.1 概　　述

钢桁桥经过几十年甚至上百年的运营,不可避免地会出现锈蚀、疲劳、开裂各种病害,需要进行结构构件加固、置换以及对缺陷、变形、裂纹等的修复。某些桥梁服从于城市更新等,需要荷载等级提高、桥面布置调整、桥下净空提高,或满足当前抗震需要、文物保护的特殊要求等,从而使桥梁功能得到提升。钢桁桥维护一般包含结构维修加固、桥面系重新布置、防腐涂装、附属结构设置等内容。应在检测评定基础上,综合考虑结构功能、使用安全、耐久性能、文物保护要求、工期造价等,并根据具体桥位及建设条件选择合理的维修方案。

钢结构的维修加固方法包括减轻桥梁自重、改变结构体系、加大截面法、外包混凝土、构件置换等,可在原位进行,也可移桥在合适场地进行。桥梁维护往往需要设计与施工相结合,总体上可分为三大类:第一类完全负载加固是工作量最小、最简便,也较经济的方法。但对原有结构在加固施工时的受力性能有所要求,以保证加固的安全。第二类完全卸载状态下加固指施工中设置临时支柱、构件或减轻结构重量等,适用于结构损坏严重,或原构件、杆件的承载力过小的情况。第三类为介于前两类的临时减轻部分负载的部分卸载状态下加固。上海外白渡桥、广州海珠桥[1]均为整体移桥后完全卸载无应力状态下进行维护;中山桥则在原位完全负载状态下维护;松浦大桥维护改造只能在原位无支撑条件下进行,但考虑维护改造后结构受力较大,在上层桥面拆除、封闭交通后维护加固,有利于取得较好的加固效果,属于部分卸载状态下的加固。

钢结构连接方法可采用焊缝连接、螺栓连接、铆接连接等。栓焊连接为当今钢结构连接的主流方式,具有连接可靠、经济的特点;传统铆接方式具有较好的韧性和塑性、传力均匀可靠、对钢结构主体要求较低的优点,但工序繁多、成本较高,目前已较少采用。加固连接方法的选择应综合考虑结构加固的原因、目的、受力状态、构造及工作条件和原有结构采用的连接方法,一般可与原有结构的连接方法一致。对铆接钢桁桥,可采用铆接或摩擦型高强度螺栓连接方法加固。由于钢材材性及连接刚度的原因,同一接头一般不采用铆接与焊接连接方式的混用。老桥维护时连接方式应考虑老桥钢材性能、受力匹配、文物保护要求、工效等合理选用。当然,在桥梁发展新时期如何重拾、改进铆接工艺,也值得研究。

钢桥防腐涂装是大修维护的重要内容之一,对于桥梁维修工程,如果进行喷砂,有时会影响公众环境、污染水源。根据大修条件可选用喷砂除锈后同新制构件的完全重新涂装配套方案。在实际的涂装施工中,有时不可能对钢材进行完全、彻底的喷砂处理,即使打磨处理后,钢材表面仍带有不同程度的锈蚀物,而且经常处于高度潮湿状态,此时可选用手工除锈后的低表面处理涂层配套方案[2]。外白渡桥大修采用了喷砂后重新涂装配套方案[3],徐浦大桥大修则采用低表面处理涂层配套方案。

浙江路桥历史超过百年,采用独特的鱼腹式钢桁梁结构,是具有交通功能的文物。在桥梁使用百年后进行了大修,既保留、恢复了其文物特征,又更新、改造了原有结构。大修保持桥梁总宽不变,主桁间距加宽,交通功能得到改善。主桁构件大部分保留,对锈蚀严重的杆件、节点予以更换。桥面系和上平联全部得到更新。对桥面与主桁连接处的细节构造进行了改进,使其具有更好的防水效果,减缓构件锈蚀。针对桥梁特点,采用合适的铆接工艺、焊接工艺和防腐涂装工艺。大修时钢桁梁处于多点支撑状态,通过对多个支点反力的调节,使主桁处于接近无应力的状态,避免杆件拆换对主桁受力产生不利影响。形成了同时考虑桥梁功能、耐久性提升及文物保护的百年钢桁梁桥维修综合技术。

4.2 大修设计

4.2.1 基本思路和原则

1)原则及目标

(1)结构安全耐久。大修后上部结构荷载小于现在荷载;更换损坏严重的构件,修复较小的缺陷,保证结构安全;增强结构防腐体系,保证结构耐久性。

(2)功能提升。通过结构调整和道路线形调整,适当提高桥下通航能力。

(3)文物保护及景观提升。修旧如旧,最小扰动,恢复桥梁历史风貌;通过桥面附属、灯光改造,增强景观效果并与周边环境协调。

2)技术标准

(1)道路等级:城市支路。

(2)桥面宽度:2.4765m(人行道,含栏杆)+0.533m(主桁区域)+8.5m(机动车、非机动车道)+0.533m(主桁区域)+2.4765m(人行道,含栏杆)=14.519m。

(3)汽车荷载等级:城-B级。

(4)设计速度:30km/h。

(5)材料选用:主桁、节点板、上平联等,Q235C;吊杆、桥面系,Q345D;铆钉,ML2。

4.2.2 大修主要内容

1)主桁架

为尽量保存浙江路桥的文物信息,两片鱼腹式主桁将尽量保留,使得百年的历史得以传承。根据检测结果,主桁跨中下弦节点板由于处于桥面以下,锈蚀严重。以往在原位维修的情况下,受各种条件制约难以彻底维修。本次大修将桥梁移至维修厂房,可以有机会予以彻底解决,对该处下弦节点板部分予以更换。更换时,采用新节点板,用铆钉连接,做好防腐措施,使钢结构至关重要的受力节点重获新生。

本桥结构为鱼腹式钢桁架桥,桥面依靠吊杆与主桁相连。吊杆为角钢组合截面,缝隙中易锈蚀,特别是桥面以下容易积水、积垃圾的部分。根据检测资料,部分吊杆已进行过加固。目前,吊杆在桥面上方设置了钢保护罩,保护罩内的情况难以探察。吊杆将桥面荷载传递至主桁,以受拉为主,同时伴有次弯矩,在全桥中属疲劳敏感构件。根据2012年疲劳寿命预测,吊杆与其他主桁杆件相比疲劳寿命较低。对于横梁体系桥面，吊杆破坏将导致桥面垮塌，造成严重后果。因此，本次大修将吊杆全部更换。

2)桥面系

浙江路桥现桥宽 14.352m，主桁中心距 7.32m，两侧非机动车道宽 2.16m，人行道宽 1.08m。本次大修将桁架净距从 6.806m 调整为 8.5m，人行道布置于桁架外侧，调整后的桥面系布置为 2.4m（人行道）+0.533m（主桁架区域）+2.5m（非机动车道）+3.5m（机动车道）+2.5m（非机动车道）+0.533m（主桁架区域）+2.4m（人行道）。

浙江路桥两主桁之间原为机动车道，原结构为横梁、纵梁、小横梁组成的梁格系，上铺钢筋混凝土桥面板。为减轻上部结构荷载，同时降低结构高度以改善通航条件，将桥面系重新设计，选用合理的正交异性钢桥面结构体系，使桥梁结构具有良好的性能和较轻的重量。大修前后桥面系对比如图 4.1 所示。

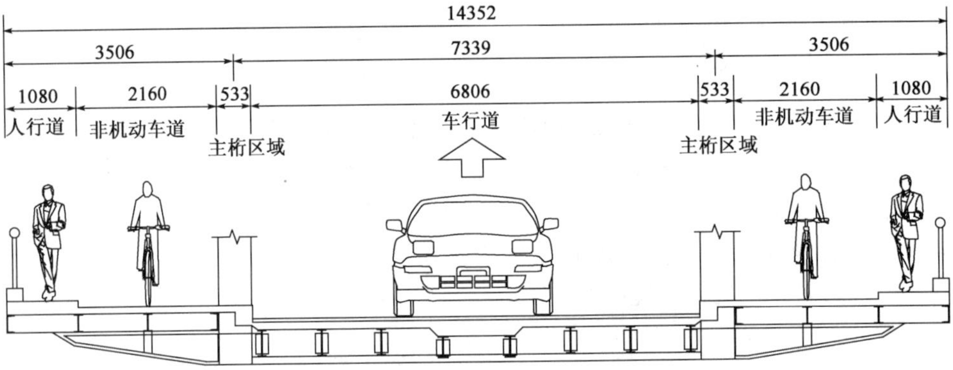

a)改造前

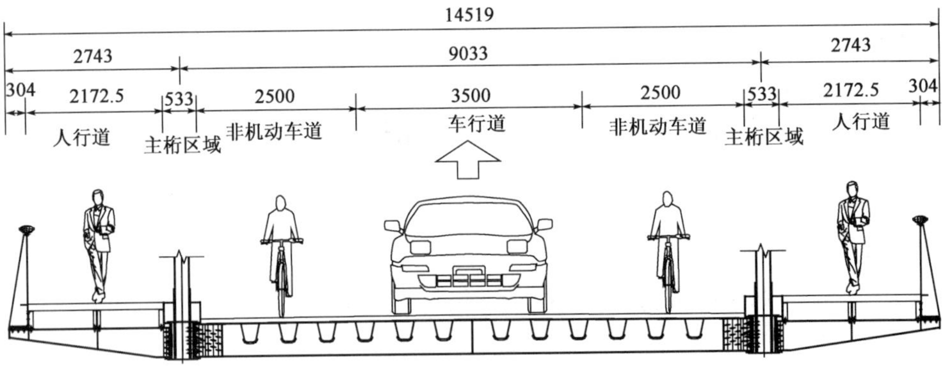

b)改造后

图 4.1 大修前后桥面系对比（尺寸单位：mm）

主桁两侧三角托架长约 2.4m。现状人行道宽 3.2m，为 1976 年大修中在托架上增加 1.08m 长度外挑梁形成，这部分结构存在一定安全隐患。本次大修拟拆除，新做三角托架，并在托架上新做人行道纵梁，纵梁上铺木质人行道板，人行道板下可布置过桥管线。

由于本桥的构造特点，桥面以下的钢结构容易产生锈蚀，本次大修新桥面系的设计中，有针对性地重点考虑防、排水措施，减轻桥面下构件的锈蚀。

3）上平联

在历次大修过程中，上平联构件已作过更换，并非原始构件，且外观变动较大。本次大修方案由于主桁间距加大，上平联都要拆除，无法继续利用。本次大修参照原设计图纸，按最初的风格设计上平联构件，恢复浙江路桥的历史面貌，使它以真实面貌流传于世。

4）钢材连接

浙江路桥建成时是一座铆接钢桥，全桥绝大多数杆件为铆接型钢组合构件，所有节点均为铆接节点。浙江路桥原结构钢材生产于一百年前，当时的钢材硫、磷含量普遍偏高，不适应焊接结构的要求。因此，大修中老钢材与老钢材之间、老钢材与新钢材之间的连接均采用铆接；对于新增的构件，桥面以上因“修旧如旧”的需要采用铆接，桥面以下采用焊接连接。

浙江路桥历经一百多年，部分铆钉锈蚀损坏，现场可以看出相当数量的铆钉已被螺栓替换。本次大修逐个检查现存铆钉，对损坏的予以更换。对于现有替代螺栓，予以拆除，恢复铆钉连接。

5）更换构件及效果

根据钢桥检测与评定结论，最终确定要更换的构件，详细如图4.2所示（更换部分深色示意），大修后浙江路桥效果图如图4.3、图4.4所示。

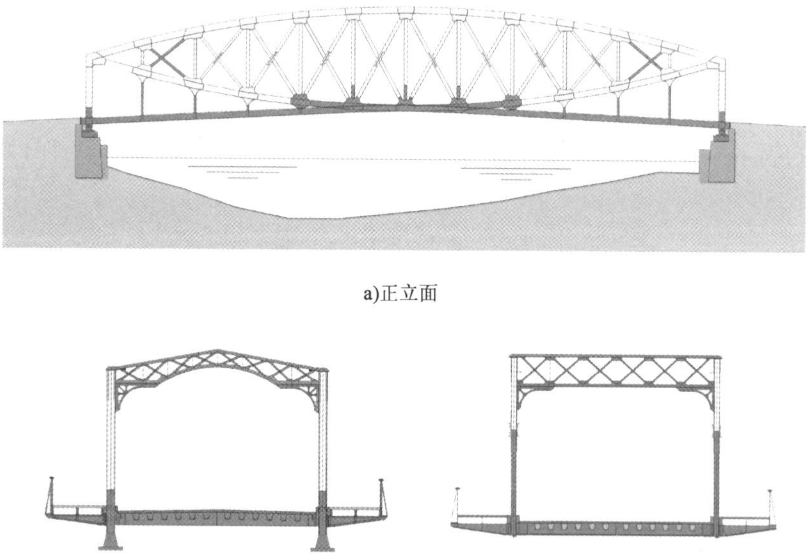

a)正立面

b)桥门架　　c)标准断面

图4.2　构件更换示意

4.2.3　具体设计

1）主桁锈蚀构件更换

为了保留文物信息，浙江路桥主桁钢结构大部分杆件考虑保留。部分构件锈蚀严重，为保证桥梁结构安全，予以更换。更换的构件采用Q235C钢材。主桁节点编号如图4.5所示。

图 4.3　修复后鸟瞰效果图

图 4.4　修复后正视图

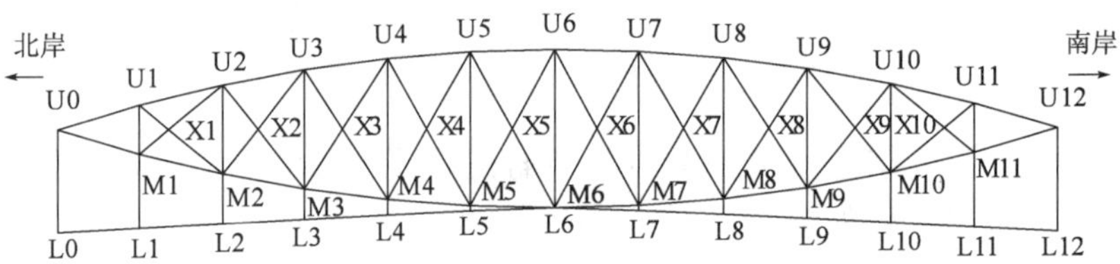

图 4.5　主桁节点编号

(1)部分下弦节点及杆件

M4 ~ M8 之间的 5 个下弦节点和 4 个节间下弦杆由于锈蚀严重，予以更换。新构件和老构件的构造尺寸一致，节点板厚 16mm，下弦杆腹板厚 32mm，部分节点及杆件如图 4.6 ~ 图 4.8 所示。

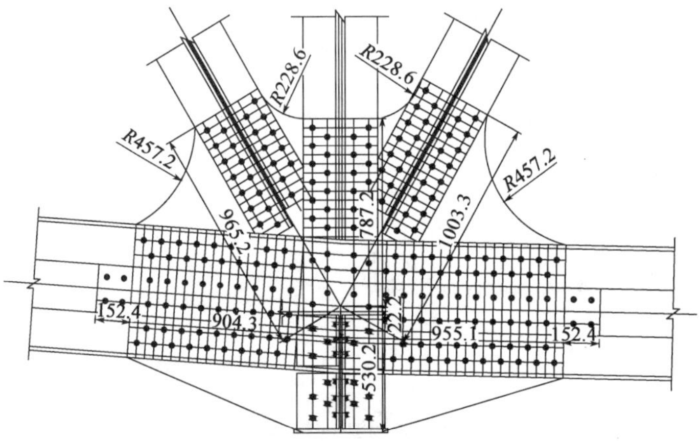

图 4.6　M5、M7 节点

(2)第二节间的格构式斜杆(U1M2、U2M1、U10M11、U11M10)

第二节间的格构式斜杆构造较为复杂，由角钢、钢板和缀条铆接组合而成。检测发现斜杆节点处杆件截面严重削弱，故予以更换。新构件断面中，用焊接槽形截面代替角钢与钢板组合截面，仍采用缀条连接，在保持外观不变的同时，减少了构件缝隙以减缓锈蚀。

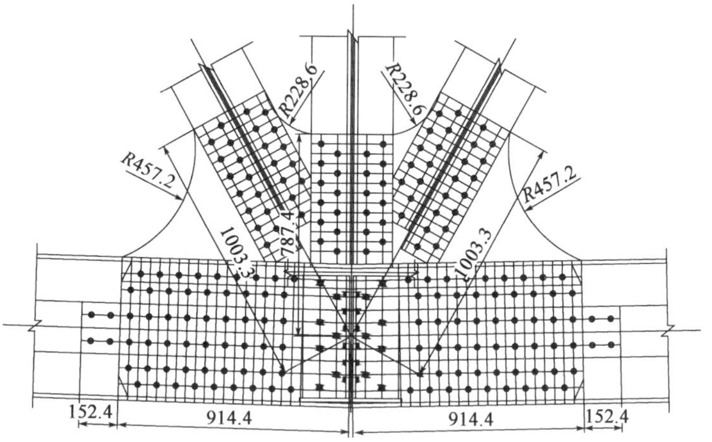

图 4.7 M6 节点

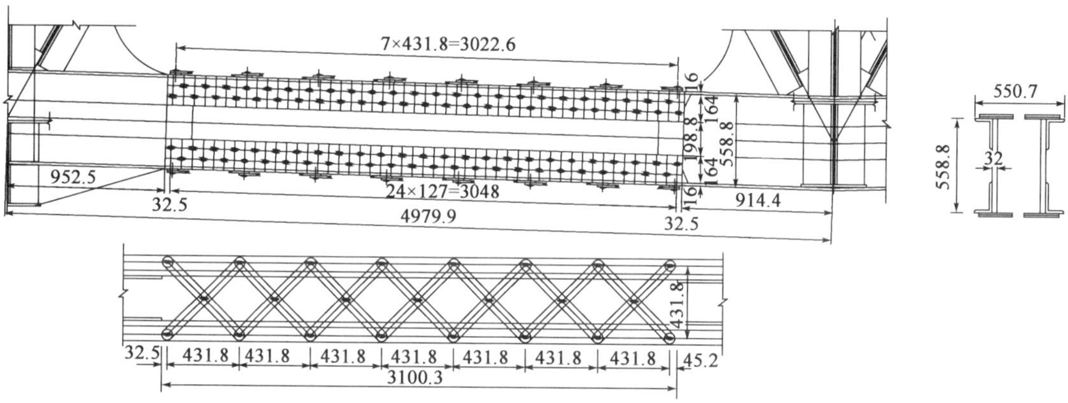

图 4.8 M5-6(M6-7)杆件(尺寸单位:mm)

(3)中间三个竖杆的下半部分(U5M5、U6L6、U7M7)

主桁中间三个节点处竖杆底部位于下弦节点板中,截面锈损严重,而上半部分锈蚀较少,可考虑两种加固方案。

方案一为采用内外贴板加固(图 4.9)。内贴板为长条形,贴在杆件翼缘的内部两侧;外部贴板为适应竖杆和斜杆的异型钢板,节点板外侧设等厚度填板;加固板通过铆钉与原杆件和节点连接。

方案二为对竖杆锈蚀的下半部分予以更换,更换长度约为 2m(图 4.10)。竖杆原截面为角钢和钢板铆接形成的工字形截面,更换的新构件采用焊接工字形截面,新老构件之间采用节点板和铆钉进行连接。

两个方案均为可行方案,方案一为贴板加固,方案二实为锈蚀构件的置换。通过对比可见,方案二利用厂房内多点支撑的有利条件,置换原始锈蚀构件,大修后对耐久性更为有利。另外,无论在结构受力体系方面还是外形方面,方案二更加"忠于原著",使桥梁避免了越改越复杂,更符合"修旧如旧"的文物保护原则,为最终采用方案。

(4)端门柱(U0L0、U12L12)下半部分

端门柱下半部分由于与桥面交界部位的渗水等原因,锈蚀严重。端门柱底部截去 1.855m 长,更换成新构件。新构件外形尺寸及构造形式与老构件一致,板厚作了增强,腹板厚度由 32mm 增加为 50mm。新老构件的连接位置位于桥面以上,采用节点板和铆钉连接。

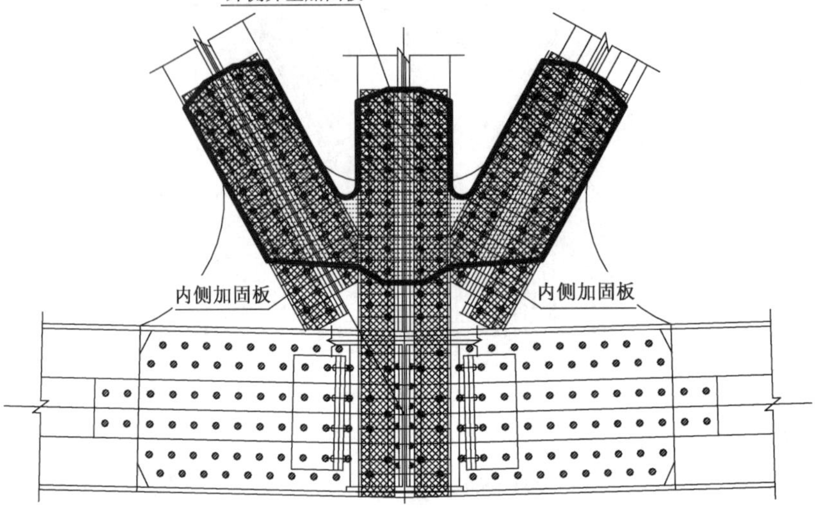

图4.9　竖杆加固方案一：内外侧贴加固钢板

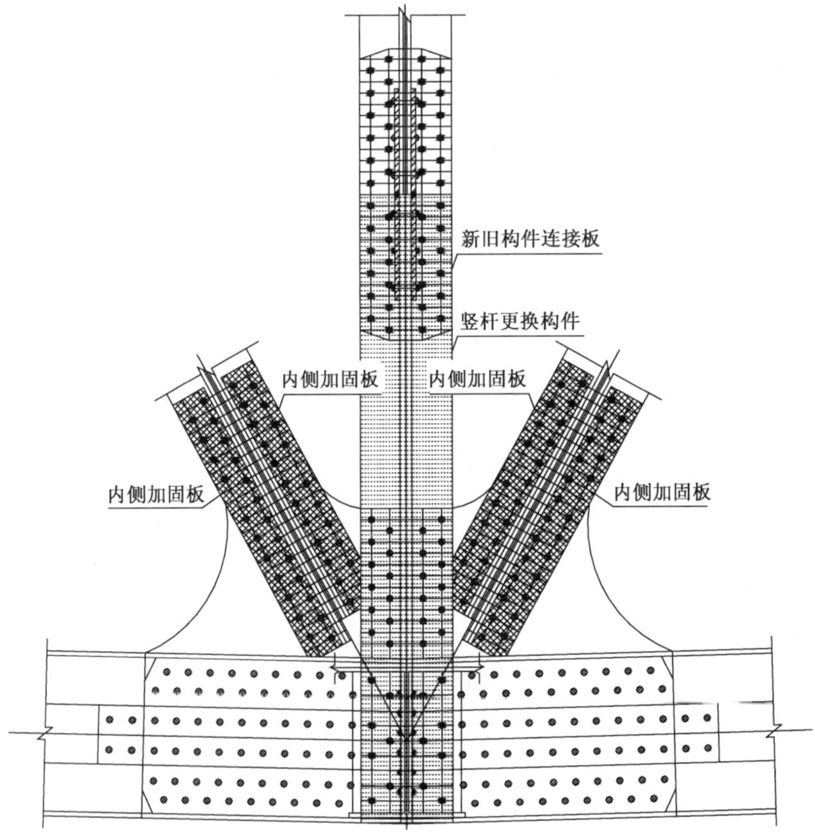

图4.10　竖杆加固方案二：更换新构件

(5)主桁与桥面之间的竖吊杆

根据检测,吊杆桥面以下部位锈蚀较严重,部分吊杆已进行过加固。在鱼腹式钢桁梁中,桥面依靠吊杆与主桁相连。吊杆将桥面荷载传递至主桁,以受拉为主,同时伴有次弯矩,在全桥中属疲劳敏感构件。根据疲劳寿命预测,吊杆与其他主桁杆件相比疲劳寿命较低。对于横梁体系桥面,吊杆破坏将导致桥面垮塌,造成严重后果。此次大修将吊杆全部更换。原吊杆为铆接组合工字形截面,新吊杆为焊接工字形截面(图4.11)。

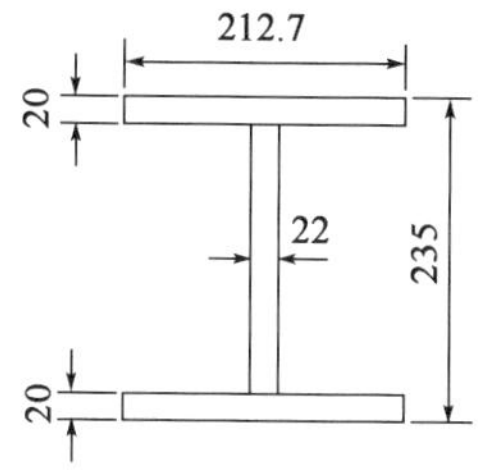

图4.11 更换吊杆截面图(尺寸单位:mm)

2)桥面系

本次大修主桁内桥面采用正交异性钢桥面替换,主桁两侧人行道采用木质人行道(图4.12)。

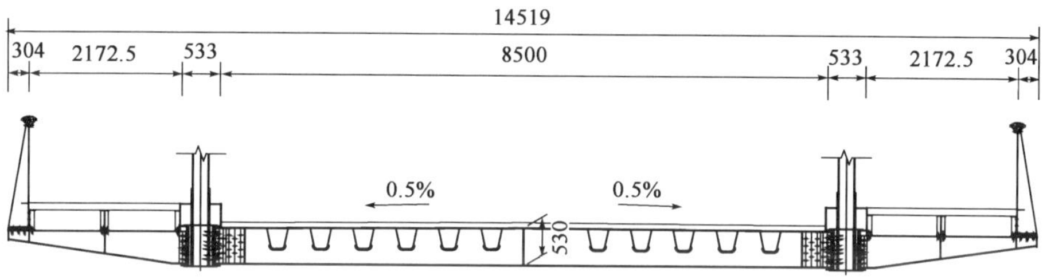

图4.12 大修后桥面系(尺寸单位:mm)

(1)主桁间桥面

横梁位置与下弦节点(竖杆)对应,间距为4.978m,横梁高度为0.53m。由于横梁间距超过了桥面板闭口加劲合适的跨度(通常不大于4m),所以设置了三道小纵梁,并在每个节间的中间位置设置一道横向分配梁,以改善桥面刚度和承载能力。小纵梁、分配横梁底板与横梁底板平齐。桥面板厚16mm。U形加劲肋厚8mm,高280mm,上口宽300mm,间距600mm。在靠近主桁处U肋内部设置填板,增加其抗剪强度。主桁内桥面详细构造如图4.13所示。

在正交异性钢桥面设计时,考虑了两个方面的因素:①桥面板横梁与主桁连接需利用原铆钉孔;②由于横梁与主桁连接位置不变,桥面竖曲线维持现有折线形状不变。桥面系横梁高度与原横梁高度一致。横梁与主桁下弦节点的连接构造也与原结构保持一致,用两片角钢夹住横梁腹板,采用铆钉连接。具体构造如图4.14~图4.16所示。

(2)托架和人行道更新

原人行道托架存在变形、锈蚀等病害,此次大修予以更换,采用与原托架具有相同外形尺寸的焊接变截面工字形构件,托架根部高0.457m。托架与竖吊杆连接处,托架上、下翼缘采用焊接,腹板采用铆钉连接。托架上设三道工字形小纵梁,小纵梁上铺设厚10cm的木质人行道板。采用木制人行道板不但可以减小二期恒载,而且行走舒适,可以说是一举两得。人行道栏杆在历次大修中已被更换,浙江路桥原设计人行道栏杆造型优美,非常富有老上海滩十里洋场的时代气息,此次按最初的斜缀条网格形式恢复,并设防攀爬网和木质扶手。人行道断面布置如图4.17所示,大修前后人行道对比如图4.18所示。

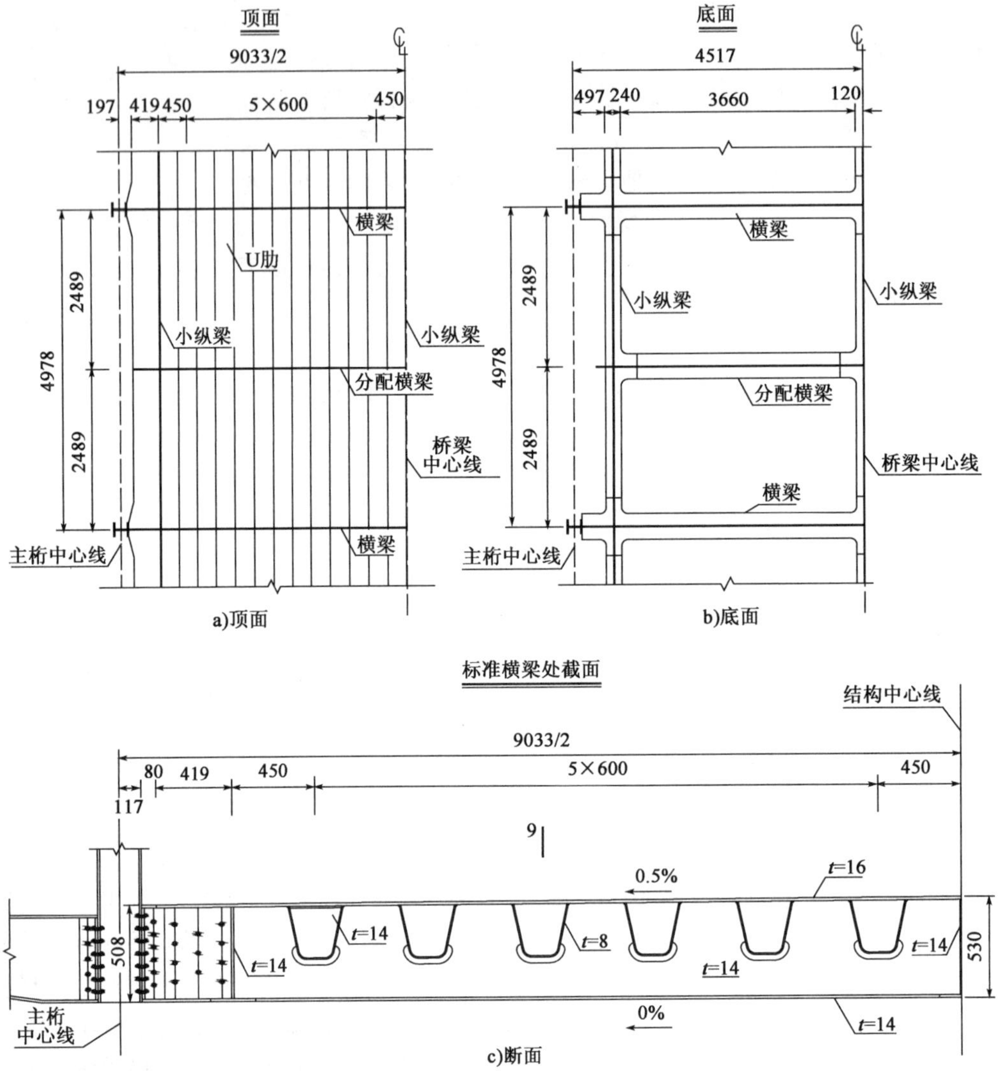

图 4.13　钢桥面平面和横断面(尺寸单位:mm)

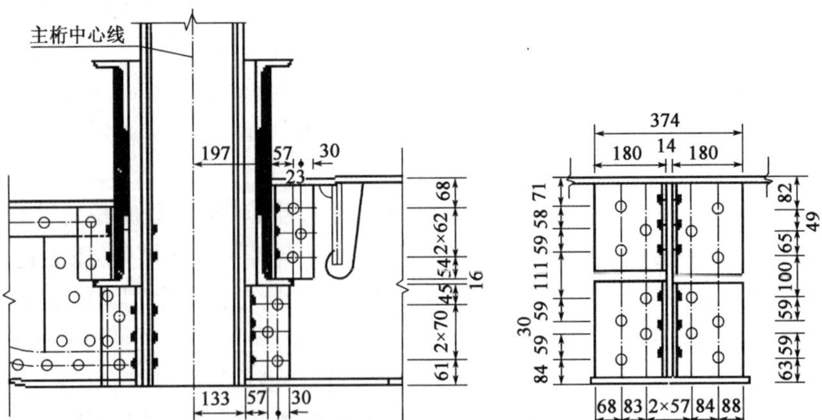

图 4.14　跨中两侧横梁连接(尺寸单位:mm)

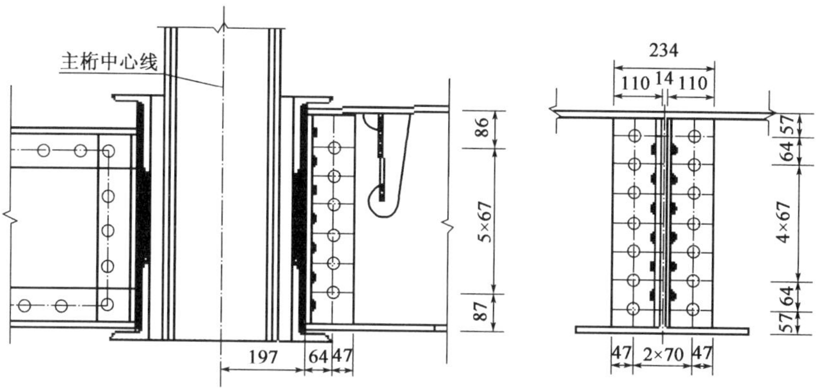

图 4.15 跨中横梁连接(尺寸单位:mm)

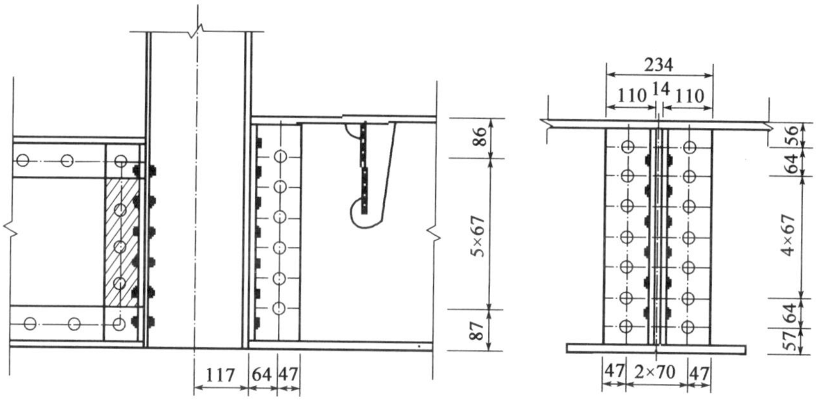

图 4.16 标准横梁连接(尺寸单位:mm)

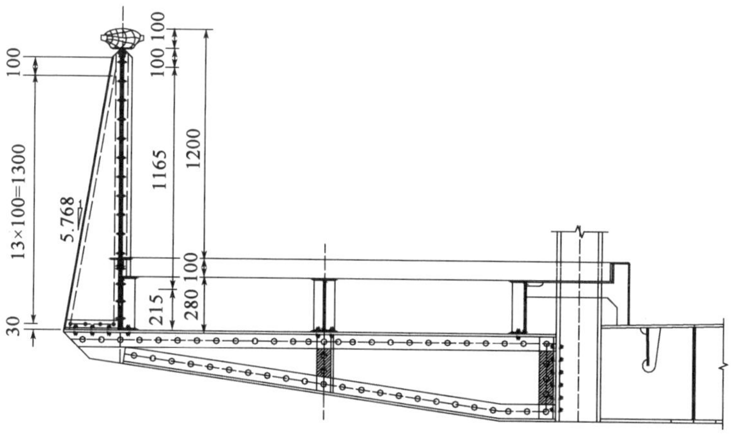

图 4.17 人行道断面布置图

(3)防水构造

由老桥检测可见,锈蚀以桥面以下最为严重,主要原因是桥面混凝土路缘石侧面与主弦杆之间存在很小的缝隙,对桥面以下的钢结构起不到防水作用,经常处于潮湿状态且容易积聚腐蚀性垃圾,如图4.19所示。针对老桥主桁区域易积水、积垃圾从而导致桥下构件锈蚀严重的情况,在人行道与机动车道之间的主桁区域设置防水盖板,盖板与木质人行道板顶面平齐,在主桁节点或竖吊杆处按实际形状切割,保持盖板与主桁构件或竖吊杆之间的缝隙小于5mm,并用密封胶填充,可较好解决桥面以下部位锈蚀难题,具体构造如图4.20所示,大修后盖板如图4.21所示。

a)大修前

b)大修后

图4.18 大修前后人行道对比

图4.19 老桥桥面主桁处缝隙

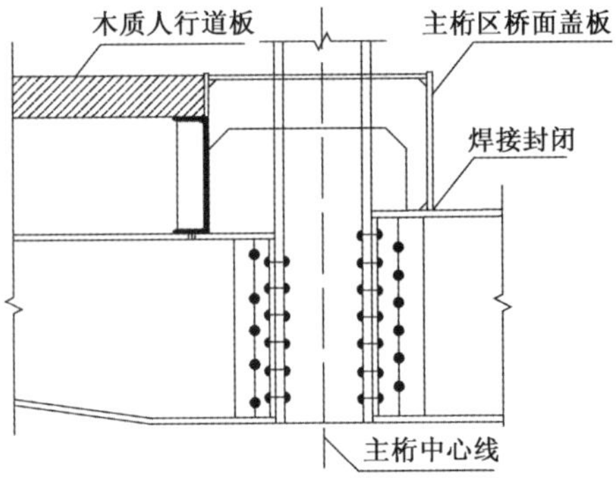

图4.20 新桥防水盖板构造

图4.21 补充大修后防水盖板

3)桥门架和风撑构造恢复

文化是一个城市的灵魂,桥梁文化将城市的文化演绎的更加深远。浙江路桥的文化价值与历史意义重大,位列上海市不可移动文物名单。从未来的发展来看,还很有必要作为上海城市的一大特色保存下去。因此,大桥宜修旧如旧,让这份文化与建筑的经典传承下去。由于本桥特殊的历史人文价值,因此被列为上海市市级文物。在大修工程中必须充分考虑对该桥的文物保护。

在历次大修过程中,桥门架、风撑构件已作过更换,并非原始构件,且外观变动较大。本次大修方案主桁间距加大,拆除现有上平联构件,参照原设计图纸,按最初的风格设计桁架式构件,恢复浙江路桥的历史面貌,使它以原始面貌流传于世。新的桥门架和风撑为角钢、节点板组成的铆接桁架结构。由于主桁间距加大引起杆件长度增加,桥门架和风撑杆件截面尺寸根据受力和稳定要求确定,大于原结构截面。大修后桥门架及风撑如图 4.22 所示。

图 4.22 大修后桥门架和风撑

4)桥下净高

浙江路桥最初设计纵坡为 5%,为保护历史文物,宜尽量减少结构变动,保留鱼腹式主桁继续使用,保持桁架各节点的空间相对位置。大修后的纵坡仍按 5% 设计,桥面板横梁与主桁连接尽量利用原铆钉孔,维持横梁与主桁连接位置不变。

现状接线道路路面较高,与两侧建筑地坪存在约 1.2m 高差,因此两岸接线道路高程不宜抬高。浙江路桥大修工程将桥梁原混凝土桥面系更换为钢桥面系,对包括铺装在内的桥面结构高度适当优化。同时将桥面高程整体抬高 10cm,以增加桥下通航净空。

桥梁大修前,实测跨中梁底最低处高程 5.46m,大修后实测跨中梁底最低处高程 5.85m(图 4.23)。桥梁大修后桥下净空抬高了 39cm,满足了航务要求。

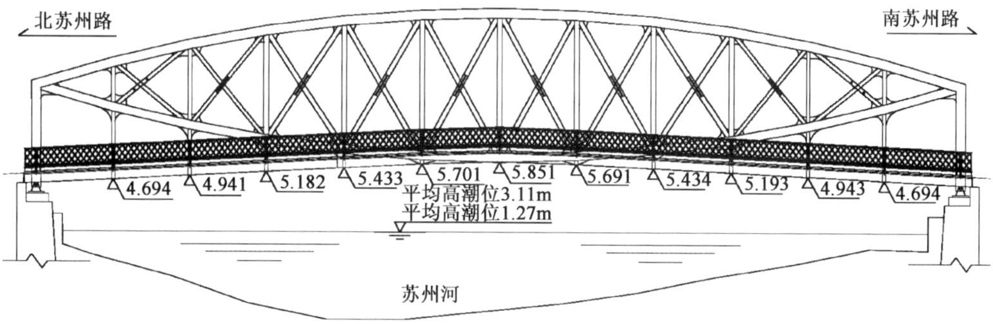

图 4.23 梁底高程实测

5)支座

钢桁梁4个支座均为钢制辊轴支座,是桥梁结构和外形的一大特色。支座临近水面,在使用百年后出现了较严重的锈蚀。对4个支座(包括销轴、辊轴)均予以更换,支座形式仍然采用钢结构辊轴支座,其结构按照百年前图纸进行设计,钢板件材料为Q345D,销轴材料为40Cr。

桥梁北侧为固定端,桥梁南侧为活动端,结构形式如图4.24所示。

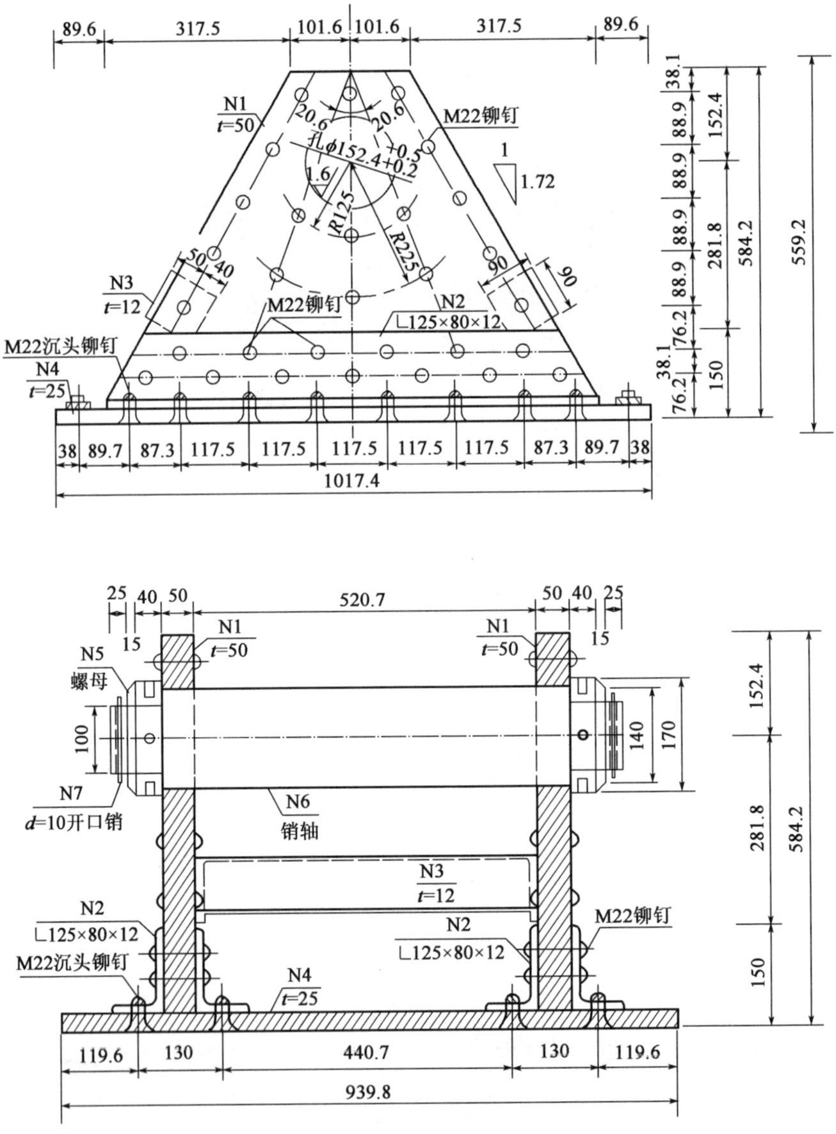

a)固定支座

图 4.24

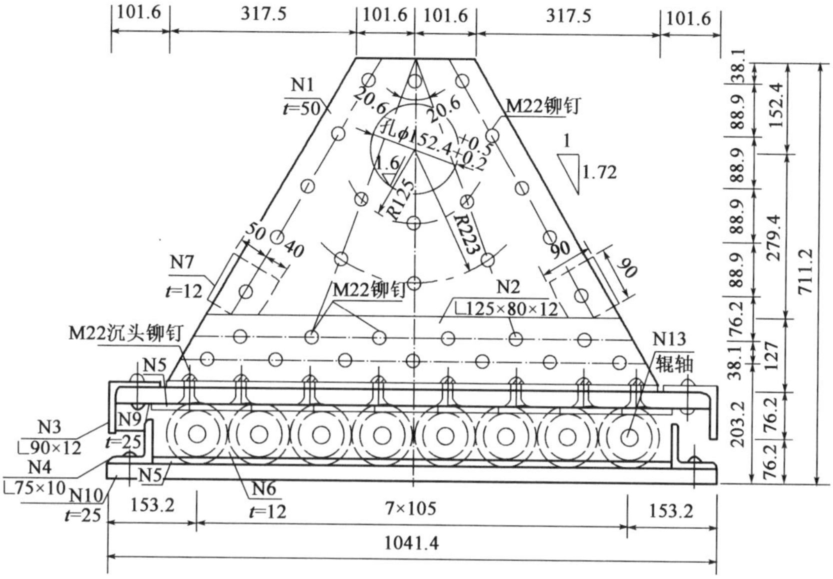

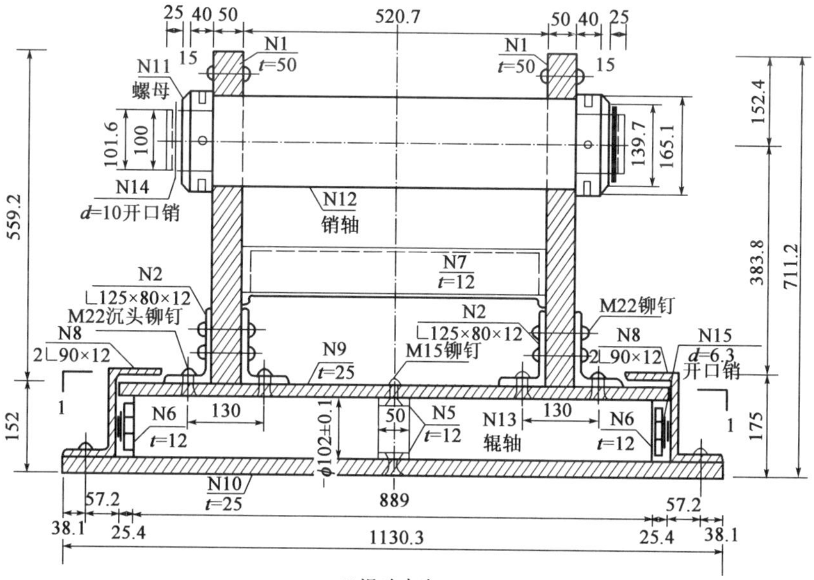

b)滑动支座

图4.24　支座布置(尺寸单位:mm)

4.2.4 计算分析

由于浙江路桥在多支撑无应力状态下修复,因此施工过程对结构受力的影响很小,可仅进行成桥状态结构分析。

1)计算模型

浙江路桥大修后结构成桥状态为简支梁桥。采用 MIDAS 三维杆系模型进行成桥状态结构分析。恒载包括结构自重、桥面铺装、栏杆及过桥缆线等荷载;活载包括机动车荷载、非机动车荷载和人群荷载,汽车荷载等级采用城-B 级,人群及非机动车荷载按《城市桥梁设计规范》(GJJ 11—2011)相关规定取值;考虑汽车制动力、温度和风荷载进行荷载组合。

2)结构挠度

活载作用下,结构最大挠度为 14.27mm(图 4.25)。根据规范规定,简支桁梁由静荷载引起的竖向挠度不应大于 $L/800 = 59741/800 = 74.7$(mm),结构挠度满足要求。

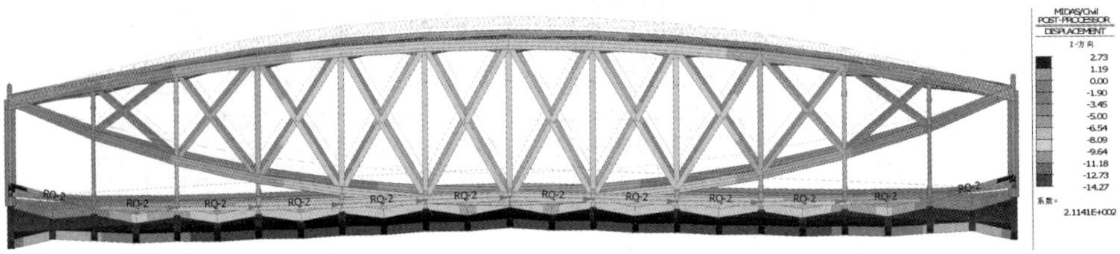

图 4.25 活载作用挠度(单位:mm)

3)结构强度验算

结构强度验算详见表 4.1。在恒载、主力组合及主力 + 附加力组合作用下,主桁及桥门架最大应力位于桥门架竖杆与主桁节点附近,但应力值均满足设计要求;风撑及人行道纵梁应力水平均较低;吊杆考虑第一体系纵向模型计算轴力及第二体系(横向施加汽车轮载)吊杆横桥向弯矩作用,最大应力出现在靠近桥门架的第二根吊杆处,应力值满足设计要求。

荷载作用下结构最大应力(单位:MPa) 表 4.1

荷载工况	主桁及桥门架	风撑杆件	人行道纵梁	吊杆
恒载	62.3	24.4	36.2	—
主力组合	80.5	30.6	43.4	—
主力 + 附加	135.6	74.2	47.3	86.7

4)受压杆件稳定计算

浙江路桥成桥状态上弦杆及桥门架竖杆受压,且均为同一截面形式,所有杆件长细比及宽厚比均满足规范要求。面内、面外两个方向压弯构件稳定计算详见表 4.2、表 4.3,均满足稳定要求。

主力 + 附加力组合顺桥向弯矩作用下稳定验算 表 4.2

杆件号	轴力(kN)	顺桥向弯矩(kN·m)	计算应力(MPa)	顺桥向考虑稳定容许应力(MPa)	稳定
上弦 U0U1	-2756.3	352.5	80.4	126.0	√
上弦 U1U2	-2850.4	274.5	71.0	126.0	√
上弦 U2U3	-2959.5	53.1	53.0	126.0	√
上弦 U3U4	-2962.8	55.2	53.3	126.0	√
上弦 U4U5	-2962.2	45.6	52.3	126.0	√
上弦 U5U6	-2966.8	43.1	52.1	126.0	√
桥门竖杆 U0L0	-1742.5	541.0	83.5	126.0	√

主力+附加力组合横桥向弯矩作用下稳定验算　　表4.3

杆　件　号	轴力（kN）	横桥向弯矩（kN·m）	计算应力（MPa）	横桥向考虑稳定容许应力(MPa)	稳定
上弦 U0U1	-2975.8	28.5	48.4	125.3	√
上弦 U1U2	-3073.4	8.8	47.0	125.3	√
上弦 U2U3	-3191.6	3.0	48.0	125.3	√
上弦 U3U4	-3192.8	1.4	47.8	125.3	√
上弦 U4U5	-3193.6	1.3	47.8	125.3	√
上弦 U5U6	-3195.5	1.0	47.8	125.3	√
桥门竖杆 U0L0	-1880.3	343.8	76.8	123.8	√

4.3 大修施工与控制

4.3.1 维修厂房

钢结构维护施工前首先要考虑维护作业条件，一般根据维护内容及周边环境确定。浙江路桥钢结构维护考虑了在封闭式厂房、活动式厂房、露天三种环境下进行，具体方案比选如下。

1）封闭式厂房

厂房采用钢结构，纵向全长80m，横向跨度25m，高20.5m（图4.26）。厂房立柱支撑在地基上，每片之间的距离为6m，在立柱顶安装两台20t桥式起重机作为钢桁梁维修施工的起重设备。

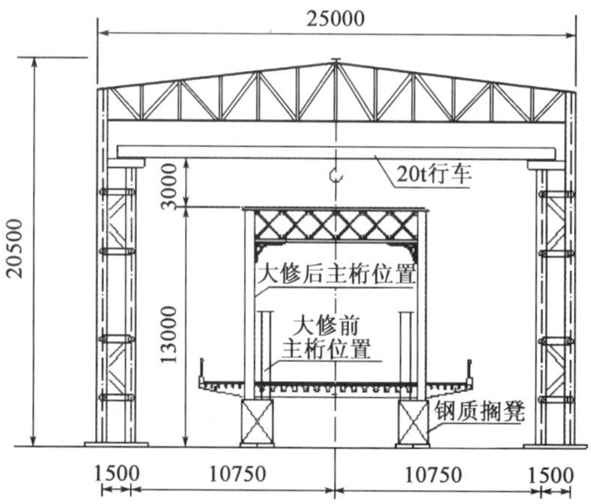

图4.26　封闭式厂房横断面图（尺寸单位：mm）

2）活动式厂房

活动式厂房长25m，宽25m，高20m，立柱下铺设轨道，可纵向移动，立柱顶安装一台10t桥式起重机（图4.27）。

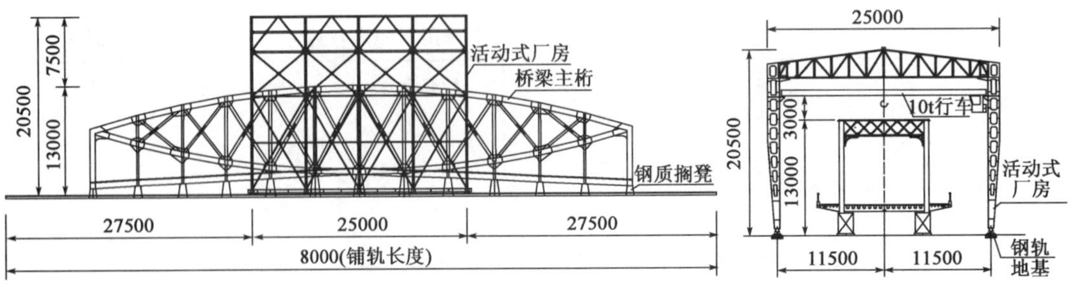

图4.27　活动式厂房纵断面图(尺寸单位:mm)

3)露天作业

通过吊车完成吊装作业,除锈涂装时利用围挡或脚手架外包油布的方式进行简单围挡。外白渡桥大修即采用该方案,如图4.28所示。

图4.28　外白渡桥大修施工现场

维修厂房搭设三种方案在技术上均可行,方案比选见表4.4。

维修厂房形式比选　　表4.4

厂 房 形 式	封闭式厂房	活动式厂房	露天作业
对桥梁移运的影响	后搭厂房	后搭厂房	不影响
主桁间距调整实现方式	横向平移系统	汽车吊	汽车吊
钢结构拆卸、安装设备	两台20t桥式起重机	一台10t桥式起重机,配合汽车吊	汽车吊
施工质量保证难易程度	好	较好	差
对周边环境的影响	在整体式厂房内进行除锈和涂装,扬尘、噪声小,对周边影响小	逐段施工,在厂房两头设置帘子,扬尘较小,噪声较大,总体对周边影响较小	扬尘、噪声大,对周边影响较大
受外界干扰	受外界干扰少	受外界干扰较少	受外界干扰较大
经济性	造价较高	造价居中	造价最低
结论	推荐	比选	比选

由于维修基地位于市中心,考虑到文明施工的要求,确定在封闭式厂房进行大修,厂房搭设及完成后的照片如图4.29～图4.31所示。

图 4.29 大修厂房开始进行拼装

图 4.30 老桥就位,完成厂房封闭工作

图 4.31 量身定做的全封闭大修厂房

4.3.2 施工流程

根据浙江路桥钢结构大修总体施工方案的要求,在扬州制作新制构件,在上海维修场地进行钢桥梁维修。钢桥梁移运至维修厂房后,采用“钢桥临时支撑→剩余混凝土桥面板拆除→整体打砂涂装→个别主桁杆件更换→主桁临时固定→桥面系纵横梁拆卸→单侧主桁移位→桥面系及人行道安装→钢护栏安装”的方案。大修具体流程如下:

(1)桥梁移运至厂房内部之后采用三点支撑的方式进行定位,在每个支撑墩处设置竖向千斤顶,如图 4.32 所示。

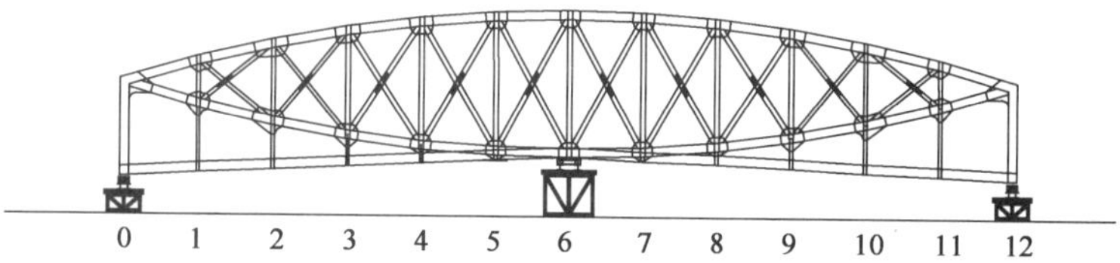

图 4.32 三点支撑布置

(2)在中间 2、4、8、10 节点处增加设置支撑墩,此时支撑墩顶竖向千斤顶支撑在节点部位的吊杆底部,全桥 14 个支撑点(单侧 7 点支撑,图 4.33)的千斤顶示数均需调整至设计单位提

供的无应力状态下理论支撑力数值，然后对主桁打砂，主桁涂装至底漆，对主桁及腹杆进行检测，确定更换件种类和数量。

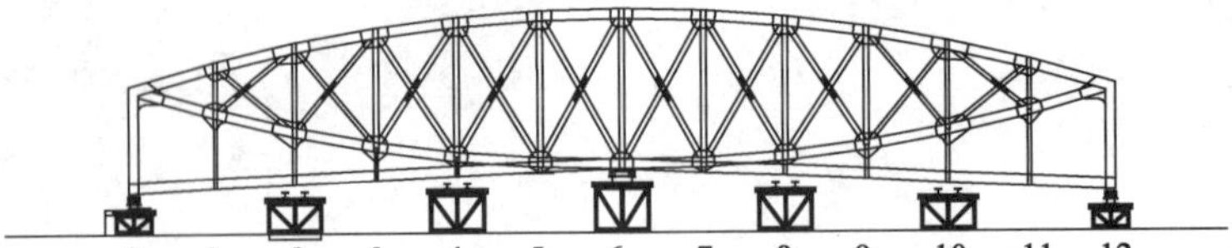

图 4.33　7 点支撑布置

（3）安装 M5、M7 节点处临时支撑（图 4.34），依次拆除并更换下弦 M4、M5、M6、M7、M8 节点部位的节点板和腹板（角钢），拆换过程中需要拆除对应节点位置的桥面系纵横梁，此工作可与上述步骤（2）里面的检测工作同步进行。拆换下来的老桥构件如图 4.35 所示，构件及节点更换现场详见图 4.36。

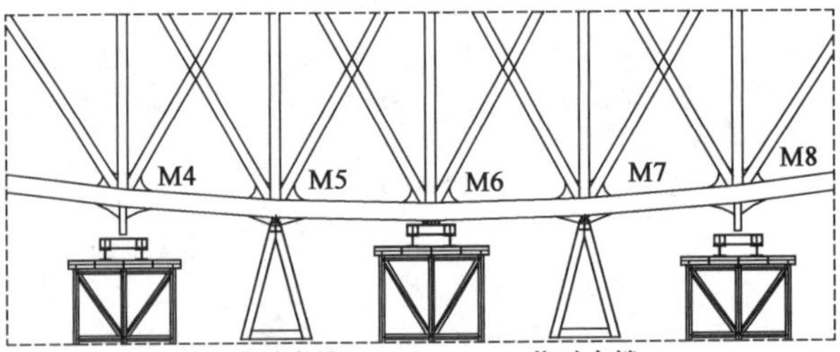

图 4.34　临时支撑示意

图 4.35　拆换下来的老桥构件

图 4.36　主桁构件更换

（4）拆除节点 6 部位的上平联，并安装节点 6 处的三角固定支架（图 4.37）。

（5）先拆除节点 1、11 处桥面纵横梁（平联不动），然后拆换该部位吊杆（图 4.38）。

（6）拆除节点 2、10 处桥面纵横梁（平联不动），然后拆换该部位吊杆（图 4.39）。吊杆拆换完成后，拆除该部位上平联，然后安装节点 2、10 部位固定支架（图 4.40）。

（7）拆除节点 3、9 处桥面纵横梁（平联不动），然后拆换该部位吊杆（图 4.41）。

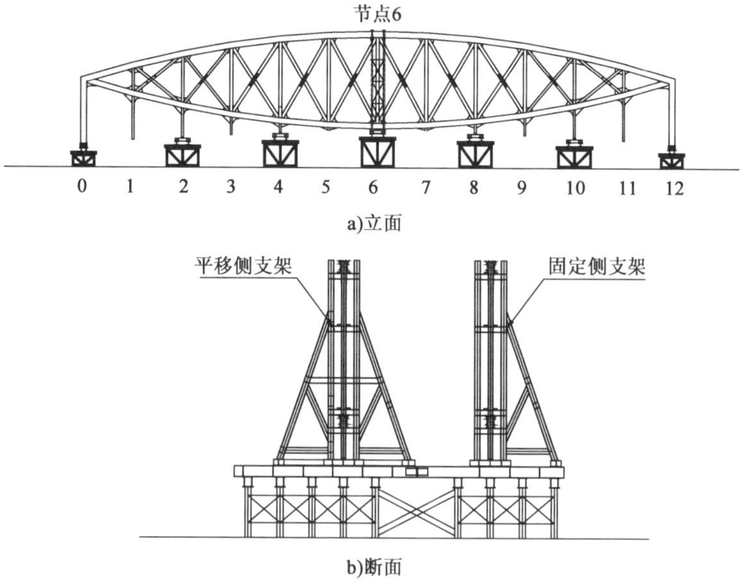

图 4.37　节点 6 处三角固定支架安装

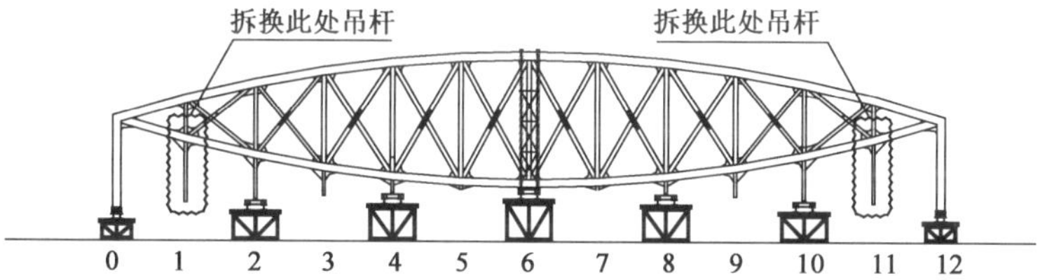

图 4.38　节点 1、11 处吊杆拆换

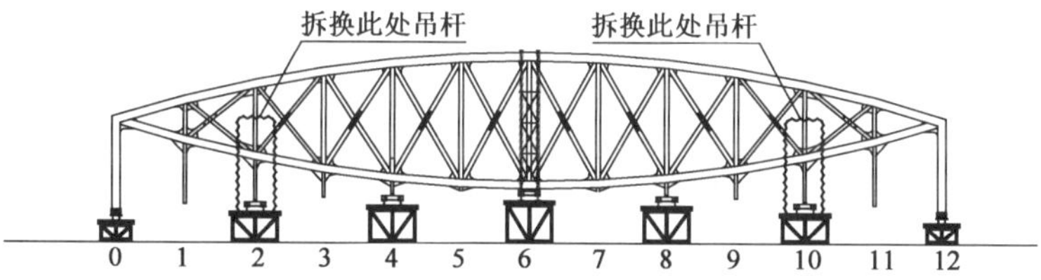

图 4.39　节点 2、10 处吊杆拆换

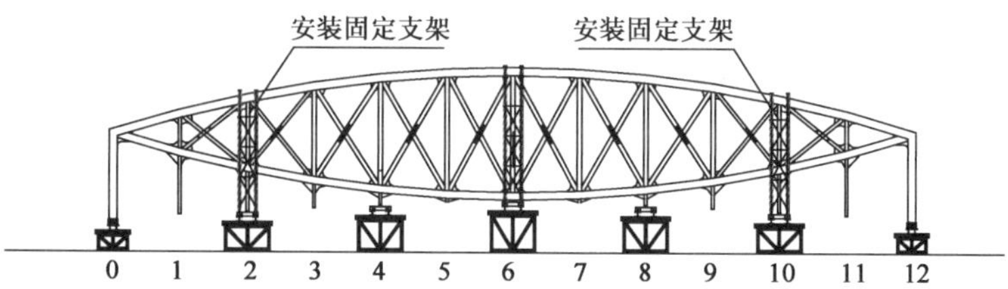

图 4.40　节点 2、10 处三角固定支架安装

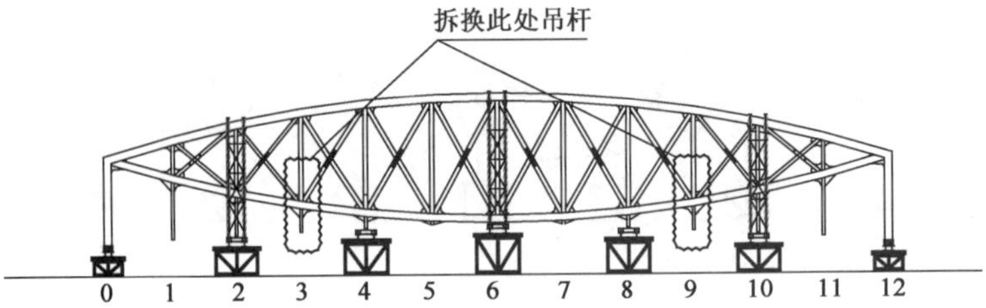

图 4.41　节点 3、9 处吊杆拆换

(8)拆除节点 4、8 处桥面纵横梁(平联不动),然后拆换该部位吊杆(图 4.42)。

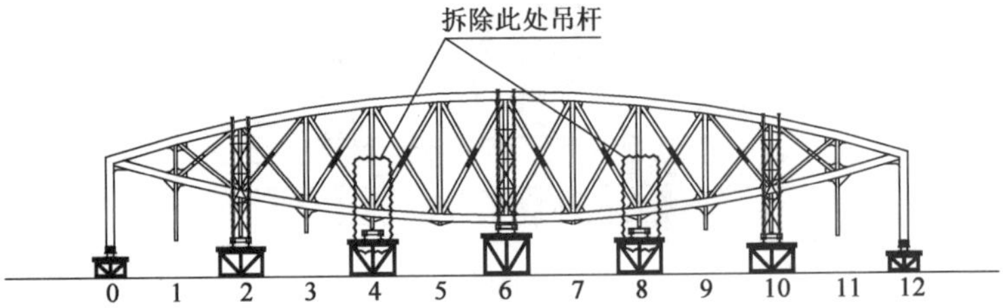

图 4.42　节点 4、8 处吊杆拆换

吊杆拆换完成后,拆除该部位上平联,然后安装节点 4、8 部位固定支架(图 4.43)。

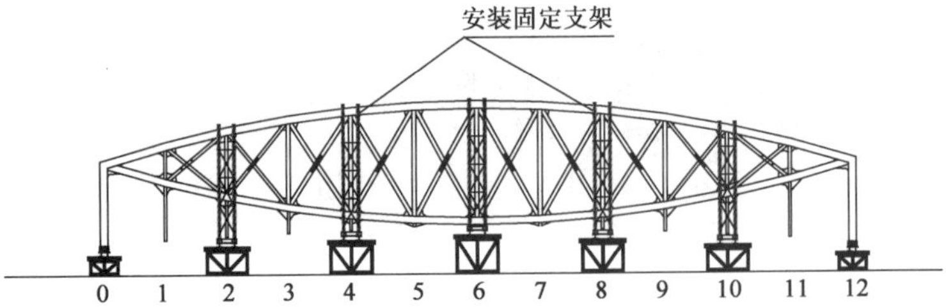

图 4.43　节点 4、8 处三角固定支架安装

(9)拆除剩余部分的桥面纵横梁以及平联杆件,使两片主桁架彻底分离(图 4.44)。

图 4.44　逐步拆除主桁之间的横向联系

(10)在 5 个支撑架底部采用 5 台千斤顶同步进行顶推,将主桁架向外移动 1690mm (图 4.45)。

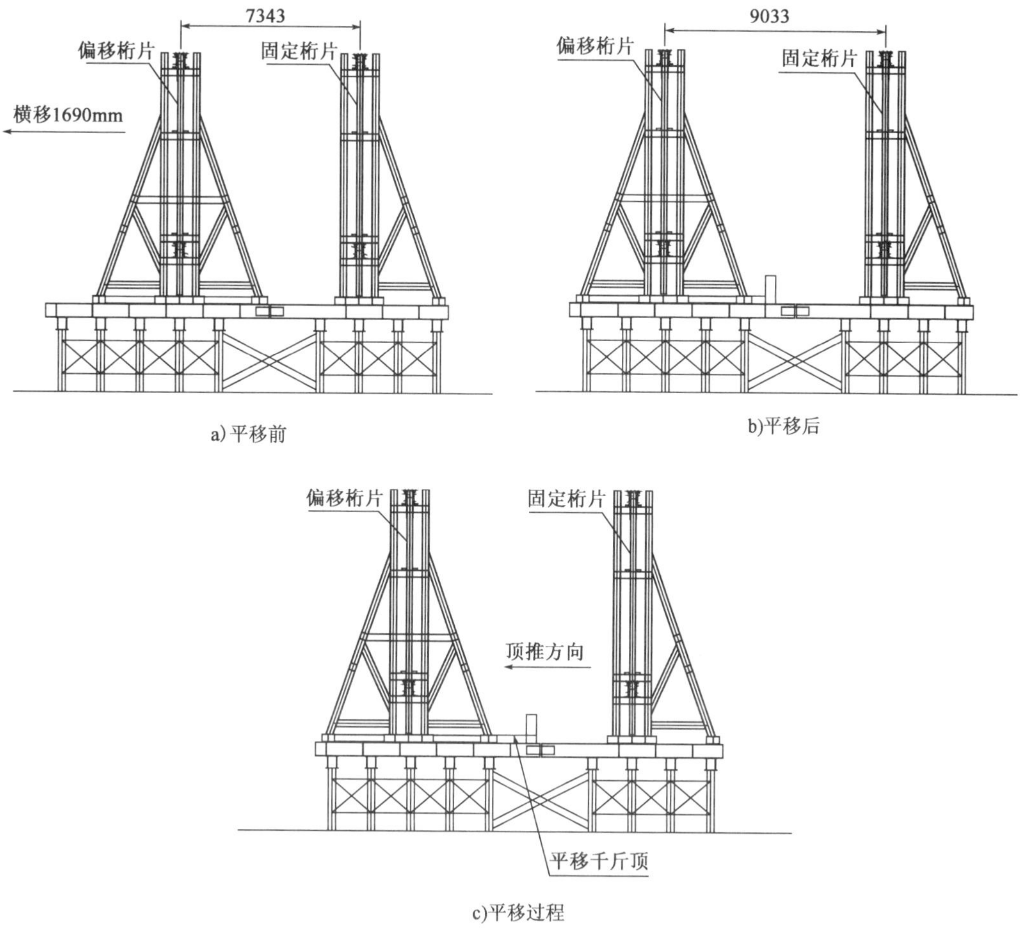

图 4.45 主桁平移示意(尺寸单位:mm)

(11)平移到位后调整各支撑点的支撑力数值,达到设计要求,然后将固定支架与支撑墩焊接固定。

(12)先安装节点 0、12 位置的横梁,使全桥形成一个整体稳定的框架结构(先安装横梁,桥门架暂不安装,上部采用双拼槽钢进行横向临时固定)。节点 0、12 处横梁安装如图 4.46 所示,节点 0、12 处桥门架、横梁断面示意如图 4.47 所示,横梁安装如图 4.48 所示。

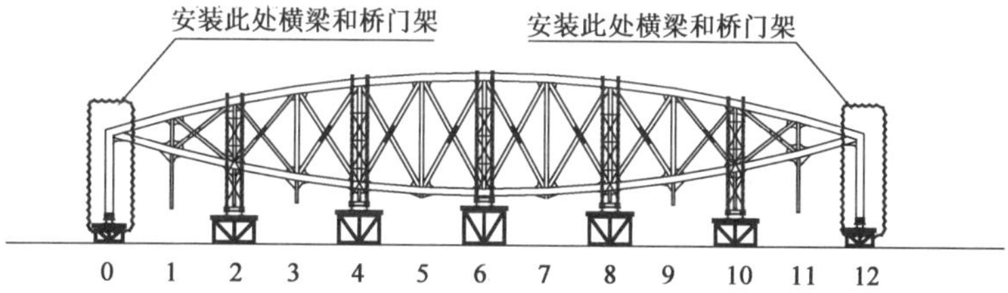

图 4.46 节点 0、12 处横梁安装

(13)拆除节点 6 部位的固定支架并安装该位置桥面横梁(横撑暂不安装,可采取临时加固措施,图 4.49、图 4.50)。

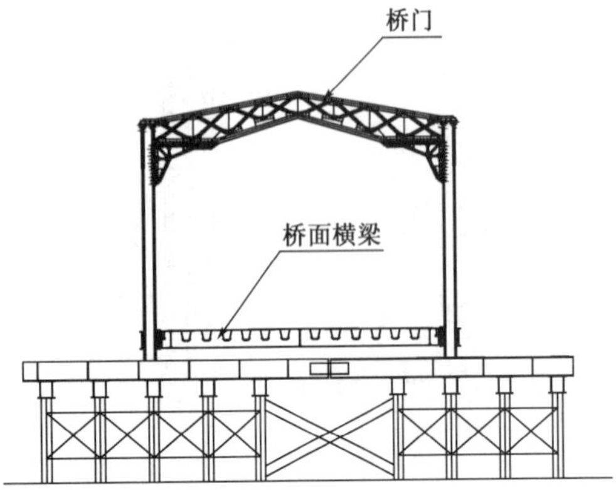

图 4.47　节点 0、12 处桥门架、横梁横断面示意

图 4.48　横梁安装

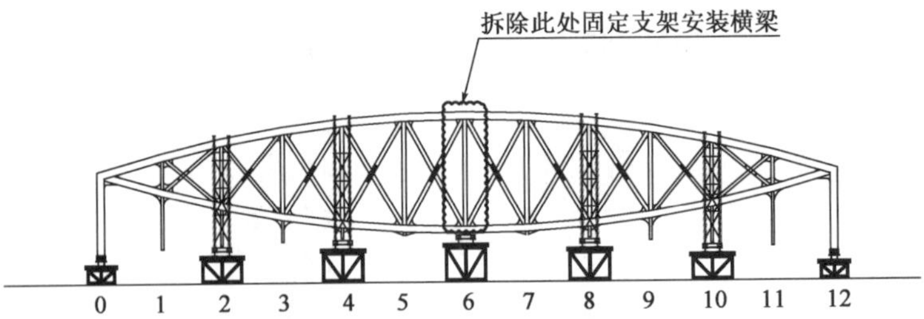

图 4.49　节点 6 处横梁安装

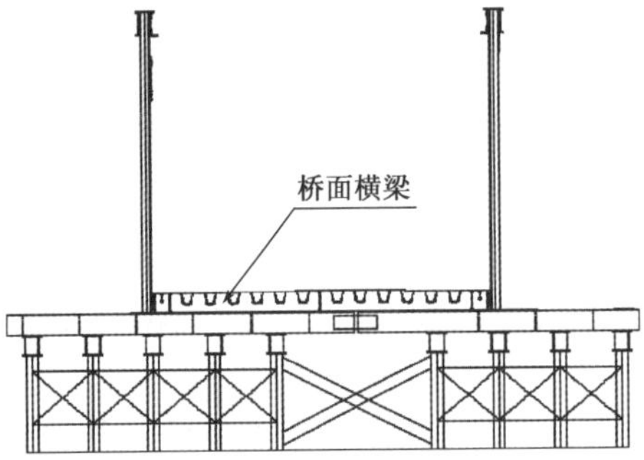

图 4.50　6 号横梁横断面示意

(14)安装节点 5、7 部位的横梁(图 4.51),然后吊装 D1 桥面板单元(图 4.52、图 4.53),最后安装 5、6、7 三个节点部位的横撑和平联(图 4.54、图 4.55)。

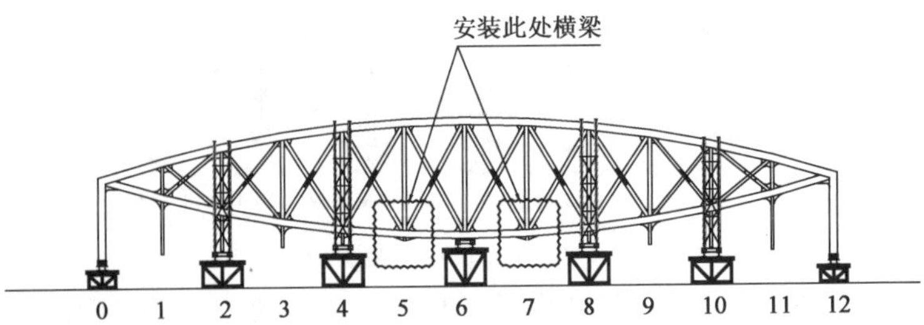

图 4.51　节点 5、7 处横梁安装

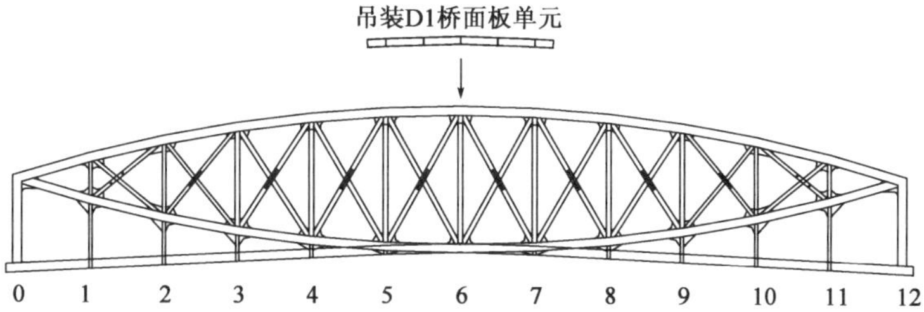

图 4.52　D1 桥面板单元安装

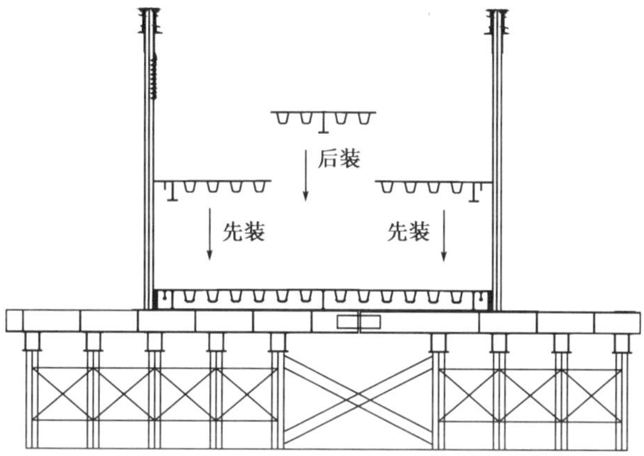

图 4.53　桥面板单元横向吊装示意

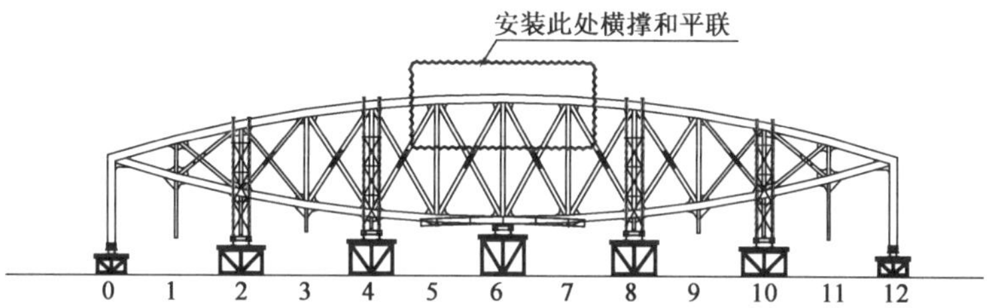

图 4.54　节点 5、6、7 处横撑及平联安装

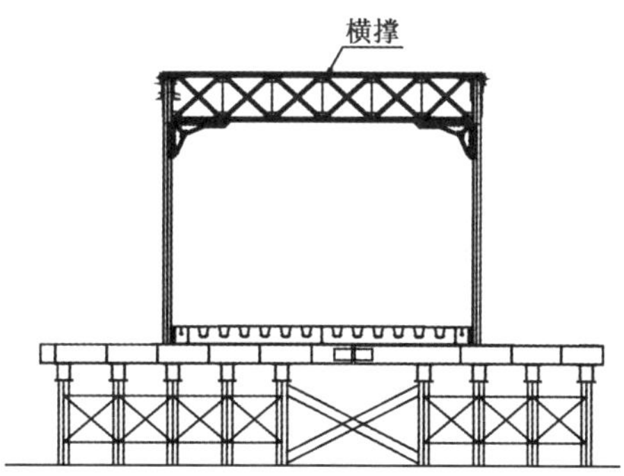

图 4.55　横撑安装横断面图

(15)拆除节点 4、8 处固定支架,并安装节点 3、4、8、9 处横梁(图 4.56),然后吊装 D2 桥面板单元(图 4.57)。

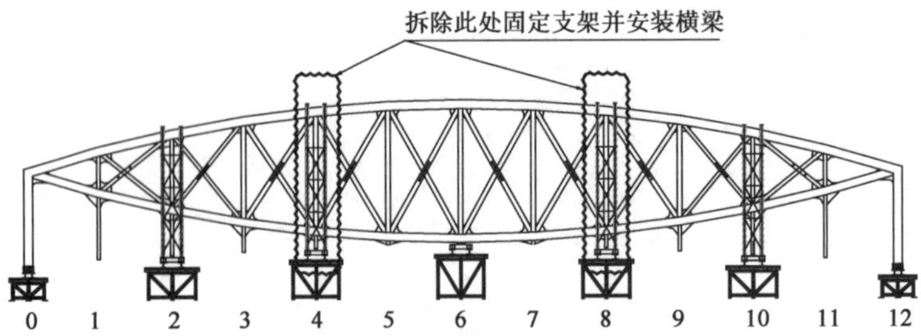

图 4.56　节点 3、4、8、9 处横梁安装

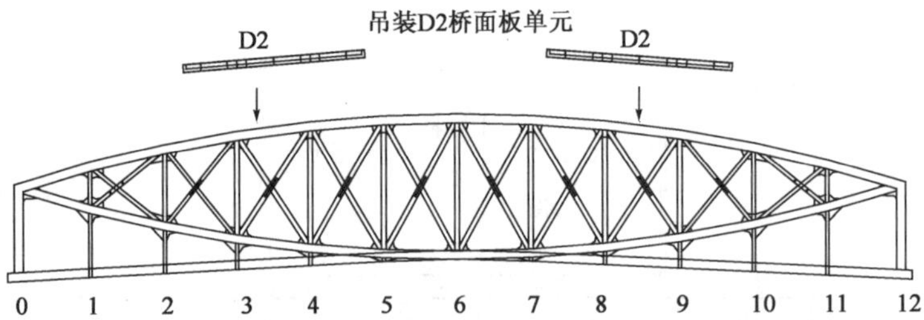

图 4.57　D2 桥面板单元安装

(16)安装节点 3、4、8、9 部位横撑及平联(图 4.58)。

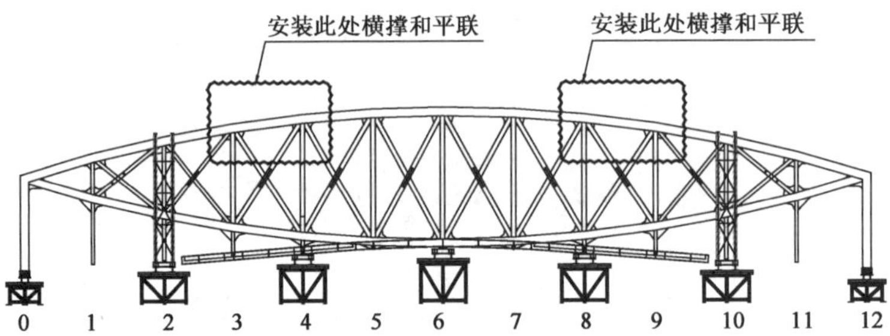

图 4.58　节点 3、4、8、9 处横撑及平联安装

(17)拆除节点 2、10 部位固定支架(图 4.59),并安装 1 号、2 号、10 号、11 号横梁,然后吊装 D3 桥面板单元(图 4.60)。最后一块桥面板单元安装如图 4.61 所示。

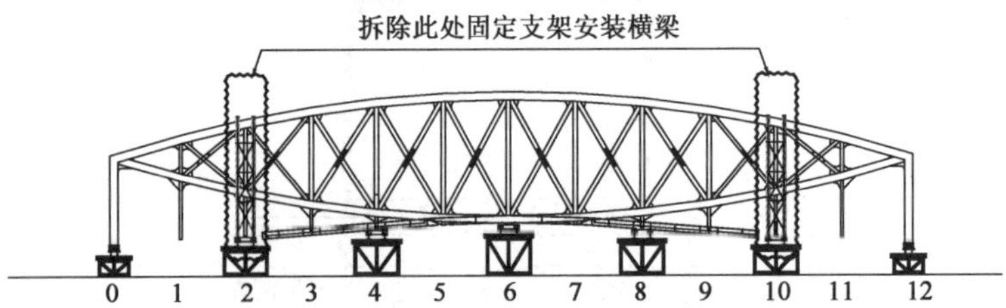

图 4.59　节点 1、2、10、11 处横梁安装

(18)安装节点 0、1、2、10、11、12 部位横撑(桥门)和平联(图 4.62)。

(19)从最北端依次安装两侧人行道托架以及纵梁(图 4.63)。

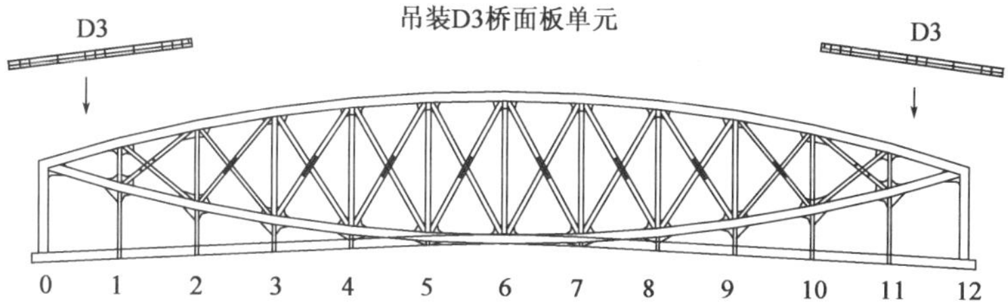

图 4.60　D3 桥面板单元安装

图 4.61　最后一块桥面板吊装就位

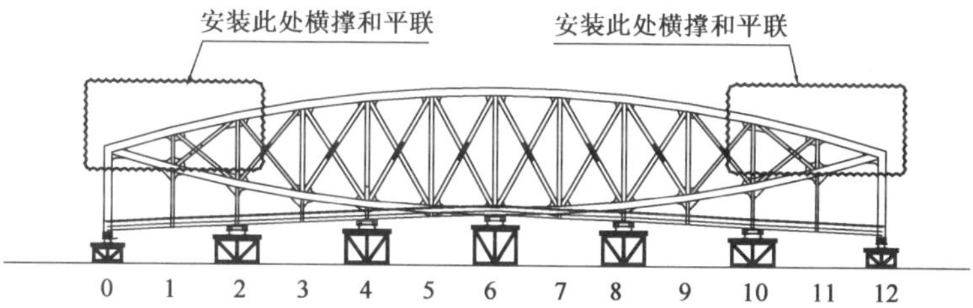

图 4.62　节点 0、1、2、10、11、12 处横撑及平联安装

(20)从最北端依次安装桥面盖板(图 4.64)。

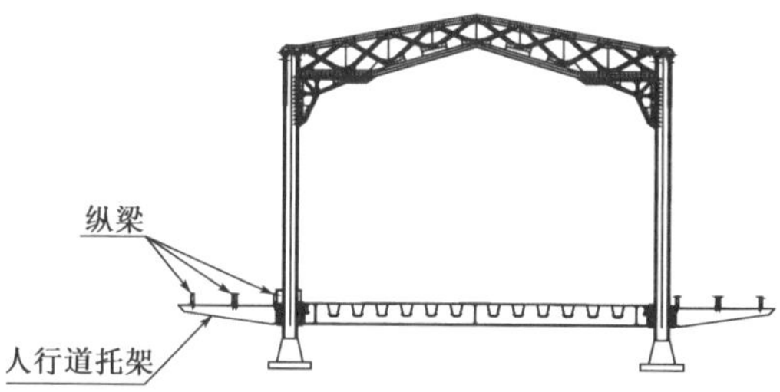

图 4.63　人行道托架及纵梁安装

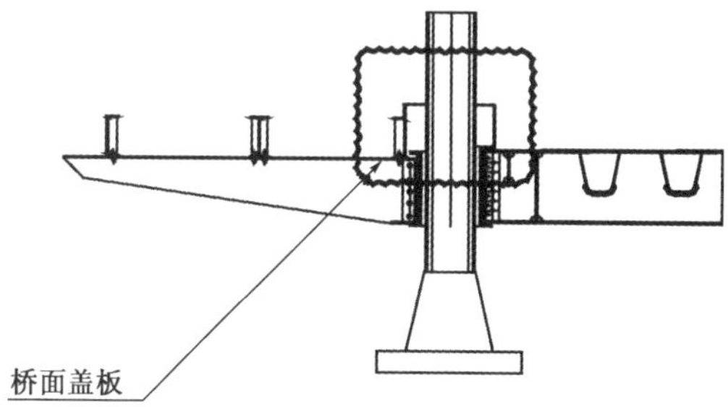

图 4.64　桥面盖板安装

(21)依次安装人行道栏杆立柱和栏杆横梁合件(图 4.65)。

(22)对桥梁进行局部除锈,对损伤部位涂装修复,主桁涂装至最后一道面漆,然后全桥统一涂装最后一道面漆,最后安装人行道木板。

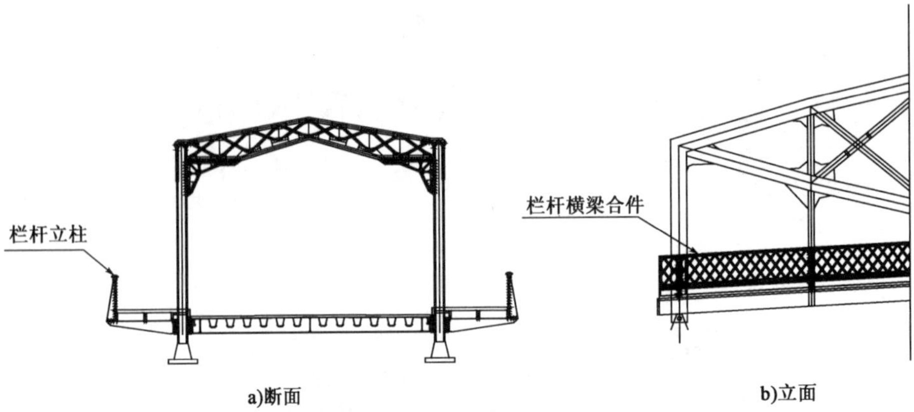

图 4.65　人行栏杆安装

(23)对节点 0、6、12 处支撑进行调整,确保整体结构稳定之后撤出节点 2、4、8、10 处支撑墩,恢复三点支撑的状态(图 4.66)。

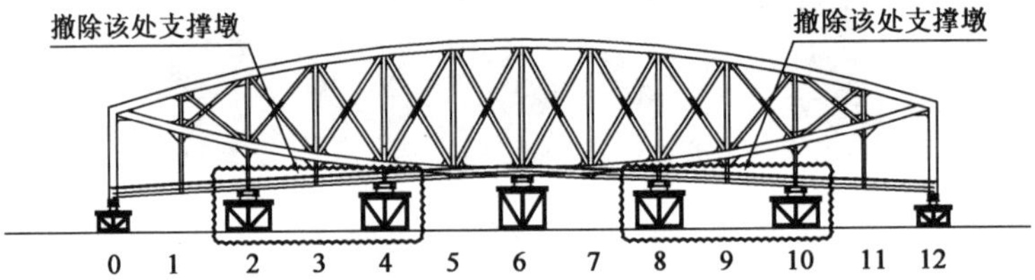

图 4.66　恢复为三点支撑

(24)拆除起重机以及厂房西侧边墙,以使运梁小车能顺利进入指定位置。

(25)运梁车将桥梁移至原位,安装桥面伸缩缝,然后拆除剩余厂房结构。

4.3.3　施工控制

浙江路桥在厂房内大修时,其受力状态与成桥状态不同。大修时钢桁梁处于多点支撑状态,并在多点支撑状态下更换主桁弦杆、斜杆等构件,需通过对多个支点反力的调节,使主桁尽可能处于无应力状态,避免杆件拆换对主桁受力产生不利影响。在厂房内进行桥面板安装、风撑更换时,风撑拆换步骤既要满足桥面板安装工序的要求(需同时拆除较多风撑),又要满足结构受力的要求。浙江路桥移运至厂房内大修主要控制工况包括如下内容。

1)无应力状态调节

浙江路桥进入厂内大修,采用 7 点支承状态(图 4.67)。此时测得结构荷载为钢桁架、上平联、桥面系纵横梁自重及部分未凿除混凝土桥面板重量,共为 375.5t。

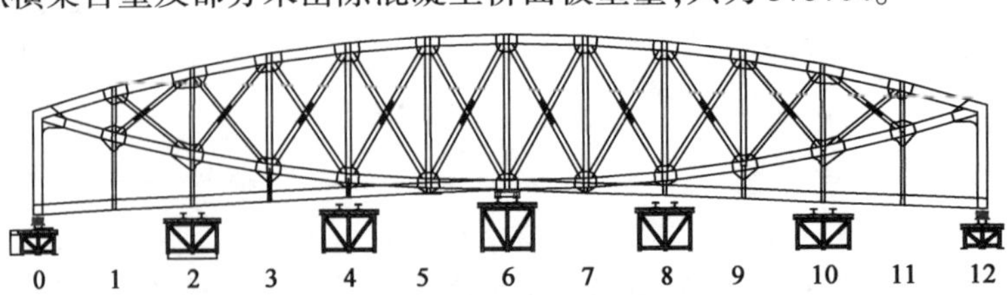

图 4.67　厂内无应力 7 点支撑状态

采用 MIDAS 模型计算得到的各支点反力见表 4.5，各支承千斤顶应依据此力值进行调节设置。此时上下弦杆应力为 1.1～6.1MPa，可以认为结构处于近似无应力状态下。

无应力状态单侧 7 点支撑支反力　　表 4.5

支点号	0	2	4	6	8	10	12
支反力(kN)	181.9	231.0	327.4	376.2	343.4	235.1	182.6

2)钢结构拆卸与置换

(1)钢结构拆卸与置换工艺

拆卸、置换原则：在无应力状态下逐个进行。

拆卸顺序：先拆次杆件后拆主杆件，从上往下拆卸。

安装顺序：先装主杆件后装次杆件，从下往上安装。

(2)施工要点

①新制杆件与旧杆件几何尺寸保持一致。

②横梁新制造杆件上的铆钉孔群先不钻，安装时现场配钻。

③新节点板孔以旧节点板为模板在工厂进行套钻钻制。

④置换时铆钉连接先用螺栓代替，待相邻节点杆件置换完成且线形调整后再进行铆接。

浙江路桥每片桁中间 4 节下弦杆及其对应的 5 个节点由于全部或部分位于桥面以下，锈蚀较为严重需要更换。本次厂内大修在近似无应力状态下(中间 4 个节间下弦杆最大应力为 6.1MPa)对节点板及下弦杆进行更换(图 4.68)。采用逐面交替拆除安装的方式，如图 4.69、图 4.70 所示。保证杆端处的约束有效，并严格控制更换后节点处位移及变形。

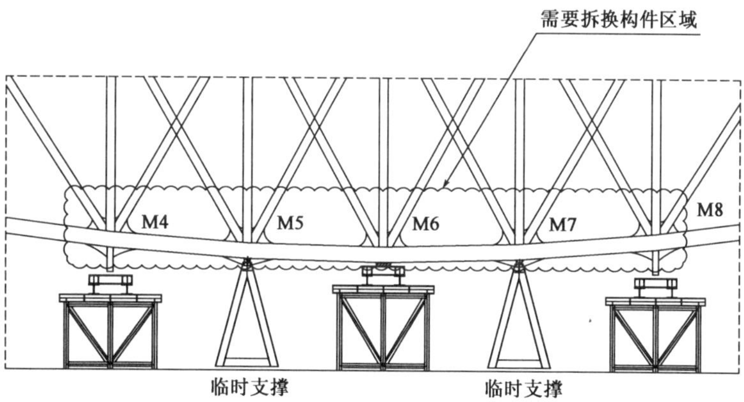

图 4.68　更换范围示意

3)施工中结构稳定

在拆除上平联和桥面系纵横梁构件过程中，需保证结构的整体稳定。其中无侧向支撑时拆至保有两侧及中间三个上平联、两侧及中间横梁的状态，此时结构整体稳定计算详见表 4.6、图 4.71。

此时部分上弦杆、竖腹杆和斜腹杆等由原来的受拉状态变为受压状态，且面外计算长度增加，需考虑其杆身受压稳定性。表 4.7 为受压杆件局部稳定计算结果，均满足要求。

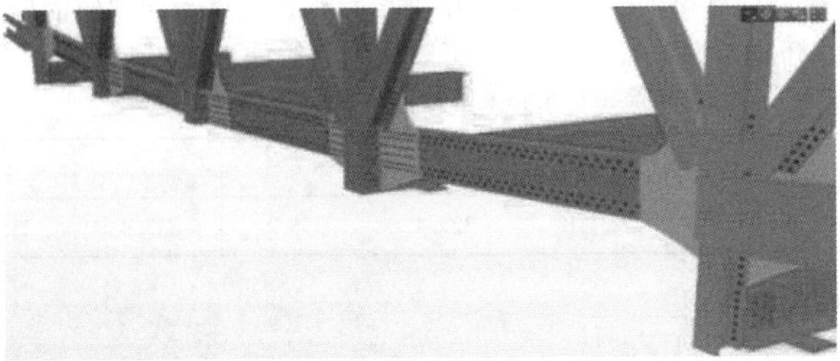

图4.69　节点板逐面更换

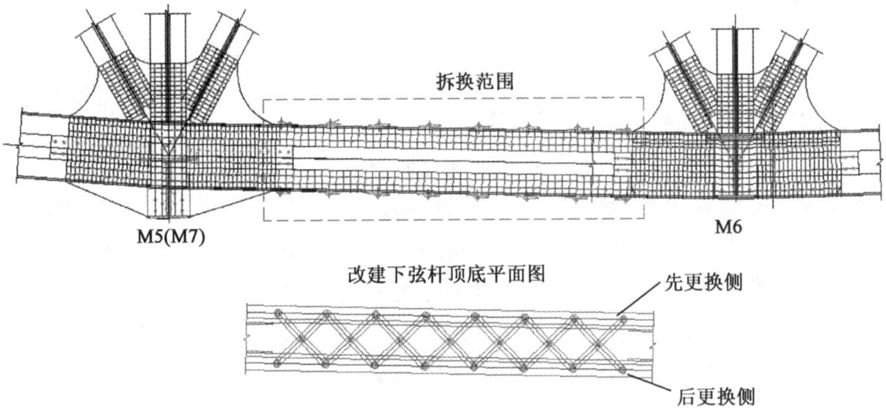

图4.70　杆件逐面更换

结构拆至5平联3横梁时整体稳定计算　　表4.6

失稳阶数	失稳模态	稳定系数
第1~4阶	上平联杆件局部失稳	—
第5阶	结构整体失稳	21.1
第7阶	结构整体失稳	26.6

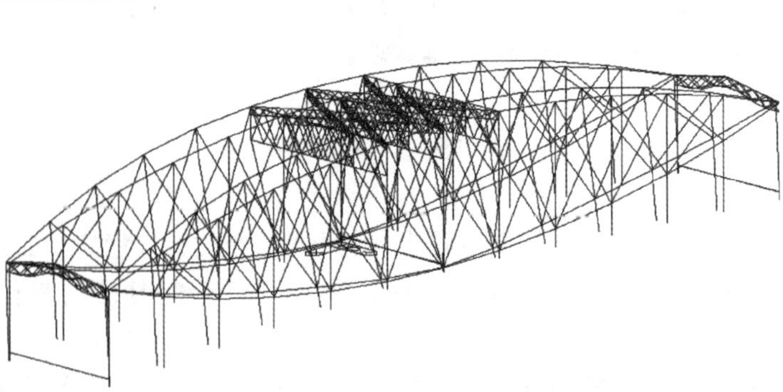

图4.71　第5阶结构整体失稳模态

拆除过程中受压杆件局部稳定计算　　表 4.7

杆件位置	轴力(kN)	计算应力(MPa)	面外稳定容许应力(MPa)	面内稳定容许应力(MPa)	是否满足稳定要求
上弦杆	523	11	129	17	√
门架竖杆	392	6	92	122	√
中支承竖杆	384	22	24	48	√
中支承斜杆	408	32	19	39	√
中部上平联	41	40	134	43	√
端部上平联	41	40	127	42	√

4）主桁平移

采用5个液压千斤顶同步顶推的方法将西侧主桁向外平移1.72m。为保证桥梁结构的安全及顶升千斤顶的同步性，本工程采用PLC（可编程控制器）液压同步顶升系统（图4.72）。该系统利用液压变频调速控制、压力和位移闭环自动控制的方式，实现多点力均衡控制，对顶升的桥梁进行称重、同步顶升。整个操纵控制都通过计算机实现，施工过程中的位移、荷载等信息，被实时直观显示在计算机屏幕上，使人一目了然。由于实现了实时监控，工程的安全性和可靠性得到了保证，施工的条件也大大改善。全部控制信号，通过高速工业总线传输将三台泵站连接起来，使得各部分之间连线数目大大减少，改善了系统的控制性能，提高了系统的可靠性。

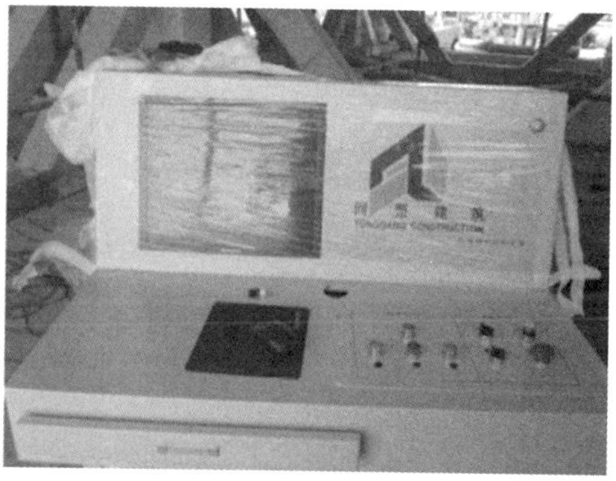

图4.72　PLC液压同步顶推控制系统

平移具体步骤为：首先搭设钢管固定支架，安装临时固定构造，每隔10m布置一套拖拉千斤顶。然后拆除上平联，解除横梁与左侧主桁连接，拖拉千斤顶逐步将右侧钢桁架向右横向拖拉到位。平移示意如图4.73所示。

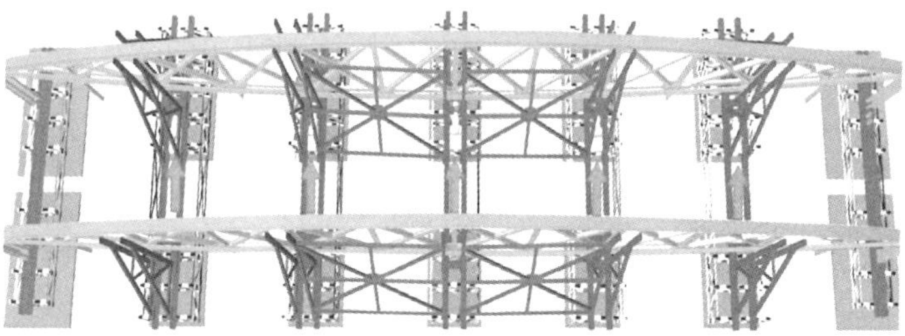

图4.73　主桁平移空间示意

5)主桁空间位形

在喷砂除锈完成后,为保证桥面系及上平联的顺利安装,需进行分离状态主桁空间位置的详测及精调,具体要求详见表4.8。

主桁位形控制精度要求

表4.8

序号	项　　目	允许偏差(mm)	检 验 方 法
1	平面对角线相对偏差	±8	
2	主桁内侧腹板净距相对偏差	10	尺量,每片主桁各5处(两端、跨中、1/4跨处),上下弦都要测
3	主桁垂直度	1/800	线锤,每片主桁各5处(两端、跨中、1/4跨处)
4	两片主桁支点处对应点相对高差	±5	
	两片主桁跨中处对应点相对高差	±10	
	其他点处	根据与跨中及支点距离按比例增减	
5	端立柱在主桁面内垂直度	1/1000	线锤

4.4 铆接工艺

4.4.1 一般要求

1)材料

符合现行《标准件用碳素热轧圆钢》(GB/T 715)要求的BL2、BL3钢,并按相应标准执行。

2)铆钉形式

铆钉是铆接结构中最基本的连接件,它由圆柱铆杆、铆钉头、镦头组成。常见的铆钉形式有半圆头铆钉、平锥头铆钉、沉头铆钉、半沉头铆钉、扁圆头铆钉和扁平头铆钉等(图4.74)。根据"修旧如旧"的维修原则,浙江路桥除支座处局部采用沉头铆钉外,其余均采用半圆头铆钉。

图4.74　半圆头铆钉

3)铆钉进场及检验

维修使用的铆钉,由生产厂家按批提供产品质量检验报告单及出厂合格证,运至工地后,按不同规格、批号进行复验,复验内容包括化学成分(C、Si、Mn、P、S、Cr、Cu、Ni)、屈服强度、抗拉强度、断后伸长率、硬度等。

4)制孔

铆钉孔制孔应满足下列要求:

(1)制孔应有钻孔样板,钻孔样板必须按施工图及工艺文件的要求制作,钻孔前核对所用钻孔样板,确认无误后方可钻孔。

(2)制成的孔应为正圆柱形,孔壁光滑,孔缘无损伤不平,刺屑应清除干净。钻孔孔径允许偏差为 -0.1 ~ +0.4mm。铆钉孔的表面粗糙度值不大于 50μm。铆钉孔轴线应垂直于零件表面。不允许铆钉孔有棱角、破边和裂纹。铆钉孔边的毛刺应清除,允许在孔边形成不大于 0.2mm 的倒角。尽可能分解铆接件,清除贴合面孔边的毛刺。

(3)铆钉孔距应符合下列规定:

①两相邻铆钉线间距要求误差不超过 ±0.5mm。

②两相邻铆钉间距误差不大于 0.5mm。

③样板长度和宽度误差不超过 ±0.5mm。

④铆钉孔中心与铆钉横向偏差不超过 ±0.5mm。

⑤矩形对角线长度误差不超过 ±1mm。

⑥两最外边铆钉横向偏差不超过 ±1mm。

(4)铆钉孔的装配与修整

铆接件装配时,必须将板件上的钉孔对齐,用相应规格的螺栓拧紧。在构件装配过程中,部分孔会因误差造成错位,所以铆接前需修整全部钉孔,使之同心并确保穿钉顺利。同时,预加工中留有余量的钉孔也要修正。为使构件之间不发生移位,还需将修整的钉孔尽量一次铰完,并先铰未拧螺栓的钉孔,再铰已拧入螺栓又卸掉后的钉孔。

5)施铆方法

铆接分为热铆、冷铆两种铆合方法,在桥梁钢结构中,由于钢材的性质较为坚硬,只能采用热铆。热铆是铆钉加热后进行的铆接。

施铆方式有手工铆、风枪铆和液压铆三种。本工程采用风枪铆,利用压力不小于 0.6MPa 的高压风作动力,冲打安装在风枪口上的铆钉窝子,在急剧锤击下完成铆接。其优点是不受铆钉所处位置的限制,上下、左右都可以进行铆接。

6)拆除铆钉

铆钉拆除可采用机械切除或火焰切割。为避免损伤文物桥梁杆件钢材,尽量使用机械法切除。机械切除分为旋除、钻除、锯断等方法(图 4.75)。旋除钉头系用旋刀或钻头把铆钉头周围旋除,剩下一段比钉杆直径稍小的圆杆。钻除法采用直径比铆钉杆小 2 ~ 3mm 的钻头,钻去钉心,仅留钉头外围。锯断法是用一种特制的锯弓把钉头锯掉,然后再冲出钉杆,效率稍低,工具轻便,在更换个别铆钉时使用。

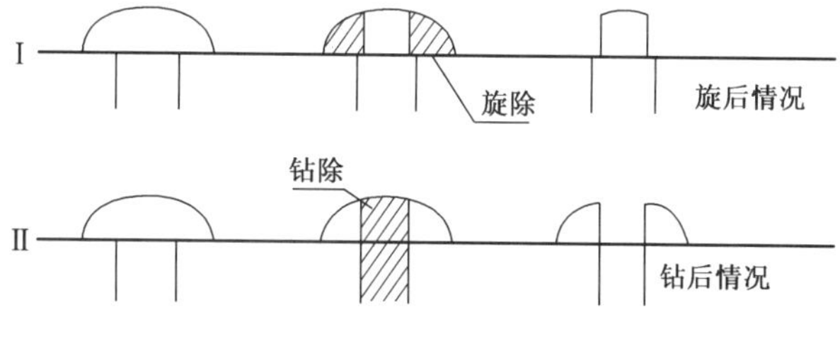

图 4.75 铆钉头旋除和钻除示意

如用氧炔焰或风铲铲除铆钉头的方法,使用氧炔焰时宜配有平口特制的乙炔焰切割器。焰割钉头稍微不慎,容易烧伤钢板,必须由熟练技工谨慎地进行。使用风铲时,应先顺铆钉直径处剔槽,然后再铲除两边剩余部分。禁止用剁子剁除钉头;禁止使用大锤或斧头铲除钉头。

在同一连接部位,可同时取出不大于连接处铆钉总数10%的铆钉。如连接处铆钉少于10只,只能一只一只更新。

拆除铆钉过程中应注意保护被连接件,结构中拟继续使用的被连接件不得损伤。如损伤深度小于0.5mm时应予以磨平;深度大于0.5mm时应报设计单位予以特殊处理。

7)保留杆件打磨要求

如采用氧炔烧割拆除补焊的钢板和节点板后,保留下来的旧杆件经过氧炔吹割焊根,砂轮打磨焊渣,杆件表面要平整,不产生打磨伤痕。如损伤深度小于0.5mm时应予以磨平;深度大于0.5mm时应报设计单位予以特殊处理。

8)安全施工

铆接施工操作者必须戴好手套和防护眼镜,同时要做好其他方面的保护措施,如高空作业安全措施等。

4.4.2 工艺流程及参数

1)铆接工艺流程

铆接工艺流程如图4.76所示。

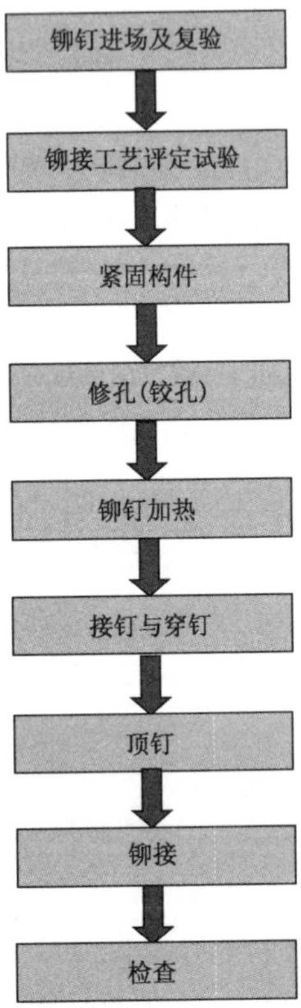

图4.76 铆接工艺流程图

各工序注意事项如下:

(1)铆前准备

构件组装应进行精确定位,保证构件不出现变形,并保证铆接前被连接件相对位置不发生变化。组装前必须清除构件铆接区域的铁锈、油污及飞刺,组装完成后应尽快进行铆接施工。

(2)被铆件的紧固与修整钉孔

核实杆件的规格、编号并检查其质量(钉孔毛刺、平整度),合格后方可组装,使用冲钉使各零件上的钉孔正确地相互对准(图4.77、图4.78)。每组钉孔应打入10%的冲钉,并不少于2个。用临时螺栓使零件相互紧贴。螺栓数目不少于钉孔总数的30%。一般规定每隔250~300mm至少有一个螺栓。如出现部分错心孔,应用铰刀来修整钉孔,使之同心。为使待铆件之间不发生错动,需修整的钉孔应一次修完。铰孔时先铰未拧螺栓的钉孔,铰完后拧入螺栓,然后再将原螺栓卸掉进行铰孔。

(3)铆钉的选配

铆钉、直径、长度与孔径均应按设计图选配。

(4)铆钉加热

采用高频感应炉(图4.79)加热铆钉(图4.80),加热炉安放的位置应尽可能接近铆接部位。按照铆接顺序,把各种长度的铆钉依次摆放。加热2~3min,铆钉烧到暗黄色时(1050~1150℃)即可取出进行铆接。不得使用过热或加热不足的铆钉。

图 4.77　铆接前螺栓和冲钉临时固定

图 4.78　新构件更换后临时固定

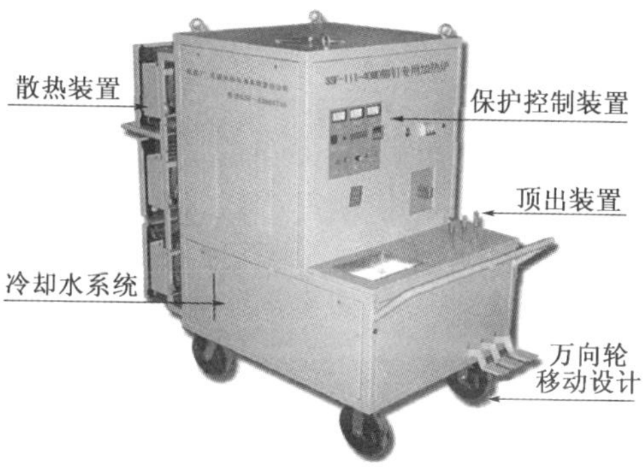

图 4.79　高频感应炉

图 4.80　烧钉

(5)接钉与穿钉

加热后铆钉的传递方法采用扔钉和接钉的方式(图 4.81)。因此烧钉工需熟练掌握扔钉技术,扔钉要做到稳和准,确认接钉工索取铆钉后再扔,以防漏接造成人身事故。向烧钉工索取铆钉时,可用穿钉钳在接钉桶上敲击两三下,给烧钉工发出扔钉信号,接钉时,应将接钉桶顺着铆钉运动方向,后撤一段距离,使铆钉得到缓冲,避免铆钉撞出桶外。

穿钉动作要迅速、准确,才能争取铆钉在高温下铆接,接钉后,快速用穿钉钳夹住靠铆钉头的一端,在硬物上敲掉铆钉上的氧化皮,将铆钉穿入钉孔内(图 4.82)。

图 4.81　接钉

图 4.82　穿钉

(6)顶钉

顶钉是在铆钉穿入钉孔后,用顶把顶住铆钉头的操作(图4.83)。顶钉的好坏将直接影响铆接质量高低。不论用手顶把还是气顶把,顶把上的窝头形状、规格都应与预制的铆钉头相符。"窝"宜浅些,以利于顶钉时,铆钉头于板件表面贴靠紧密。用手顶把顶钉时,动作要快,应使顶把与钉头中心成一直线,开始顶钉要用力,待钉杆镦粗胀紧,钉孔不易退却时,可减小顶把压力,并利用顶把的颠动反复敲击钉头,使铆接更加紧密。

图4.83　顶钉

顶钉时,操作者必须戴好手套和防护眼镜,顶把过热时,应浸入水中冷却。使用气顶把顶钉时,需掌握好开关,以免由于振动而使顶把失去作用。

(7)铆接

铆合时,铆钉枪必须与铆钉成一直线,要把窝头对正钉杆铆钉。铆合时应使钉杆切实填满钉孔,这主要取决于铆合开始时2~3s的"小风慢打"阶段。应使铆钉镦粗,塞满钉孔,然后快打,使之紧密,并铆打成钉头,最后用铆钉枪围绕铆钉周围转2~3圈,使钉头充分密贴钢板,并使之光洁。切忌先开大风快打或以断续急打来代替"小风慢打",否则会先打成铆钉头而不易镦满钉孔,待钉杆镦粗后加大风量,逐渐将钉杆外伸部分打成钉头形状。铆合作业愈快愈佳,锤击时间应在20s左右,务必使钉头在铆妥时仍呈暗红色(铆接的终铆温度控制在450~600℃之间),如铆合时间过长,铆钉就不易将钢板夹紧。铆合顺序为先铆没有螺栓、冲钉的孔,然后再去掉螺栓、冲钉,铆合其余钉孔,螺栓不得拆除过早、过远,以免板层产生缝隙。

如出现钉杆弯曲、钉头偏斜,可将铆钉枪对应倾斜适当的角度进行矫正,使钉头正位后,再将铆钉枪略微倾斜地绕钉头旋转一周击打,迫使钉头周围与构件表面密贴,但不允许过分倾斜,以免窝头刻伤构件表面。窝头与铆钉枪过热时,应更换备用铆钉枪及窝头。

铆钉枪的开关应灵活、可靠,禁止碰撞。应经常检查铆钉枪与风管接头的螺纹连接是否松动,如发现松动应及时紧固,以免发生事故。每天铆接结束后,应将窝头、铆钉枪保管好,以备再用。现场铆接详见图4.84、图4.85。

图4.84　铆好每一个铆钉

图4.85　铆合

2)施工设备及人员组织

铆接工具:铆钉枪、全固态电磁感应加热炉、风顶、储气罐、空压机、数显温度仪、风钻、铰刀、接钉斗、夹钉钳、烧钉钳、窝头、枪冲等(图 4.86)。加热炉是铆接前用来对铆钉进行加热的,常用的加热炉有焦炭炉、重油炉、电炉等。用焦炭炉、重油炉对铆钉加热时,铆钉的加热温度、加热时间等均由人工控制,对操作人员要求比较高,效率低且加热质量不易控制。本工程采用自动化程度比较高的全固态电磁感应加热炉,其具有加热速度快、效率高、因加热时间短而使工件表面无氧化层、操作简便、安全环保无污染、可以方便地控制加热温度和加热时间、容易保证加热质量和流水作业等优点。

a)铆钉枪　b)风钻　c)储气罐　d)电磁炉　e)风顶　f)窝头

图 4.86　铆接工具

人工组织:铆钉施工应分组进行,每组不得少于 4 人,其中 1 人负责加热铆钉及传递铆钉,另 1 人负责接钉与穿钉,其余 2 人 1 人顶钉、另 1 人掌握铆钉枪,共同协作完成铆接工作(图 4.87)。

图 4.87　铆接施工组织

3)施工工艺参数

根据铆接施工工艺试验的结果,结合铆接首件施工完成后的质量情况,确定本项目施工工艺参数如下:

(1)铆钉孔直径

根据铆接装配规范要求,直径 22mm 的铆钉要求钉孔按直径 23mm 钻制,铆钉孔加工公差按照 -0.1 ~ +0.4mm 执行。

(2)铆钉长度

铆钉长度计算公式(修正后):$L=1.1\sum\delta+1.5d$,其中$\sum\delta$为被铆接钢板总厚度,d为铆钉直径,符号意义如图 4.88 所示。

注:规范推荐的公式最后一项为 $1.4d$,根据本项目现场实际施工情况决定对其进行修正。

(3)铆钉加热温度

铆钉加热温度以 1050 ~ 1150℃为最佳(钢材加热至暗黄色),在施工过程中通过控制加热时间,采用目测钢火色(图 4.89)与红外线测温设备(图 4.90)相结合的方法对加热温度进行控制。

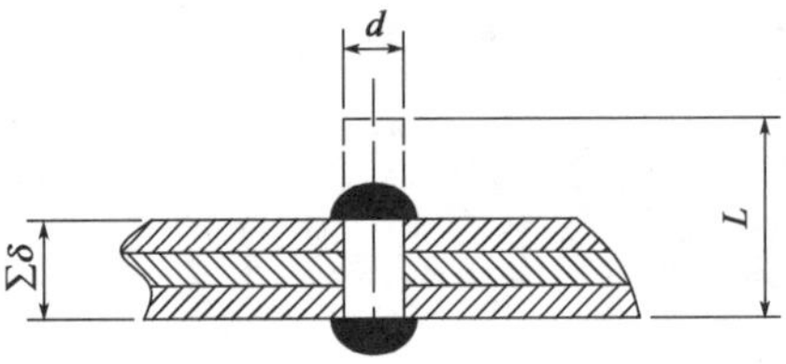

图 4.88　铆钉长度计算符号意义

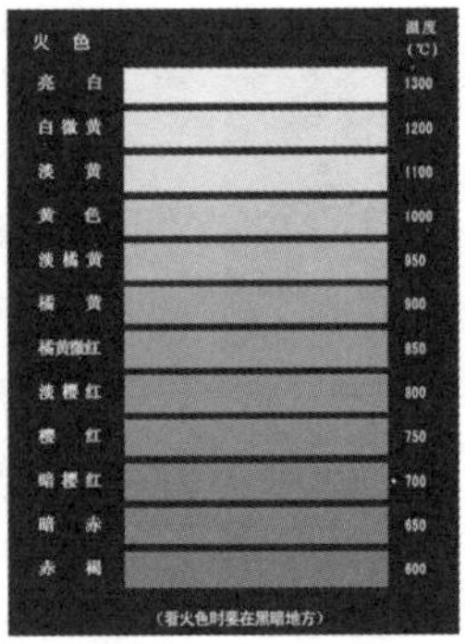

图 4.89　钢材火色与加热温度对照图

(4)施铆压力

施铆风压最低不得小于 0.6MPa,以 0.7 ~ 0.8MPa 为最佳,安排专人在空压机前值守,当压力不足时及时提醒施工人员停止作业,等压力回升后再继续施铆。现场施铆风压监测详见图 4.91,不同施铆风压下铆钉头外观详见图 4.92、图 4.93。

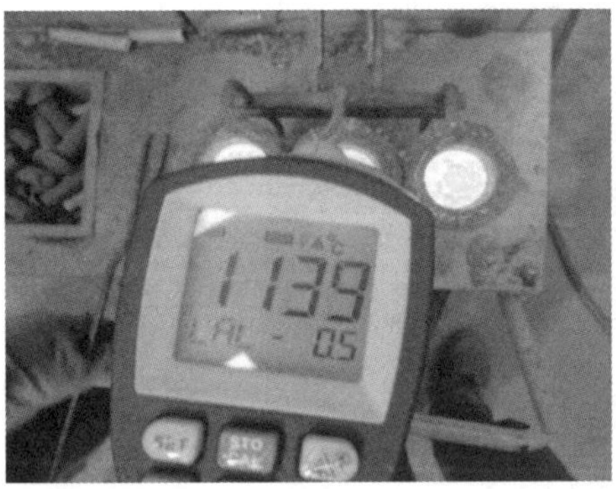

图 4.90　红外线测温设备

图 4.91　施铆风压监测

4.4.3　铆接试验

1)试验目的

(1)验证铆钉操作的合理性,验证铆接所用的加热炉、铆钉枪、顶把等设备的工作状态。

图 4.92　风压不足时铆钉头外观

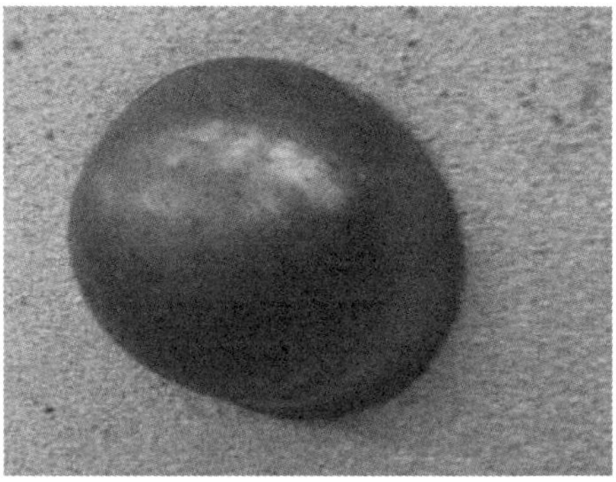

图 4.93　风压正常时铆钉头外观

(2)验证铆钉与板件的充实度、钉杆长度、钉杆直径与孔径的关系,同时对热铆温度进行测定。

(3)对试验过程中所有参数进行记录,按照铆接工艺评定试验报告最终确定的工艺参数对本桥施工全过程进行控制。

2)铆接试验件

铆接试验应选用与实桥施工相同的铆钉材料。选取本桥采用的 M16、M22 铆钉分别进行工艺试验。

第一组由三块厚度为 6mm 的试板用 M16 的铆钉铆接而成,如图 4.94 所示。

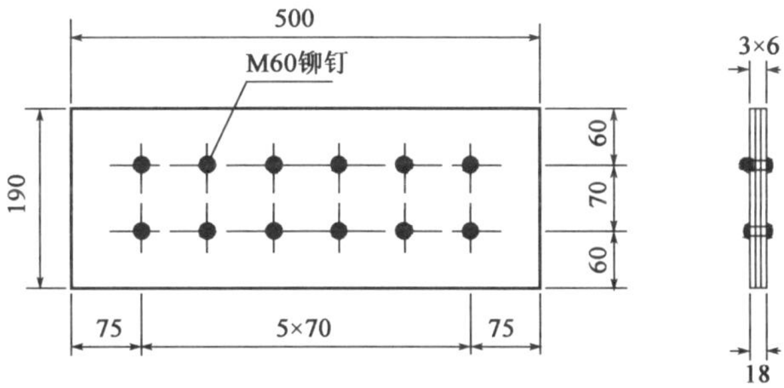

图 4.94　第一组试验件构造图(尺寸单位:mm)

第二组由 4 块厚度为 16mm 和 1 块厚度为 6mm 的试板用 M22 的铆钉铆接而成,如图 4.95 所示。

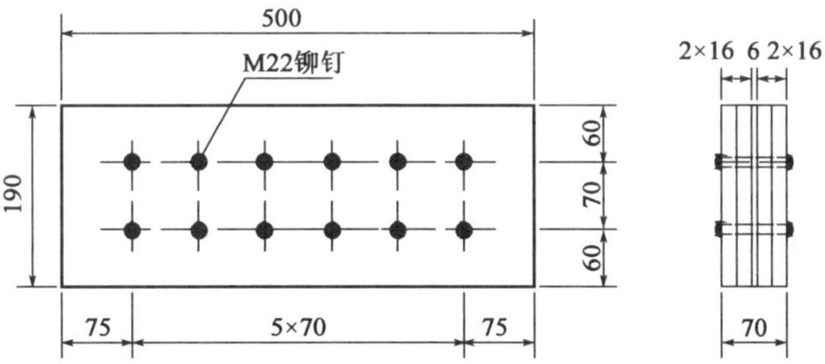

图 4.95　第二组试验件构造图(尺寸单位:mm)

3）铆接试验结果

施铆完成后照片见图4.96，沿铆钉中心切开试板断面见图4.97，铆钉充实度检测见图4.98。

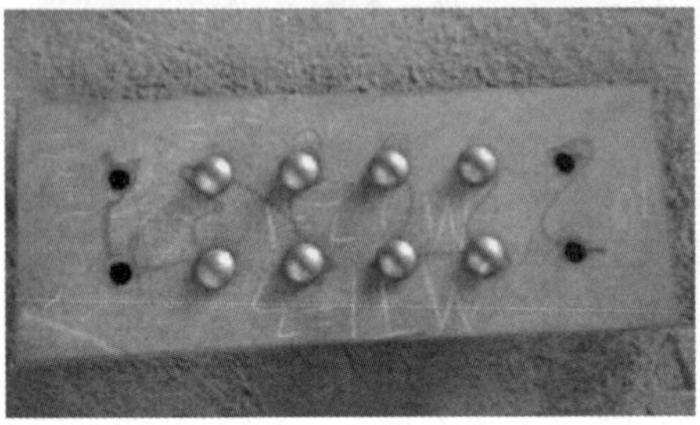

图4.96 施铆完成

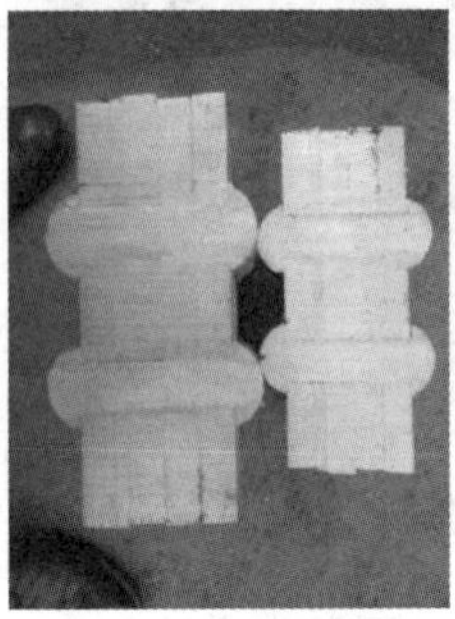

图4.97 试板断面（沿铆钉中心切开）

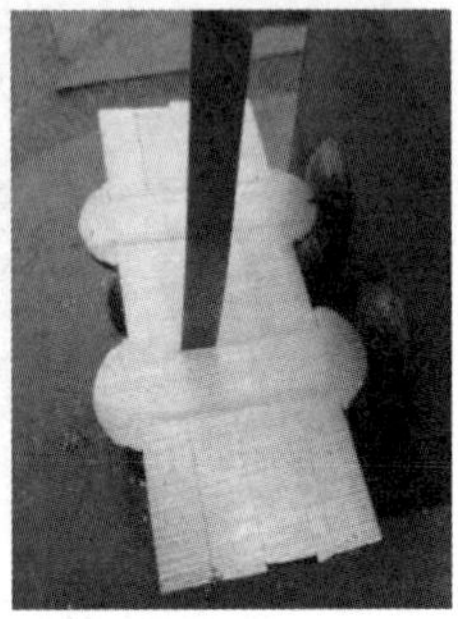

图4.98 充实度检测

试验结果如下：

（1）已试验的铆接接头均为本桥中典型的铆接连接形式，能够代表全桥铆接形式。

（2）拟投入本项目的铆钉加热炉、铆钉枪（包含窝头）、顶把等铆接设备工作状态良好，能满足本工程施工的要求。

（3）本试验所用铆钉经检验，各项指标均满足设计要求，可应用于浙江路桥大修工程。

（4）试验件的钉头经外观检验、尺寸检验，质量合格，试验所确定的铆钉的充实度、钉杆长度、热铆温度等参数能应用于本工程的施工。

（5）以上铆接试验结果可以作为编制《浙江路桥大修工程铆接施工作业指导书》的依据。

4.4.4 验收标准

1）铆接工艺验收标准

质量验收参考标准主要有：

《铁路钢桥制造规范》（Q/CR 9211—2015）

《铆钉技术条件》（GB 116—86）

《半圆头铆钉（粗制）》（GB 863.1—86）

《优质碳素结构钢》（GB/T 699—2015）

《铁路桥隧建筑物大修维修规则》（铁运〔2010〕38号）

《铁路桥隧建筑物状态评定标准》

《浙江路桥大修工程钢结构制造加工、安装技术要求》

2）铆钉质量检验

铆钉质量检验是重要的环节，检查的方式分为外观检测、锤击检查、铲钉抽查，具体如下所示。

（1）外观检查

用钉头规卡度量钉头外形是否合格；用肉眼可观测钉头缺陷，如钉头裂纹、锈蚀烂头、打伤钢板、钉头飞边及歪斜等，并用弦线及千分卡尺、钢尺等测量其数值。铆钉头与钢板不密贴可用塞尺检查。

（2）锤击检查

①听音：用0.2～0.4kg检查小锤敲击钉头，如发出哑声或振动的声音，即是松动的铆钉。

但这个方法不易掌握,要多敲多听,重敲细辨,屏气静听,才能辨别。

②敲摸:用手指按住钉头的一侧,用检查锤敲打钉头的另一侧,如果感到振手或铆钉颤动则是松动的铆钉。若没有把握,也可使用一根圆头棒来帮助。圆头棒是一根长120mm的铁棒,圆头直径12mm。敲打时把圆头棒贴紧被敲打钉头的一侧,如果铆钉松动,则圆头棒会跳动。

③铲钉抽查:对上下弦杆每个节点或部位抽查2~4个铆钉。铲除钉头,冲出钉杆,按杆长分段测量三个断面直径。同样用测径内规测量相应钉孔的直径,求算孔径及钉径平均值,两平均值之差不得超过0.4mm,且同一截面的相应直径差不得超过0.6mm。不合格者应补铲铆钉再检查,铲下钉数中有80%以上合格者,方符合质量标准。

由于锤击检查对握距较大的铆钉,很难正确判断钉杆是否填满钉孔,故厚板束铆合时采用铲钉法检查,铲钉应选具有代表性的铆钉进行。

铆钉检查应注意以下方面:

①成品检查验收按《钢结构工程施工及验收规范》(GB 50205—2001)。

②检查成品的外观质量,孔周围的飞边、毛刺应清除干净,暴露在外部的气切切口要用砂轮磨平。

③钉头检验:

a. 钉头顶部不允许有影响使用的金属小凸起。

b. 钉头表面不允许有超过0.2mm厚度的氧化皮。

c. 钉头表面应光洁、顺滑,无明显压痕。

④铆钉抽检:抽检数量每节点不少于10%。可采用外表检查法,必要时用放大镜检查裂纹。也可以敲击铆钉头,发出咣咣的响亮声,说明铆钉尚好,敲击松弛铆钉时会伴随着微弱颤动。铆钉出现松动,钉头出现裂纹、浮高为不合格铆钉。

⑤经全面自检合格并填好自检记录后,请专检人员进行检验,确认合格后,方可进行下一道工序。

铆钉检验项目详见表4.9。应针对铆接施工的常见缺陷进行预防并加以消除,详见表4.10。

铆 钉 检 验 项 目 表4.9

序号	项 目	示 意 图	容 许 限 度
1	用锤敲打时钉头振动	图4.99	不容许
2	钉头周围全部与杆件不相密贴	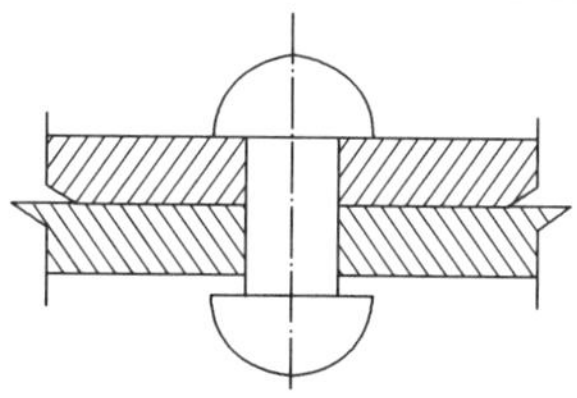	不容许
3	钉头周围局部与杆件不相密贴	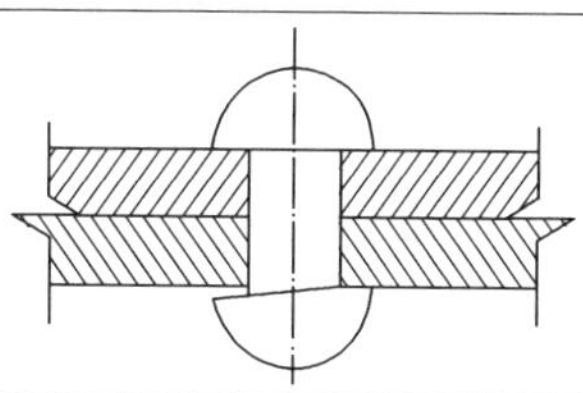	不容许

续上表

序号	项　　目	示　意　图	容 许 限 度
4	钉头周围经过修整后内部空虚		不容许
5	钉头裂纹	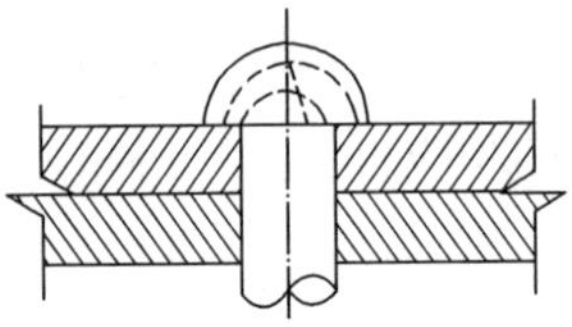	不容许
6	打伤钉头	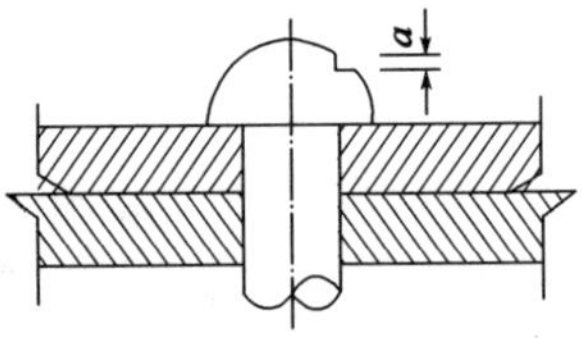	$a<2$mm
7	钉头偏心	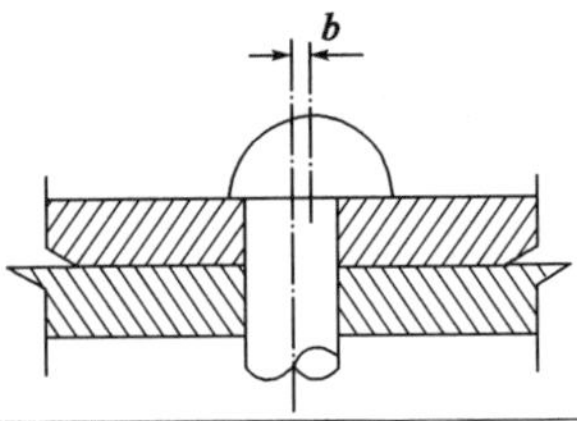	$b<0.1d$
8	钉头周围部分不圆整	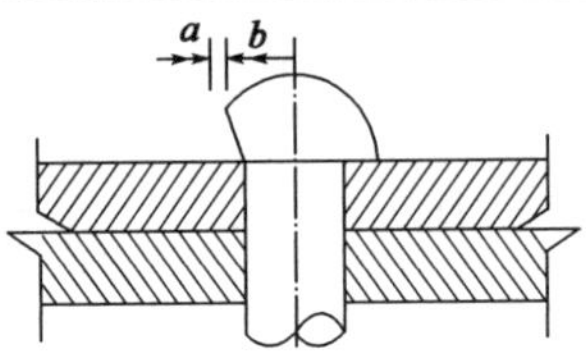	$a+b<0.15d$
9	钉头周围全部不圆整	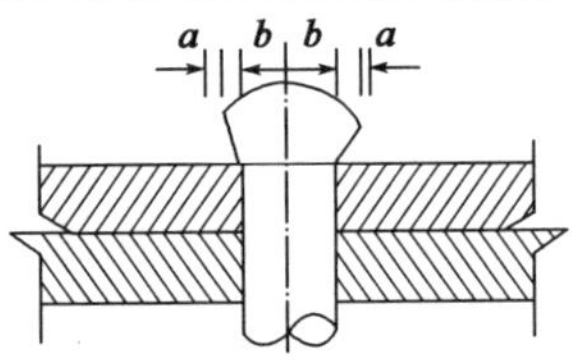	$a+b<0.1d$
10	钉头小	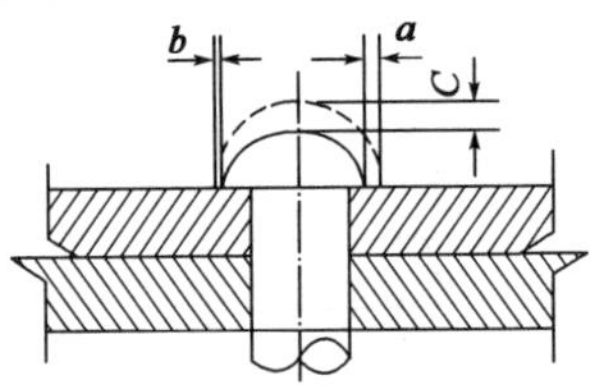	$a+b<0.1d$ $C<0.05d$
11	钉头高	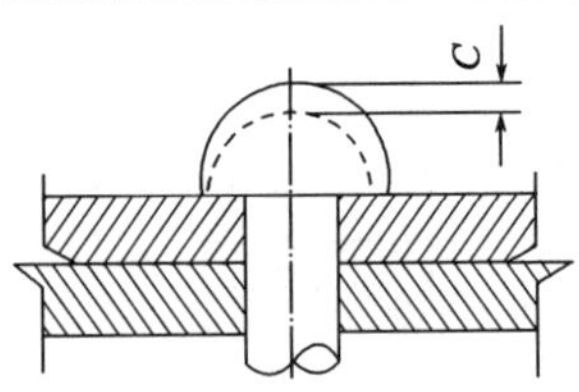	$C<3$mm

续上表

序号	项　　目	示　意　图	容　许　限　度
12	钉头有飞边	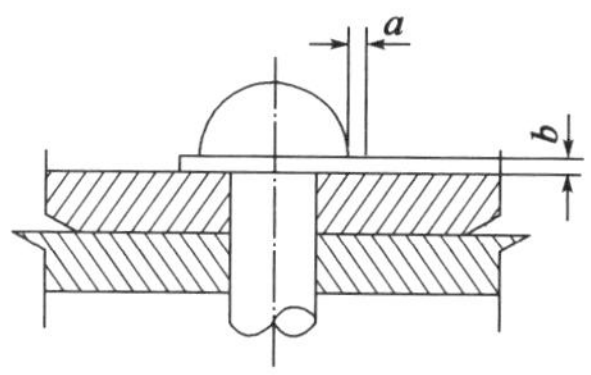	$a<3$mm $b=0.5\sim3$mm
13	窝头伤及钢料	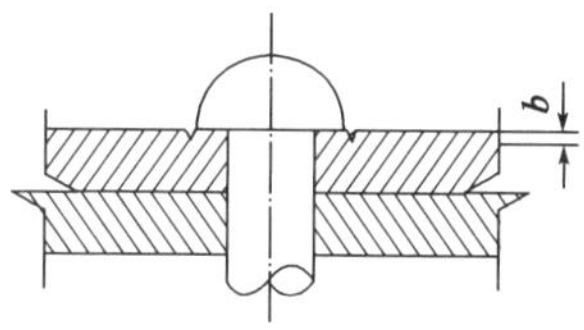	$b<0.5$mm
14	钉头不平或麻面	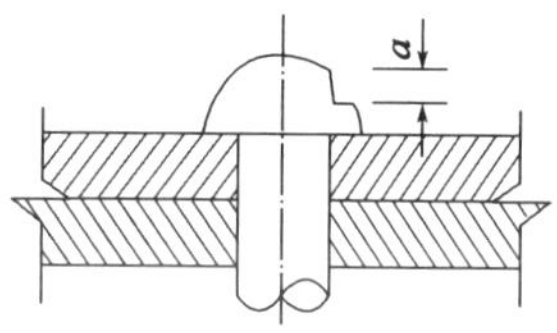	$a<0.5$mm
15	沉头钉钉头凸出	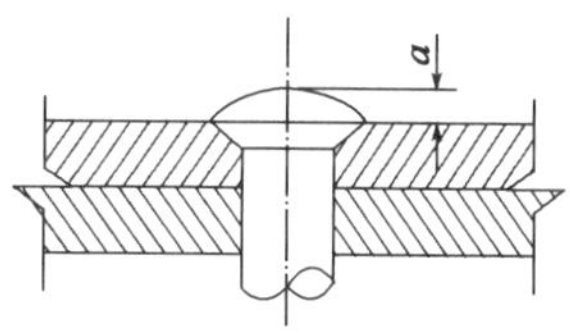	$a<0.5$mm
16	沉头钉钉头凹进	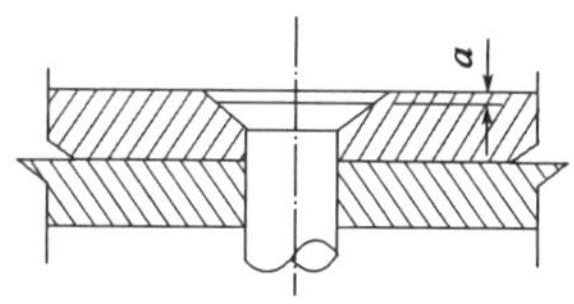	$a<0.5$mm
17	沉头四周或局部不紧贴	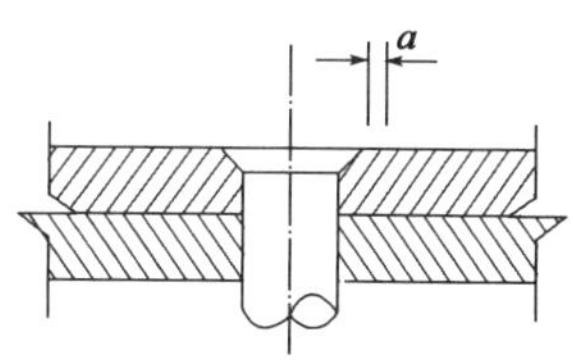	$a<0.1d$

注:1. 密贴检查用0.1mm塞尺。

2. 表中d为铆钉直径。

铆接施工时常见缺陷及预防措施表 表4.10

缺陷形式	缺陷图示	产生原因	预防措施	消除方法
铆钉头与镦头不在同一轴线上	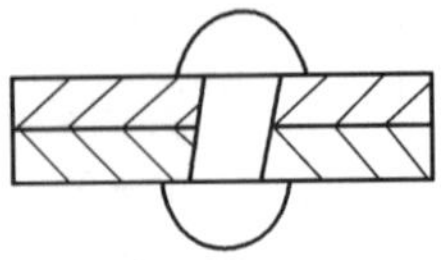	(1)铆接时风枪未放垂直； (2)风压过大使钉杆弯曲； (3)钉孔倾斜	(1)开始铆接时小开风门； (2)风枪与钉杆中心同轴； (3)钻、冲孔时刀具与构件垂直	偏心≥0.1d时，更换铆钉
铆钉头四周未与铆接构件表面密合	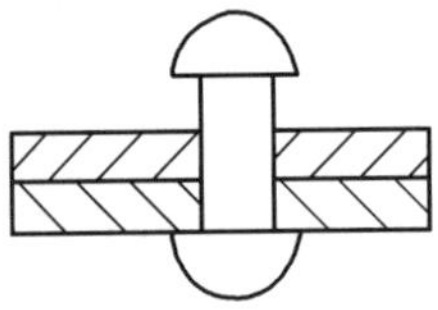	(1)孔径过小或钉杆有毛刺； (2)风压不够； (3)顶钉力量不够或未顶严	(1)铆接前先检查孔径； (2)引钉时消除钉杆毛刺和氧化皮； (3)风压不足时停止铆接； (4)开始铆接时小开风门	更换铆钉
铆钉头有一部分未与铆接构件表面密合	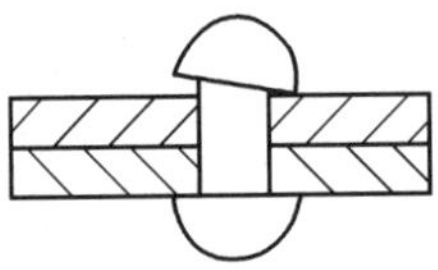	(1)铆窝头偏斜； (2)钉杆长度不够	(1)风枪保持垂直； (2)计算好钉杆长度	更换铆钉
构件被铆钉胀开	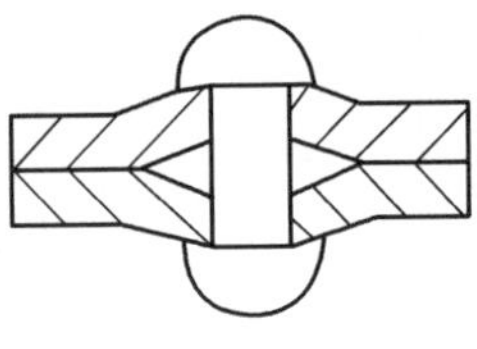	(1)构件相互贴合不严； (2)螺栓未紧固或松得太快； (3)孔径过小	(1)铆接前先检查构件是否贴合和孔径大小； (2)紧固螺栓及铆接后再拆除螺栓	更换铆钉
铆钉形成突头及刻伤板料	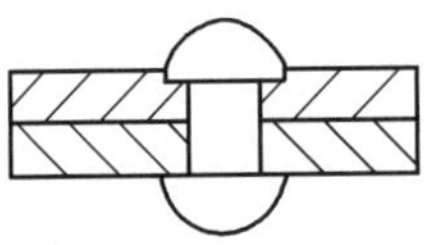	(1)风枪防止不垂直； (2)钉杆长度不足； (3)铆窝头过大	(1)铆接时风枪保持垂直； (2)计算好钉杆长度； (3)更换铆窝头	更换铆钉
铆钉杆在钉孔中弯曲	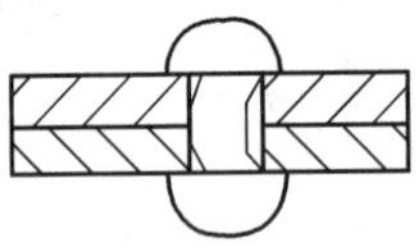	铆钉与钉孔配合间隙过大	(1)选用适当的铆钉； (2)开始铆接时小开风门	更换铆钉
铆钉头与头上镦有裂纹	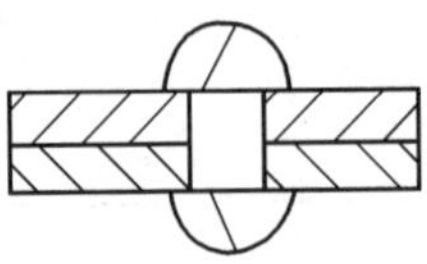	铆钉材料塑性不好	检查铆钉材质，实验铆钉的塑性	更换铆钉

续上表

缺陷形式	缺 陷 图 示	产 生 原 因	预 防 措 施	消除方法
铆钉头周围有帽缘	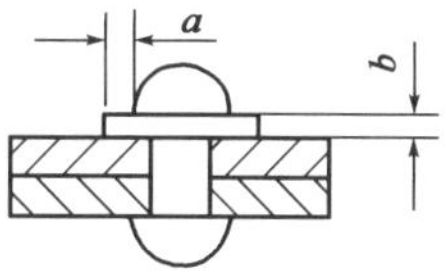	(1)钉杆太长； (2)铆窝头太小； (3)铆接时间过长	(1)计算好钉杆长度； (2)更换铆窝头； (3)减少过多的击打	$a \geqslant 3$mm、 $b \geqslant 1.5 \sim 3$mm、 更换铆钉
铆钉头过小，高度不够	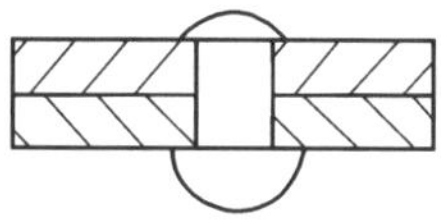	(1)钉杆较短或孔径过大； (2)铆窝头过大	(1)计算或按实际需要加长铆钉； (2)更换铆窝头	更换铆钉
铆钉头上刻有伤痕	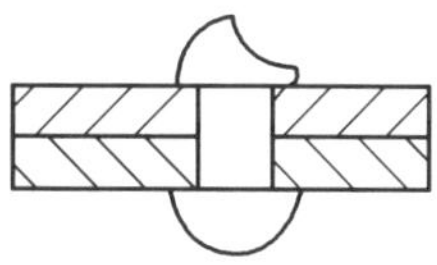	铆窝头击打在铆钉上	注意握紧风枪，防止跳动过高	更换铆钉
铆钉圆头位置偏移	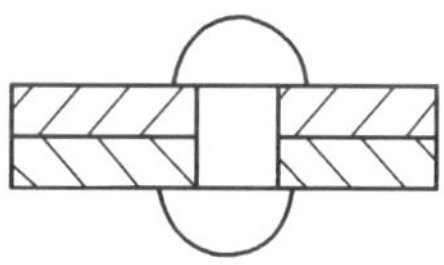	铆钉质量	控制材料质量	更换铆钉
铆钉头不成半圆形	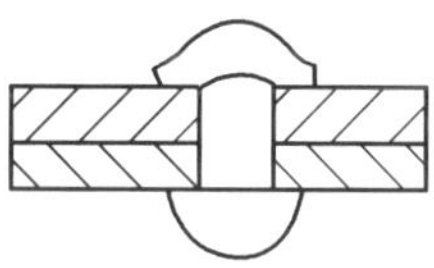	(1)开始铆接时按钉杆弯曲； (2)未将钉杆镦粗	开始铆接时风枪放置垂直，小开风门，镦粗成圆头时，则大开风门	更换铆钉

注：表中 d 为铆钉直径。

浙江路桥相关铆钉检验详见图4.99～图4.104。在对首件铆接施工过程中发现的问题进

图4.99　锤敲铆钉头检验

图4.100　钉头密贴度检测

行分析总结的基础上，对前期铆接工艺中的铆钉孔尺寸、铆钉加热温度以及施铆风压等主要施工参数进行了适当的调整和优化，优化后的铆接施工工艺更具有针对性，能够确保浙江路桥大修工程铆接施工质量满足设计及规范的要求。

图4.101　钉头直径测量

图4.102　钉头高度测量

图4.103　钉头周围部分不圆整，清除重铆

图4.104　钉头飞边，清除重铆

4.5　涂 装 工 艺

4.5.1　钢材腐蚀机理

1)钢材腐蚀的分类

腐蚀是指材料和它所处的环境发生反应而使材料和材料性质发生恶化的现象，这种现象存在于金属及非金属材料上，其中金属材料的腐蚀较为常见。通常把金属材料的腐蚀定义为金属与周围环境(介质)之间发生化学作用或电化学作用而引起的破坏或变质。

桥梁结构中最为常见的金属腐蚀主要是钢结构的腐蚀，而钢结构的腐蚀会引起构件截面变小，承载力下降最终导致结构破坏。按照材料所处的腐蚀环境来分，钢结构的腐蚀可分为大气腐蚀、土壤腐蚀、海水腐蚀等。按照腐蚀形态，可分为均匀腐蚀和局部腐蚀。其中局部腐蚀按照其条件、机理和表现特征可分为电偶腐蚀、点蚀、缝隙腐蚀、晶间腐蚀等。局部腐蚀大多会导致结构的脆性破坏，大大降低结构的耐久性。其中缝隙腐蚀较为常见，由于不同构件之间、钢构件与非金属表面之间存在裂缝，容易发生缝隙腐蚀，钢结构的缝隙腐蚀最敏感的缝宽为0.025～0.1mm。常见的缝隙腐蚀形式有铆接、衬垫和颗粒沉积等。按照材料的腐蚀过程，钢结构的腐蚀又可分为电化学腐蚀、化学腐蚀和应力腐蚀。通常情况下钢结构的腐蚀以电化学腐蚀为主。

2）电化学腐蚀

钢结构腐蚀的电化学本质就是钢材中的铁在腐蚀介质中通过电化学反应被氧化成正的化学价状态。钢构件处在腐蚀介质中，由于钢材本身物理及化学性质的不均匀性，容易在钢材表面局部相邻质点中形成电极电位差，构成腐蚀电池，电化学腐蚀便开始了。当腐蚀电池的阳极和阴极在金属表面不规则地随机分布时，便发生均匀腐蚀；当腐蚀电池的阳极区面积较小而阴极区的面积相对很大时，便发生局部腐蚀。局部腐蚀增加了钢结构脆性破坏的可能性，大大降低了结构的耐久性，因此，局部腐蚀的危害更大，更应该引起钢结构从业人员的注意。

在电化学腐蚀过程中，钢材中的铁元素作为腐蚀电池的阳极释放电子形成铁离子，经过一系列的反应最终形成铁锈。反应方程式如下。

阳极：$Fe \longrightarrow Fe^{2+} + 2e^-$

阴极：$2H^+ + 2e^+ \longrightarrow H_2$；$O_2 + 2H_2O + 4e^- \longrightarrow 4OH^-$

上述反应生成的 $Fe(OH)_2$ 经过后续的一系列反应生成 $Fe(OH)_3$，最终脱水生成铁锈的主要成分 Fe_2O_3。铁锈疏松、多孔，体积约膨胀4倍。

综上所述，可以看出电化学腐蚀的形成至少需要以下条件：

（1）在钢结构表面不同区域之间（宏观、微观）存在电位差。

（2）钢结构表面接触湿气、水、酸雨、含盐分雾、液等。

（3）钢结构表面接触大气，特别是氧气。

因此，可以通过人为施加影响，杜绝电化学腐蚀过程所依赖的条件以减缓腐蚀速度和程度。

3）防腐蚀措施

钢结构的腐蚀是一个普遍存在的现象，它会降低结构承载力，如果不注意维护，很容易引发事故，造成生命和财产的损失。当今常用的防腐措施主要分为三个方面：提高钢材的耐腐蚀性；使用防腐涂料和金属镀层；阴极保护。根据浙江路桥的结构特点，采用金属镀层和防腐涂料的防腐蚀方法。该防腐措施是在钢材表面形成涂层或镀层，用来隔绝钢材，使腐蚀介质无法与钢材相接触，从而达到防腐的目的。

4.5.2 技术要求

1）总体要求

钢结构防腐涂装体系有效使用寿命总体要求不低于25年。在桥体的除锈和喷漆作业中，需极力"照顾"钢结构桥体的"死角"。在过去历次大修中，这些"死角"往往缺乏"关照"，因此锈蚀最为严重。在此次大修作业中，因地制宜，配合施工工具改造，确保锈蚀的死角"一个不落"，重新进行表面喷砂及涂装。

2）钢结构涂装体系

钢桁梁保留的老构件采用环氧富锌底漆＋环氧云铁中间漆＋聚氨酯面漆的涂装方案，新制构件采用电弧喷铝+环氧封闭漆+环氧云铁中间漆+聚氨酯面漆的涂装方案。不同部位具体涂装体系见表4.11~表4.16。

保留的构件(主桁)涂层配套方案 表4.11

涂　　层	产品名称(或设计要求)	干膜厚度(μm)
表面净化处理	无油、干燥	
表面除锈	除锈等级 Sa2.5	
	表面粗糙度 Rz30~75μm	
底漆	环氧富锌底漆	80
中间漆	环氧云铁中间漆	120
面漆	聚氨酯面漆	50
面漆	聚氨酯面漆	50
干膜总厚度		300

新制构件的涂层配套方案(钢桥面板顶面除外) 表4.12

涂　　层	产品名称(或设计要求)	干膜厚度(μm)
表面净化处理	无油、干燥	
表面除锈	除锈等级 Sa2.5	
车间底漆	无机硅酸锌车间底漆	25
二次表面处理	除锈等级 Sa3.0	
	表面粗糙度 Rz60~100μm	
底涂层	电弧喷铝	150
封闭层	环氧封闭漆	50
中间漆	环氧云铁中间漆	150
面漆	聚氨酯面漆	50
面漆	聚氨酯面漆	50
干膜总厚度		250

拆开的铆钉接合面涂层配套方案(对于新制构件) 表4.13

涂　　层	产品名称(或设计要求)	干膜厚度(μm)
表面净化处理	无油、干燥	
表面除锈	除锈等级 Sa3.0	
	表面粗糙度 Rz60~100μm	
底涂层	电弧喷铝	120

拆开的铆钉接合面涂层配套方案(对于保留的主桁杆件) 表4.14

涂　　层	产品名称(或设计要求)	干膜厚度(μm)
表面净化处理	无油、干燥	
表面除锈	除锈等级 Sa2.5	
	表面粗糙度 Rz50~80μm	
底涂层	无机富锌底漆	80

钢桥面U形肋内表面涂装体系(此部位密封)　　表4.15

涂　　层	产品名称(或设计要求)	干膜厚度(μm)
表面净化处理	无油、干燥	
表面除锈	除锈等级 Sa2.5	
	表面粗糙度 Rz40～80μm	
车间底漆	无机硅酸锌车间底漆	25
干膜总厚度		25

钢桥面板顶面涂层配套方案　　表4.16

涂　　层	产品名称(或设计要求)	干膜厚度(μm)
表面净化处理	无油、干燥	
表面除锈	除锈等级 Sa2.5	
	表面粗糙度 Rz50～80μm	
车间底漆	无机硅酸锌车间底漆	25
二次表面处理	除锈等级 St3.0	
	表面粗糙度 Rz50～80μm	
底涂层	环氧富锌底漆	100

以上涂装体系中,聚氨酯面漆应具有可复涂性;表中干膜总厚度不含车间底漆的厚度。无机硅酸锌车间底漆、环氧封闭漆、环氧云铁中间漆、丙烯酸脂防族聚氨酯面漆技术要求和试验方法需符合《公路桥梁钢结构防腐涂装技术条件》(JT/T 722—2008)的规定。各防腐产品须提供国家涂料监督检测中心权威机构出具的检测报告。

3)厂房内老桥构件除锈

厂房内喷砂除锈主要有如下几个方法。

抛丸:采用抛丸机,设备大,不便设置于现场,用于厂内预处理,抛丸后2h内涂装车间底漆。

喷砂:采用喷砂机,设备小,可设置于现场。可喷钢砂(钢丸)或铜矿砂。钢砂(钢丸)扬尘较小,铜矿砂扬尘较大。

射水:采用高压水设备,可以除去氧化皮、铁锈以及旧涂层,除锈质量好,无粉尘污染,不损伤钢板,无须逐个拆散构件,提高除锈效率。缺点是不能产生额外的粗糙度,除锈后的钢板易返锈。

本工程涂装在浙江路桥北岸厂房内进行,结合施工条件及性能要求最终采用了喷砂除锈工艺。

4)施工工艺

涂装施工工序见图4.105。

(1)在正式涂装前应进行涂装工艺试验,试样面积不小于1m²,试验检测内容与方法见《铁路钢桥保护涂装及涂料供货技术条件》(TB/T 1527—2011),详见图4.106。

(2)为确保涂装质量与防止环境污染,要求除锈与涂装作业在分开的室内车间进行。

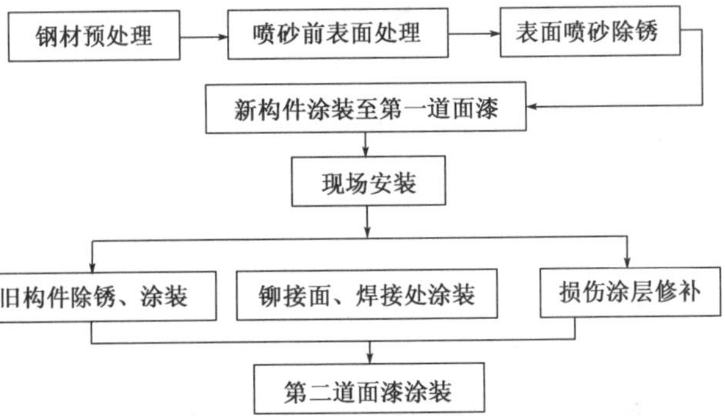

图4.105　涂装施工工序

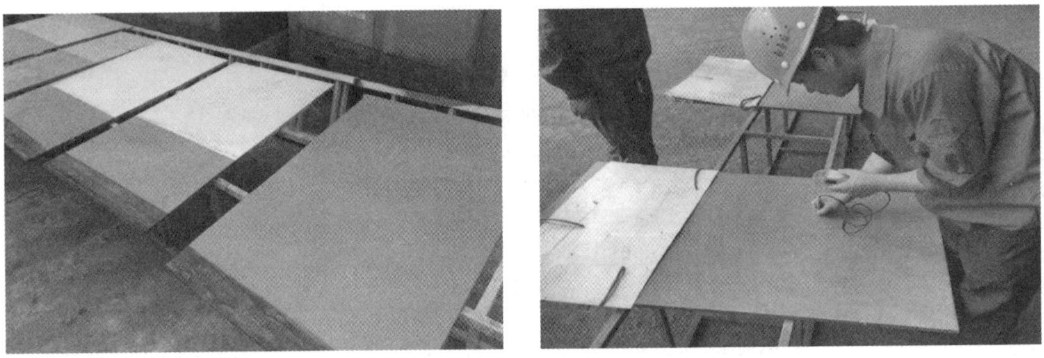

图4.106　涂装工艺试板

(3)现场焊接接缝处每侧留出50mm宽不涂装,但需做必要保护,待现场焊接完毕,方可进行涂装。工地焊接接缝处除锈与涂装要求与工厂相同。

(4)最后一道面漆在主梁改造完成后涂装,并防止其他工序施工污染漆面。最后一道面漆施工前应对运输、安装过程中破损的涂层进行修补。

(5)接缝或拼装空隙,应以原子灰等封闭后,再施涂面漆。

(6)铆钉部位特殊处理。主桁构件铆钉头为半圆形,往往成为防腐涂装的薄弱环节。应逐个铆钉进行局部人工打磨,加强该部位清洁度及粗糙度检测,并逐一进行防腐涂装(图4.107、图4.108)。

图4.107　逐个铆钉人工打磨

图4.108　逐个铆钉人工涂刷

(7)电弧喷铝技术要求

①材料要求。

涂装材料应具有出厂质量证明书,并符合设计要求,必须提供材料规格及说明书,包括存放要求、限期、质量检测要求等。喷涂用铝丝材质应采用纯铝,符合《变形铝及铝合金化学成分》(GB/T 3190—2008)的要求,含铝量为99.5%。喷砂磨料应按《热喷涂金属零部件表面预处理通则》(GB 11373—89)中规定,必须是清洁、有棱角的钢砂。压缩空气必须清洁干燥。铝丝、涂料生产单位必须具有ISO9000认证证书。

②表面净化处理。

表面净化处理的质量要求应达到干燥,无灰尘、油脂、污垢、锈斑及其他包括可溶性盐类在内的污染。按《热喷涂金属零部件表面预处理通则》(GB 11373—89)标准执行。

③表面除锈处理。

除锈质量应达到《涂覆涂料前钢材表面处理 表面清洁度的目视评定 第1部分:未涂覆过的钢材表面和全面清除原有涂层后的钢材表面的锈蚀等级和处理等级》(GB 8923.1—2011)中的Sa3的要求,表面必须呈灰白色的金属光泽。

④粗化处理。

粗化处理的质量标准,应达到《热喷涂金属零部件表面预处理通则》(GB 11373—89)中要求,Rz60~100μm。压缩空气:粗化处理采用空压机,要配备除湿、除油净化设备。穿压机要与尘土飞扬的操作场地分离,喷砂环境温度高于5℃,基面实际温度高于露点温度3℃。喷砂后应及时进行喷涂,粗化后至开始电弧喷涂的间隔时间不得超过5h。应在室内或干燥的环境喷涂。经过粗化处理的表面应立即进行一次性连续喷涂作业,因特殊原因而中途停止喷涂,对于尚未施喷的粗化表面,检查其是否生锈,如发现生锈必须再喷砂除锈,以达到标准要求。

⑤电弧喷涂。

喷涂前的准备工作:喷涂工人进行技术培训,学习工艺和操作规程,持证上岗;检查电源、空压机、风包、喷枪等性能和试运转情况;根据工艺要求进行试喷,经检查合格后,方可开始喷涂;检查表面预处理质量;进行环境测定。

电弧喷涂工艺参数(以工艺评定为准,如下参数供参考):电弧喷涂电流100~300A,电弧电压24~34V,雾化气体气压0.5MPa以上,喷涂距离150~200mm,喷涂角度大于60°,喷涂过程中基表温度小于200℃,喷涂气温5℃ $<t<$ 35℃,湿度小于80%。厂内电弧喷铝见图4.109。

图4.109 电弧喷铝施工

涂层后处理:涂层后处理是指喷涂后涂层缺陷修复处理,如涂层表面出现裂纹、鼓泡、脱落、起皮、反锈等缺陷,一定要用扁铲铲掉,并局部再次喷砂,粗化合格后重新喷涂。

电弧喷涂层结合力:电弧喷涂层结合力大小,取决于涂层能否长久有效地提供钢铁耐腐蚀保护,如果涂层结合不牢,涂层将失去意义。选择与施工完全一样的表面预处理工艺、喷涂工艺和质量控制要求,在施工现场对预先准备的结合力试件进行喷涂，经粘接后做拉伸试验。电弧涂层结合力应满足《金属和其他无机覆盖层热喷涂　锌、铝及其合金》(GB/T 9793—97)的规定。也可按《热喷涂　抗拉结合强度的测定》(GB/T 8642—2002)标准采用108型液压型附着力检测仪进行检测，但应保证其可靠性。

⑥封孔处理。

喷涂合格后应立即进行封孔处理，封孔前电弧喷涂表面不得有污染和水汽，封闭涂装应在露点温度3℃以上、相对湿度80%以下进行，雨天应停止封闭涂装作业，应在通风良好的环境下施工。封闭施工应分别进行预涂和封闭涂装两部分，对边角和死角地方采用手工提前进行涂刷，封闭时采用高压无气喷涂设备进行，第一道封闭涂层最好采用手工刷涂，以便封闭剂能更好地渗入铝涂层孔隙内。封闭涂层厚度无要求，涂覆的封孔剂至不被吸收为止。

5)施工环境要求

(1)油漆涂装之前与过程中必须对涂装表面进行清洁处理。

(2)一般情况下，涂料或锌、铝涂层最好在表面处理完成后4h内施工于准备涂装的表面上；当所处环境的相对湿度不大于60%时，可以适当延时，但最长不应超过12h；不管停留多长时间，只要表面出现返锈现象，应重新除锈。涂装施工环境温度应为5～38℃，空气相对湿度不应大于85%，并且钢材表面温度应高于露点温度3℃。施工环境温度为-5～5℃时，应采用低温固化产品或采用其他措施。特殊涂料施工时，环境要求应严格执行涂料产品说明书。

(3)应根据规范加强施工期间的环保、通风等。

4.5.3　质量检验

1)表面处理检测

喷砂除锈等级和表面粗糙度检测按《涂覆涂料前钢材表面处理　表面清洁度的目视评定　第1部分：未涂覆过的钢材表面和全面清除原有涂层后的钢材表面的锈蚀等级和处理等级》(GB 8923.1—2011)标准执行，必须达到Sa3级、Rz60～100μm(喷铝)或Sa2.5级、Rz40～80μm(油漆)，采用标准样块进行比较或用粗糙度仪检测。涂装试验件及桥梁粗糙度检测分别见图4.110、图4.111。

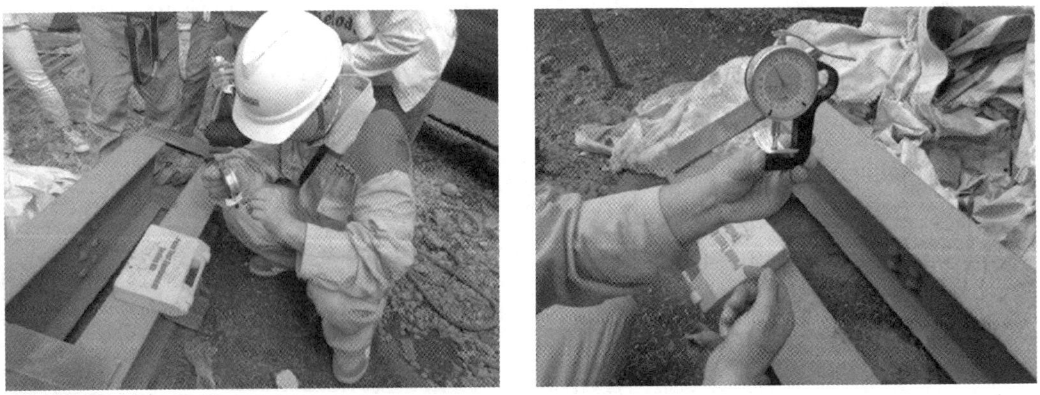

图4.110　试验件喷砂除锈后粗糙度检测

2)金属喷涂涂层质量检测

涂层厚度、涂层结合强度按《金属和其他无机覆盖层热喷涂　锌、铝及其合金》(GB

9796—97)标准执行。结合力也可按《热喷涂 抗拉结合强度的测定》(GB/T 8642—2002)标准采用108型液压型附着力检测仪进行检测,但应保证其可靠性。材料按《变形铝及铝合金化学成分》(GB/T 3190—2008)标准执行。密度按《金属和其他无机覆盖层热喷涂 锌、铝及其合金》(GB 9796—97)标准执行。

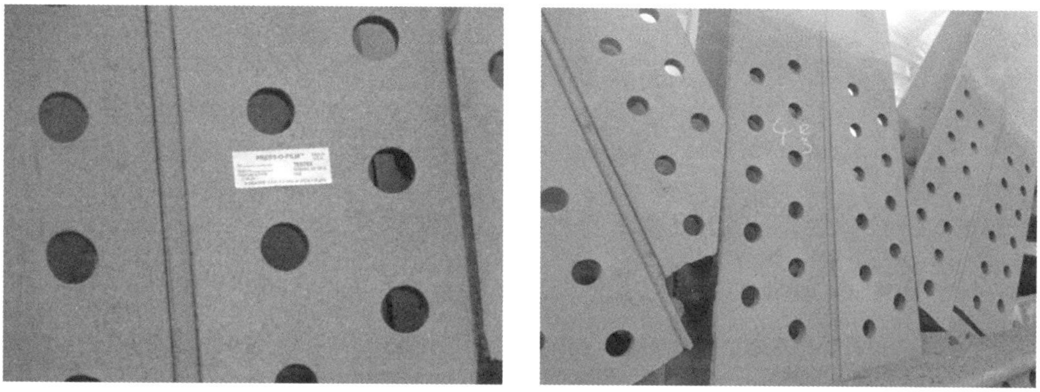

图4.111 桥梁节点喷砂除锈后粗糙度检测片及效果

3)有机涂层检测

涂层厚度按设计值、涂层结合强度按《色漆和清漆 漆膜的划格试验》(GB/T 9286—98)标准执行,其他检测内容见产品技术指标。现场检测见图4.112、图4.113。

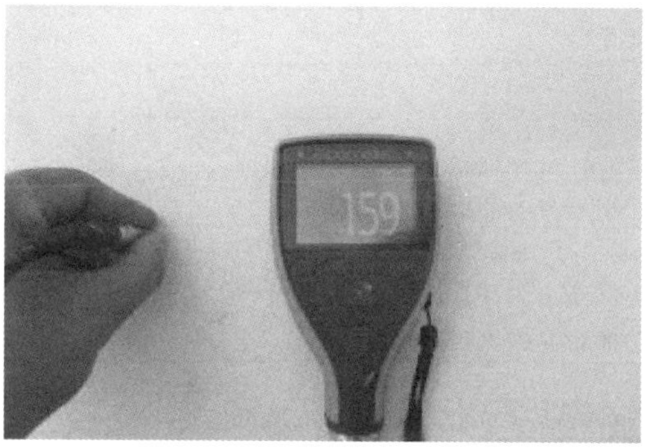

图4.112 涂层厚度检测

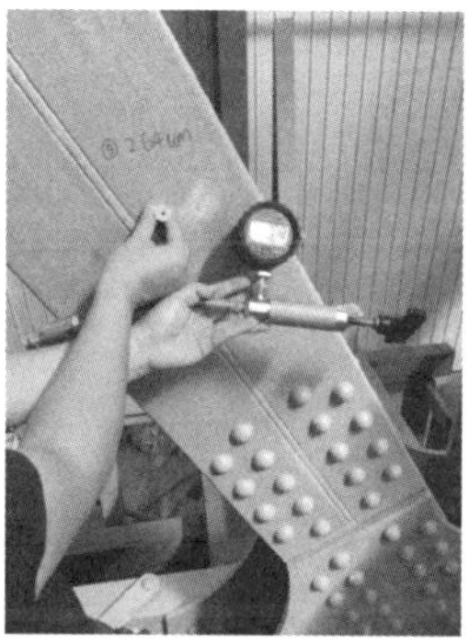

图4.113 现场拉拔试验

4)涂层质量要求及频率

涂层质量检测分三部分:涂层外观、涂层厚度、涂层附着力,具体要求见表4.17和表4.18。

涂层质量检测 表4.17

序号	项目	涂层类型	检测数量	质量标准
1	涂层外观	涂料涂层	全面	表面应平整、均匀一致,无漏涂、起泡、裂纹、气孔和返锈等现象,允许轻微橘皮和局部轻微流挂
		金属涂层		表面均匀一致,不允许有漏涂、起皮、鼓泡、大熔滴、松散粒子、裂纹和掉块等,允许轻微结疤和起皱

续上表

序号	项目	涂层类型	检测数量	质量标准	
2	涂层厚度	富锌漆涂层	抽检①	不应超过涂料生产厂家推荐的或产品说明书规定的上限	
		其他涂层		一般干膜厚度采用“85-15”规则判定，即允许有15%的测量值低于规定值，但每一单独读数不得低于规定值的85%。对于结构主体外表面可采用“90-10”规则判定。涂层厚度测定点的最大值不能超过设计厚度的3倍	
3	涂层附着力	复合涂层体系	抽检①	划格法(≤250μm)	不低于一级
				拉开法(>250μm)	≥3MPa
		环氧富锌涂料涂层		拉开法	≥5MPa
		无机富锌防锈防滑、水性无机富锌涂料涂层		拉开法	≥4MPa
		金属喷铝(铝合金)涂层		金属涂层划格法	方格内的涂层不与基体剥离
				拉开法	≥5.9MPa
		金属喷锌涂层		金属划格法	方格内的涂层不与基体剥离
				拉开法	≥3.5MPa

注：①涂层附着力检测属于破坏性实验，抽检频率执行设计文件或结合实际施工情况自行制定。

涂层厚度测量数量 表4.18

序号	涂装面积	最少测量单元数量	最少基准面数量
1	$0<S\leq10m^2$	1个	3个
2	$10m^2<S\leq20m^2$	2个	6个
3	$20m^2<S\leq30m^2$	3个	9个
4	$30m^2<S\leq100m^2$	随机选取3个$10m^2$	9个
5	$S>100m^2$	第一个$100m^2$，取3个，其余的每一个$100m^2$，任意选一个$10m^2$进行测量(最后不足$100m^2$的按$100m^2$计)	$9+(S/100-1)\times3$(个)

注：1. S为单个杆件或板单元涂装面积。

2. 若$S/100$计算结果小数点后不为0，则小数位按取整进1计入计算。

3. 涂层厚度测量时单个钢梁成品发运件以每个单件为一测量单元，单件涂装面积超过$10m^2$的，以每$10m^2$为一测量单元(剩余不足$10m^2$的按$10m^2$计)，每一个测量单元至少应选取三处基准表面，每一基准表面测量五点，取算术平均值。

4.6 钢桥面铺装

4.6.1 研究必要性

钢桥能充分发挥钢材强度等力学性能，结构轻巧，施工便捷，已经在我国市政道路工程得到越来越多的使用。然而，作为桥梁建设的配套工程，中小桥梁的铺装层研究并未受到重视。城市桥梁跨径小、转弯多、坡度大以及超载、慢载严重等特点，对钢桥面铺装的性能提出了特殊要求。近年来，我国一些科研单位和施工单位采用了比较先进的桥面铺装材料和技术，也有一些不成功的例子,原因在于盲目照搬国外经验,而忽视了我国跟国外气候和环境的差异,未对材料设计参数和性能进行合理的预估和分析评价,从而造成了损失。由于存在防水黏结层铺装体系不够完善、沥青铺装层结构设计和材料技术参数不够合理,以及铺装层材料的测试和评价方法不够科学等问题,沥青铺装层受到行车荷载和气候环境因素的综合、重复作用,易于过早发生损坏,影响到钢桥的整体受力功能和交通运输的正常运行,直接影响到地区的经济和社会效益。因此,钢桥桥面铺装材料和技术研究具有深远的意义。

钢桥面铺装也是本大修工程关注的问题之一。针对城市中小跨径钢桥面铺装的受力特点、荷载情况及上海特殊气候特点,研究探索了钢桥面铺装的典型材料和铺装结构,并比较了防水黏结层的性能,提出了钢桥面防水铺装新材料和施工工艺,为中小跨径钢桥面铺装设计施工提供了新经验。

4.6.2 受力特点及性能要求

1)受力特点

作为城市桥梁,除承受竖向车轮荷载,铺装层表面产生竖向位移、拉应变及层间剪应力外,慢载交通和频繁制动对铺装结构的受力也有显著的影响。这与转弯半径小、结构坡度大的结构特点密切相关:车辆在上坡时,动能化为势能,车速变慢(慢载),铺装层承受载荷时间将变长,运营温度也有所提高;车辆下坡和转弯路段,为确保安全,需采取制动措施,这就对铺装层产生较大的剪切应力,出现摩擦产热,易使面层产生拥包、车辙等病害。受坡度影响,车辆的重力将产生一个沿行车方向的分力,而车辆进入弯道时,还会由离心力产生沿径向的水平分力,这种特殊的受力要求铺装结构有更高的耐磨性、高温抗车辙性以及层间稳定性。

同时,转弯半径小、匝道坡度大的结构特点使得钢桥面铺装的施工难度增大。目前,钢桥面铺装通常采用环氧沥青防水黏结层,而为了保证铺装层材料与防水黏结层之间良好的黏结性能,在环氧沥青固化前就要摊铺和碾压铺装层,而在匝道转弯处,压路机会在铺装层与钢板之间施加较大的水平剪力,容易造成防水黏结层在未固化前就发生破坏,给铺装结构施工质量留下隐患。

对于钢桥面铺装来说,除正常铺装层自身温度变化影响外,钢桥结构的季节性温度变化严重影响铺装层的变形,钢材的导热系数要比其他材料大得多。沥青铺装层在全年极端高温和极端低温环境下将受到同一地区道路沥青路面所不具有的更不利影响。因此,气象条件对铺装层的影响很大。

通过对钢桥面系(含铺装)有限元分析,可得到如下基本结论:考虑制动情况,层间最大剪应力增加50%。铺装结构的下坡路段及转弯路段,在车辆制动产生的沿行车方向的水平力和离心力沿径向的水平力共同作用下,层间最大剪应力增大约140%。在超载的情况下制动对层间受力更为不利,增加了层间剪切破坏的可能。由此可见,城市中小桥的特点使铺装结构在转弯和大坡度处铺装结构的层间最大剪应力明显增加,增加了铺装层结构脱层损坏发生的可能性。

2)性能要求

针对以上中小跨径桥梁结构和承载特点[4,5],钢桥面铺装除了要满足普通沥青混凝土路面的基本要求外,还应满足与小跨径钢桥面弯道多、坡度大、慢载、制动频繁等特点相适应的技术性能,对钢桥面铺装材料提出了以下要求:

(1)足够的强度与刚度

为有效抵抗车辆荷载的作用,铺装层应具备足够的强度,同时还应具备适当的刚度以分散荷载并防止钢桥面板产生过大的局部变形。

(2)良好的变形协调性

在行车荷载与温度荷载的作用下,中小跨径钢桥竖向发生位移,且局部应力与变形复杂。为适应这种复杂的应力与应变情况,铺装层应具备较好的变形协调性。

(3)良好的抗疲劳性能

桥面铺装应具有良好的柔韧性,以适应车辆荷载作用下主梁总体变形以及正交异性钢桥面板的局部变形。为抵抗车辆荷载的反复作用,同时考虑到铺装的养护维修困难,铺装层应具备良好的抗疲劳性能。

(4)较好的高温稳定性与抗剪能力

在相同气候条件下,夏季钢桥面铺装的温度高于普通沥青路面,并处于高温的时间比后者长,因此对桥面铺装所用材料的高温稳定性和抗剪能力的要求比一般沥青混凝土路面高得多。

(5)良好的抗裂性能

在车辆荷载作用下,与荷载作用区域相邻的梯形加劲肋的桥面铺装表面将出现最大横向拉应力,邻近的横隔板顶部的铺装表面出现最大纵向拉应力,当应力超过材料强度时易造成开裂。当钢板的温度收缩系数与铺装材料的收缩系数相差较大时,也易造成铺装层的开裂。因此,铺装层必须具有良好的抗裂性能。

(6)与钢板黏结牢固

钢板与防水黏结层之间、防水黏结层与沥青铺装层之间都必须具有良好的黏结力,以保证铺装层与钢桥面在荷载作用下或温度变化发生时,各层能够作为牢固的整体而协同受力。

4.6.3 铺装结构设计

1)铺装结构组合

浙江路桥机动车道采用正交异性钢桥面板,桥面铺装采用双层 SMA 体系,即防水黏结层(0.5cm)+高弹性改性沥青 SMA10(4cm)+SBR 改性乳化沥青黏层+高弹改性沥青 SMA13(4.5cm),总厚度 9cm,详见表 4.19。

高弹 SMA13 + SMA10 铺装结构组合 表 4.19

结构层次	铺装材料	结构厚度
铺装上层	高弹性改性 SMA13 沥青混凝土	4.5cm
黏层	改性乳化沥青(PCR)黏层,喷洒 300 ~ 500g/m^2	—
铺装下层	高弹性改性 SMA10 沥青混凝土	4.0cm
防水黏结层	特殊改性沥青涂布类防水材料 Freshcoat(1.2kg/m^2); 溶剂型沥青橡胶黏结剂两遍 Caticoat,共 0.3 ~ 0.4L/m^2	0.3cm
	第二层环氧树脂 0.4 ~ 0.6mm,撒布 1.18 ~ 2.36mm 碎石,500 ~ 800g/m^2; 第一层环氧树脂 0.2 ~ 0.3mm,撒布 0.3 ~ 0.6mm 碎石,300 ~ 400g/m^2	0.2cm
钢桥面板	钢板表面抛丸处理,清洁度 Sa2.5 级,粗糙度 50 ~ 100μm	—

根据上下层铺装的功能不同,铺装上层和铺装下层 SMA 所采用的沥青结合料、矿料级配都不相同。下层矿料级配偏细,使混合料空隙率小,具有较高的强度和柔韧性,使铺装下层具有良好的变形随从性、抗裂性能和防水性。上层矿料级配偏粗,混合料具有良好的骨架结构,使铺装上层具有良好的抗车辙和抗水损害性能。

如前所述,对钢桥面铺装上层和下层的 SMA 分别提出了不同的性能要求,下层 SMA 的空隙率和矿料间隙率均比上层小,在集料级配组成设计时,可以通过调整粗细集料比例及沥青用量,来满足这两个体积指标的要求。因此,SMA 沥青混合料的设计方法有别于传统马歇尔方法,它以体积指标作为控制指标,以各项力学指标作为验证指标。钢桥面铺装层 SMA 沥青混合料的设计流程见图 4.114。

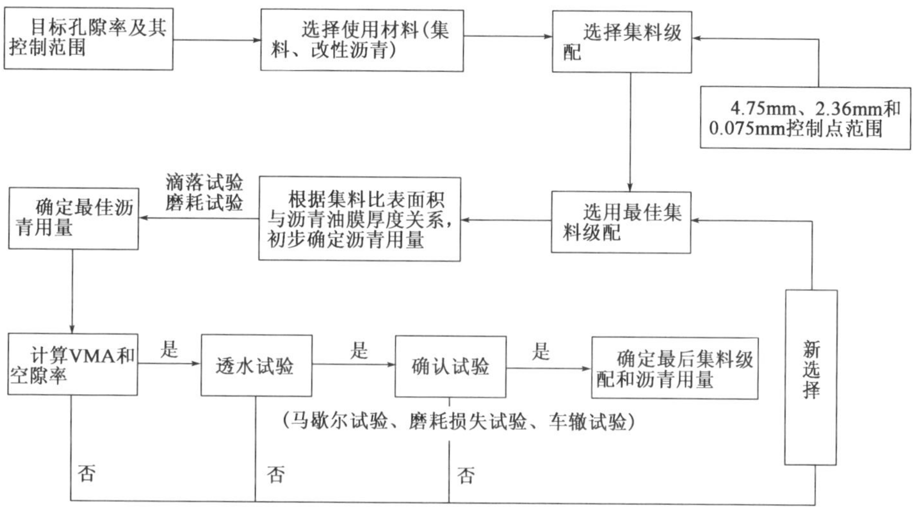

图 4.114 SMA 沥青混合料的组成设计流程图

根据各档集料的筛分试验结果,对 SMA 矿料级配进行设计,得到铺装上层和下层 SMA 沥青混合料的矿料比例:铺装下层 SMA10,0 ~ 2.36mm∶2.36 ~ 4.75mm∶4.75 ~ 9.5mm∶矿粉 = 16∶15∶58∶11,聚酯纤维量为混合料质量的 0.2%。铺装上层 SMA13,0 ~ 2.36mm∶2.36 ~ 4.75mm∶4.75 ~ 9.5mm∶9.5 ~ 13.2mm∶矿粉 = 14∶7∶38∶29∶12,聚酯纤维用量为混合料质量的 0.2%。级配曲线如图 4.115 所示。

从级配曲线可以看出,虽然铺装上层和下层 SMA 都采用相同的原材料,但由于粗细集料比例不同,得到的级配曲线相差较大,尤其是关键点 4.75mm 的通过率,上层 SMA13 接近级配上限,而下层 SMA10 靠近级配范围下限。后者细集料较多,玛蹄脂含量更多,混合料更加密实;前者粗集料含量较多,集料嵌挤形成更稳定的骨架结构,使混合料具有更好的抗车辙能力。

以空隙率作为主要控制指标,通过性能试验评价,得到铺装层 SMA 的最佳沥青用量。表 4.20 为铺装上、下层 SMA 沥青混合料在设计沥青用量时的试验结果。

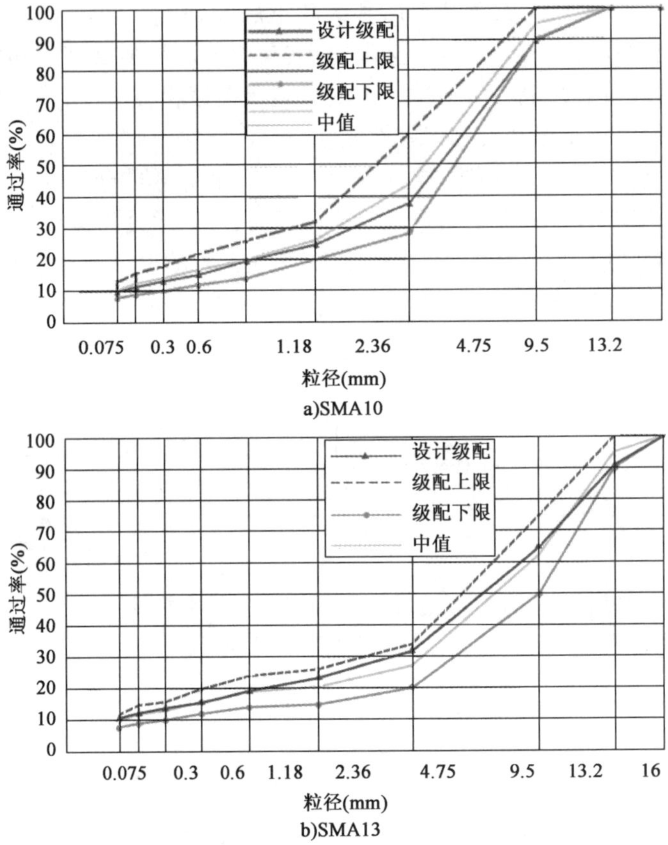

图4.115　铺装层沥青混合料级配曲线

铺装上层、下层 SMA 沥青混合料试验结果　　表4.20

技术指标	单位	SMA10 测试结果	技术要求	SMA13 测试结果	技术要求
空隙率 VV	%	3.4	2.5～3.5	3.6	3～4
矿料间隙率 VMA	%	17.4	≥17	17.0	≥17
沥青饱和度 VFA	%	78.8	75～85	77.6	75～85
稳定度	kN	14.02	≥8.0	12.6	≥8.0
流值	mm	3.1	2～5	3.6	2～5
肯塔堡飞散试验的混合料损失或浸水飞散试验	%	4.6	≤15	4.8	≤15
析漏量	%	0.04	≤0.1	0.06	≤0.1
残留稳定度	%	94.3	≥85	95.1	≥85
冻融劈裂强度比	%	86.7	≥80	88.6	≥80
车辙动稳定度(60℃)	次/mm	7400	≥4500	7780	≥6000
低温弯曲极限应变(－10℃,50mm/min)	με	4350	≥4000	≥4420	≥4000
渗水系数	mL/min	12	≤50	15	≤50

从试验结果可以看出，铺装上层和下层 SMA 的马歇尔稳定度都较大，具有较好的高温稳定性。而下层 SMA 空隙率更小，沥青填隙率更大，具有很好的防水性能。

采用高弹改性沥青拌和 SMA 混合料，测定了 SMA13、SMA10 的四点弯曲疲劳寿命，结果见表 4.21。

SMA 混合料疲劳寿命实验结果 表 4.21

实 验 条 件	混合料类型	疲劳寿命(次)
1000με,15℃,10Hz	SMA10	953650
1000με,15℃,10Hz	SMA13	93510

从疲劳寿命实验结果可以看出，SMA13 与 SMA10 都具有较高的疲劳寿命，相比而言，用于铺装下层的 SMA10 具有极高的疲劳寿命。考虑到钢桥面破坏多发生在铺装下层与防水黏黏层之间，因此采用疲劳寿命更高的 SMA10 混合料能够为钢桥面提供更好的疲劳寿命和抵抗破坏的能力。

2）防排水设计

针对上海地区夏季气温高、降水多且延续时间长的特点，浙江路桥钢桥面铺装防水黏结体系选用了具有较好防水防锈性能且具有较高抗剪强度的 Caticoat 防水黏结体系。采用钢桥面上涂刷两遍环氧树脂 + 碎石后喷洒 Caticoat 防水黏结剂 + Freshcoat 防水材料的施工方式。环氧树脂涂布在抛丸处理后的钢板表面能够与钢桥面紧密黏结，起到防水防锈的作用。碎石能够增大两层环氧树脂之间粗糙度从而增大结合力，同时能够提供一定的强度和抗剪性。在双层环氧树脂施工完毕后需要在铺装层与防水层之间涂布一层黏层，材料选用溶剂型橡胶黏结剂 Caticoat 和特殊改性防水黏结材料 Freshcoat。同时，针对桥面排水设施设计了以下施工工艺：

（1）进行铺装表面路面水的排除，由道路纵、横坡排水至两侧道路。

（2）铺装摊铺施工前，应事先对各边缘构造采用防水涂料（溶剂类橡胶沥青黏结剂）进行涂刷处理。

（3）为排除铺装结构层间水，在排水一侧的沥青混合料边缘，设置导水管（内径 20mm）。

（4）导水管应设置在下面层的边缘。排水管放置、固定后，即可继续进行后续施工。

（5）上面层与边缘构造物之间贴接缝材料，从而防止铺装和构造物之间有雨水下渗，从而保护铺装和钢桥面板。

Caticoat 防水黏结剂是一种高性能溶剂型防水黏结剂，同时具有防锈、防水、黏结三重功能，其主要成分为合成橡胶、树脂和沥青。主要产品规格详见表 4.22。

Caticoat S 的规格指标 表 4.22

项　　目	规 格 指 标	测　定　值
不挥发成分(%)	50 以上	54.5
黏度(25℃)(MPa·s)	500 以下	255
手触干燥时间(25℃)(min)	90 以下	17
低温弯曲试验(－10℃,3mm)	合格	合格

续上表

项　　目	规 格 指 标	测　定　值
网格试验(点)	10	10
抗湿试验后的网格试验(点)	8 以上	10
盐水喷雾试验后的网格试验(点)	8 以上	10

上海地区夏季酷热，钢桥面防水层温度预计能达到 60℃左右，同时上海降雨量较多也频繁，钢桥面长期在较高湿度和温度下容易发生锈蚀，因此对防水层的高温稳定性、防锈性、黏结强度、剪切强度等性能要求较高。为确保 Caticoat 具有高温条件下良好的剪切及黏结性能，特进行如下试验。

(1)Caticoat 剪切试验

通过测定不同防水黏结材料组合与铺装面层混合料之间的剪切试验，比较了不同防水黏结材料的剪切强度。试验结果见表 4.23，试件破坏情况见图 4.116。

不同组合方式的剪切强度试验　　表 4.23

组 合 方 式	试验温度(℃)	剪切强度(MPa)	破 坏 位 置
树脂 + 碎石	60	1.87	树脂与混合料之间
树脂 + 碎石 + Caticoat + Freshcoat + 硅砂	60	1.07	Caticoat 防水体系与树脂之间
Caticoat + Freshcoat	60	0.07	Caticoat 与混合料之间

a)树脂+碎石

b)树脂+碎石+Caticoat+Freshcoat+碎石

c)Caticoat+Freshcoat

图 4.116　剪切试验试件破坏情况

由试验结果可以发现，单纯采用树脂＋碎石结构时，树脂与钢桥面之间的剪切强度最大，破坏主要发生在环氧树脂内部；单纯采用 Caticoat + Freshcoat 防水体系时，其与钢桥面之间的剪切强度最小，界面发生滑移；通过先铺设环氧后加铺 Caticoat 体系，防水黏结层与钢板之间的剪切强度较高，破坏主要发生在 Caticoat 防水体系内部，表明剪切强度仍符合标准。

（2）Caticoat 黏结试验

同样采用三种防水体系组合方案测定整体黏结强度，试验结果见表 4.24，试件破坏情况见图 4.117。

不同组合方式黏结强度试验结果

表 4.24

组 合 方 式	试验温度（℃）	黏结强度（MPa）	破 坏 位 置
树脂＋碎石	60	0.0024	树脂与混合料之间
树脂＋碎石＋Caticoat＋Freshcoat＋硅砂	60	0.0845	Caticoat 防水体系破坏与混合料破坏
Caticoat＋Freshcoat	60	0.0851	混合料破坏

a）树脂+碎石

b）树脂+碎石+Caticoat+Freshcoat+碎石

c）Caticoat+Freshcoat

图 4.117　黏结强度测试破坏情况

由试验结果及破坏情况结果可知，单纯施加环氧树脂时，黏结强度很低，且破坏主要发生在环氧树脂与混合料之间，表明环氧树脂与面层混合料黏结性能较差；单独采用 Caticoat 防水体系时黏结强度较高，破坏发生在混合料内部，表明采用 Caticoat 防水体系与面层之间的黏结性能较好；采用树脂＋Caticoat 防水体系时，黏结强度较高，破坏发生在防水黏层与铺装层界面及混合料内部，表明采用树脂＋Caticoat 防水体系，能够产生较好的黏结效果。

综合考虑黏结性能与剪切性能可发现，采用环氧树脂虽然能够与钢桥面之间具有较高的剪切强度，但树脂与面层混合料之间的黏结强度很低；单纯采用 Caticoat 防水体系虽然能够与面层混合料产生较高的黏结强度，但其与钢桥面之间的剪切强度较低；采用底层铺环氧树脂，上面加铺 Caticoat 防水体系，不仅与钢桥面之间具有较高的剪切强度，而且与铺装面层之间具有较高的黏结强度，从而能够满足钢桥面铺装在高温条件下剪切及黏结两方面的要求。

4.6.4 防水层施工工艺

1）喷砂除锈和涂装

（1）喷砂前的清理

喷砂前，首先检查钢桥面板的外观，确保表面无焊瘤、飞溅物、针孔和毛刺等，否则必须通过打磨加以清除，锋利的边角必须处理成半径 2mm 以上的圆角。

由于桥面有纵坡，为防止清洁时流水对已清洗或已涂装的桥面板重复污染，在施工时可将桥面板分为 4 段进行表面处理及施工，施工应从桥面的中间向桥的两端进行。使用化油剂及电动洗地擦对桥面进行清洁。通过反复摩擦，从而刷走桥面板上的油污，然后再通过高压水进行冲洗，清除桥面钢板表面的油脂、盐分及其他脏物。清洁后的桥面应进行含盐量检测，钢板表面的含盐量应小于 0.01%，检测频率为 1 点/1000m^2。

（2）喷砂

用自动无尘打砂机对钢桥面进行喷砂除锈。磨料为钢丸及钢砂的混合物，磨料砂粒必须保持干燥、清洁，不含有害物质，如油脂、盐分，磨料的配比通过试验确定，对于钢丸及钢砂的混合比例通常介于 8:2 及 6:4 之间。根据钢材的硬度，通过采用不同磨料混合比例及打砂工作速度进行喷砂除锈试验，所得出的表面清洁度、粗糙度及施工完涂层后所检测的涂层附着力值来决定采用何种磨料混合比。遇下雨不良气候时，严禁除锈作业，喷砂及涂装时钢板温度应高于露点 3℃，相对湿度≤85%，环境条件满足要求后，即可进行喷砂除锈和涂装施工。采用自动无尘打砂机进行整体喷砂除锈，对自动无尘打砂机无法工作的部位，则采用手提真空打砂机进行处理，处理过后的桥面板清洁度应达到《涂覆涂料前钢材表面处理　表面清洁度的目视评定　第 1 部分：未涂覆过的钢材表面和全面清除原有涂层后的钢材表面的锈蚀等级和处理等级》（GB/T 8923.1—2011）标准 Sa2.5 级。粗糙度的要求必须达到 Rz50 ~ 80μm，检测方法为采用塑胶贴纸法测量。

2）防水黏结层施工环境条件

（1）防水黏结层涂布时气温不低于 15℃。风速大于 4 级，有雾、露水，下雨或相对湿度大于 90% 时以及在大量扬沙天气时不得施工。

（2）涂布防水黏结层前作业区内要绝对保持干燥：不得将水源带进作业区；不得在作业区内喝水；严禁吐痰、吸烟。若桥面板不干燥，应提前 1h，用高压热空气（70 ~ 80℃）烘干桥面板。设立专人检查桥面水分，并对发现的水分立即采取处理措施。

（3）根据施工要求和现场具体条件制订防水黏结剂涂布方案，洒布量应满足设计要求。

3）环氧树脂 + 碎石施工

（1）涂刷环氧树脂前先进行表面清扫，达到无积尘、覆盖物及表面水，环氧树脂用量范围应符合设计要求。

(2)钢板表面处理后4h内施工。环氧树脂涂布时需一边涂布一边撒碎石,保证碎石嵌在环氧树脂中。两层环氧树脂涂布间隔时间不得小于4h。第二层环氧树脂+碎石完成后固化时间不小于12h方可进行下一道工序。

4)黏结剂Caticoat的施工

(1)黏结剂Caticoat的总涂布量标准为0.3~0.4L/m^2,每次0.15~0.2L/m^2,分两次涂布。如进行一次涂布,则需先进行试涂方可进行。使用能够均匀涂布的滚筒刷进行涂布,出现下雨的情况应立即停止施工。

(2)黏结剂Caticoat涂布完成后应至少干燥4h以上,并进行现场观测,待溶剂全部挥发后方可进行下一道工序的施工。

(3)黏结剂含有可燃性有机溶剂,严禁明火。

5)防水材料Freshcoat的施工

(1)特殊涂布类防水材料Freshcoat防水材的溶解温度为250~270℃,使用能够均匀涂布的器具进行施工。

(2)按照规定的涂布量均匀涂布。发生涂布不均的情况时,应涂布第二层进行修正。

(3)涂布防水材后,均匀撒布最大粒径为1.2mm的硅砂。

(4)下雨时应立即停止施工。

现场桥面铺装施工详见图4.118。

4.6.5 组合桥面试验段

桥梁车行道两端各1.5m及人行道两端各0.33m范围内采用钢纤维混凝土组合桥面形式。其中车行道钢纤维混凝土配置钢筋,并采用剪力钉与钢桥面结合(图4.119),人行道钢纤维混凝土不配钢筋网。

图4.118 桥面沥青摊铺

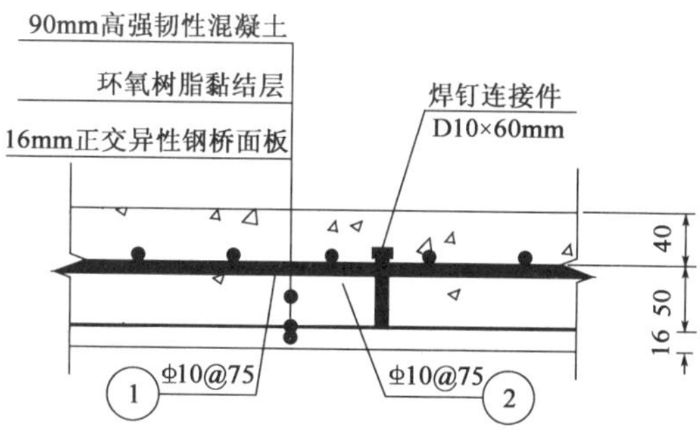

图4.119 桥头组合桥面设计(尺寸单位:mm)

钢纤维混凝土材料性能要求:

(1)1d抗压强度≥40MPa,28d抗压强度满足C80混凝土评定要求。

(2)混凝土限制膨胀率(水中7d转空气中28d)≥-0.010%,试验方法参照《混凝土外加剂应用技术规范》(GB 50119—2013)。

(3)7d劈裂抗拉强度≥10.0MPa,7d等效弯曲强度≥8.0MPa,试验方法参照《纤维混凝土试验方法标准》(CECS13:2009),试件尺寸为100mm×100mm×400mm。

(4)水泥采用硅酸盐水泥。

(5)钢纤维混凝土坍落度为5.0cm±1.5cm。

(6)钢纤维混凝土内集料最大粒径不超过20mm。

(7)钢纤维为带弯钩钢纤维,钢纤维尺寸为ϕ0.55mm×35mm,使用量为80kg/m^3。

(8)钢纤维混凝土需进行7d的保湿养护。

黏合剂主要成分为环氧树脂,均匀涂刷于钢纤维混凝土与钢桥面板之间,用量不少于1kg/m^2,钢与钢纤维混凝土间黏结强度大于1.5MPa,且破坏面发生在钢纤维混凝土。

组合桥面现场施工详见图4.120~图4.125。

图4.120 打磨除锈

图4.121 黏结剂涂装

图4.122 钢筋绑扎

图4.123 混凝土浇筑

图4.124 平板振捣器振捣

图4.125 平板振动水平尺整平

通车后桥头组合桥面效果见图 4.126。设计提出了创新组合桥面型式,研发了钢纤维高性能混凝土配合比及其与钢桥面的连接形式,在不增加桥面自重的前提下,有效提高了桥梁两端伸缩缝处桥面的耐久性。

图 4.126 通车后桥头组合桥面

4.7 小 结

浙江路桥是具有百年文物价值的铆接钢桁架桥,大修设计针对浙江路桥结构和所处环境特点,同时考虑桥梁功能、文物保护及耐久性提升,自主研发了百年铆接钢桥综合维修技术。结合旧桥检测结果,研究并应用了结构加强与自重减轻并举的耐久性设计方法,既注重桥梁大修改造总体方案,又关注结构细节。浙江路桥的成功实施不仅为大修后继续安全运营 50 年提供了保障,也取得了良好的社会效益及经济效益。

(1)浙江路桥原主桁间桥面结构为纵横梁组成的梁格系,上铺钢筋混凝土桥面板。本次大修改用构造更合理的正交异性钢桥面系,可有效改善桥面以下钢结构防腐,同时减轻上部结构荷载,改善结构整体受力,增强耐久性。

(2)经检测,钢主桁部分下弦节点及杆件、部分格构式斜杆、竖杆局部、端门柱下半部分、主桁与桥面之间的竖吊杆等锈蚀较为严重,大修改造中予以更换。

(3)综合考虑桥梁功能、耐久性提升及钢材连接方式等,结合桥梁原始设计蓝图,使桥梁恢复了原始风貌。

(4)根据新老钢材材性不同,老钢材与老钢材之间、老钢材与新钢材之间采用铆接;新增构件桥面以上因“修旧如旧”的需要采用铆接,桥面以下采用焊接连接。重拾、改进已近失传的铆接工艺,形成了现代化铆接工艺流程及质量控制标准体系。

(5)根据多重作用耦合下钢结构腐蚀机理,针对老桥主桁区域易积水、积垃圾从而导致桥下构件锈蚀严重的情况,设置封闭型防水盖板。

(6)在竖向反力调节及平移时采用多点同步顶升技术,结合结构监控与分析,实现了无应力状态、最小扰动条件下的大型钢桁梁大修。

(7)针对高温多雨、大纵坡条件下钢桥面铺装易损的难题,通过试验研究,提出环氧树脂 + 碎石密封 + 防水黏结的双层式高弹性 SMA 沥青桥面铺装体系和创新钢纤维高性能混凝土组合桥面体系,有效提高了桥面结构的耐久性。

本章参考文献

[1] 方新跃. 文物铆接钢桥——海珠桥维修加固关键施工技术[J]. 桥梁建设,2016(05):110-115.

[2] 李敏风. 低表面处理涂料的应用与发展[J]. 上海涂料,2011(03):33-35.

[3] 刘新. 上海苏州河外白渡轿的维修涂装[J]. 上海涂料,2009,47(8).

[4] 张德佳. 基于病害控制的城市中小跨径钢桥面铺装设计[J]. 城市道桥与防洪,2016,6(6):150-159.

[5] 付静刚,陆青清. 中小跨径钢桥面沥青柔性铺装层剪应力分析[J]. 桥梁工程,2015(33):64-66.

5　文物桥梁保护

5.1　概　　述

在历史的长河中，我国越来越多的具有重大影响力的桥梁，特别是在桥梁建造史上具有一定里程碑意义的著名桥梁，已成为或将逐步成为各级文物保护单位或建筑遗产。作为这一类有特殊身份的桥梁，其维护工作将成为新时期桥梁工程的一项重要内容，但目前相关总结和研究却明显不足，长期困扰着桥梁维护工程师及文物保护工作者。

钢结构的加固，应综合考虑其技术经济效果，既应避免加固适修性很差的结构，也应避免不必要的拆除或更换。适修性很差的结构，一般指其加固总费用达到新建结构总造价70%以上的结构，但不包括文物建筑和其他有历史价值或艺术价值的建筑[1]。作为文物桥梁，应有针对性地防治病害，提升桥梁的安全性和耐久性，还应有针对性地提升外观效果和内在价值，而且文物的功能性维修应优于桥梁的结构性维修。

桥梁文物维修加固的总原则是“修旧如旧，忠于原著”，应确保桥梁的主要历史文物信息（原桥型、桥位、结构、工艺、材质、色调及外观等）基本不变。文物桥梁维护除应遵循桥梁工程法规及相关条例，还应特别遵循文物工程法规及相关条例，维护方案应经文物保护相关单位的同意后方可实施。诚然文物保护法中有“不改变文物原状”的原则，文物桥梁大修理论上不能改变原形制、原结构、原材料和原工艺等，但现实当中，文保桥梁保护也不能过分拘泥于原汁原味，所谓原汁原味只能是相对的。如过度拘泥于这一规定，则或许没有什么东西入选得了文物保护单位，即使入选了文物保护单位，也不利于该文物的保护。

文物桥梁与陈列在博物馆展览的文物不同，对那些兼具交通功能的文物桥梁，修复过程中其结构安全性应始终放在第一位。但考虑到这些桥梁的文化价值，“重造新桥”应尽量避免。本着对历史负责的态度，浙江路桥大修在“修旧如旧”的总体原则下进行。通过翻阅桥梁原始设计蓝图，捕捉桥梁原始关键元素，使桥梁恢复原始风貌。随着时代变化或功能要求的不同，某些情况下需对结构做出较大调整，但也遵循了“形散神不散”理念。另外，桥梁色彩、夜景灯光的选择上也尽量凸显了浙江路桥经典大气、低调简约的风格，并注重与周围环境的融合。

5.2　文物建筑保护

5.2.1　定义与存在的意义

文物建筑归属于“不可移动文物”。广泛地指历史、艺术及科学价值突出的各类建筑及建筑组群，或具有时代特征、地域特征、民族特征等的其他典型建筑及建筑组群。

文物是传承历史的重要符号，是不可再生的文化资源，是进行传统文化教育的重要载体。

光阴不可逆转，但通过文物，可以若隐若现地感受过去的光阴。没有加深对古罗马的考古，也许就没有文艺复兴运动；没有对甲骨文的发掘，也许汉字是怎样转化而来的到现在还是个谜。文物是帮助人们了解历史最好的老师。保护文物功在当代，利在千秋。

文物保护的意义，从狭义上讲，就是通过延长文物本体的寿命从而尽可能长时间地保护其上赋存的各类信息，为了解古代人类的活动奠定基础。在广义上，文物保护或者说文化遗产保护的意义是为了现代和未来的人，即所有与文化遗产有关的利益相关者的福祉，因其不仅肩负着为我们和子孙后代延长文化遗产寿命的重任，同时还要将提取、研究、保护文物的信息，与向公众展示和解释这些信息结合起来，最终服务于整个社会。

文物桥梁是文物建筑中的一种，但又是特殊的存在。桥梁不同于其他建筑，大多文物桥梁仍在使用中，不只是作为文物供观赏、研究，更是社会不可或缺的服务者，虽然建造年代久远，但承载的交通量却日益增加，其结构安全性也不得不始终放在第一位。

5.2.2 保护的原则与案例

对古建筑的保护，是应该修缮还是保留原貌？怎样才能更尊重文物，更尊重历史？

国际上在1964年通过的《威尼斯宪章》（即《保护文物建筑及历史地段的国际宪章》），是保护文物建筑及历史地段的国际原则。宪章肯定了历史文物建筑的重要价值和作用，将其视为人类的共同遗产和历史的见证[2,3]。

> “第三条　保护与修复古迹的目的旨在把它们既作为历史见证，又作为艺术品予以保护。
>
> 第五条　为社会公用之目的使用古迹永远有利于古迹的保护。因此，这种使用合乎需要，但决不能改变该建筑的布局或装饰。只有在此限度内才可考虑或允许因功能改变而需做的改动。
>
> 第九条　修复过程是一个高度专业性的工作，其目的旨在保存和展示古迹的美学与历史价值，并以尊重原始材料和确凿文献为依据。一旦出现臆测，必须立即予以停止。此外，即使如此，任何不可避免的添加都必须与该建筑的构成有所区别，并且必须要有现代标记。无论在任何情况下，修复之前及之后必须对古迹进行考古及历史研究。”

之后《威尼斯宪章》成了新时代建筑保护与修缮的主流。尽管还有很多国际组织、会议和个人对其有很多讨论，发表了各种不同文件，但基本是在补充、拓展或丰富它的基本内容，或提出一些针对不同建筑传统的特别保护方式。比如，在《奈良宣言》[2]中，肯定了保护方法的多样性。毕竟世界各地的建筑方法、材料都有差异，在修复中也会有差别。主要根据西方石头建筑修缮方法而制定出来的《威尼斯宪章》强调不能够随便替换建筑原有的任何部件。但是中国、日本的木构建筑，由于材料的耐久性，经过一定的岁月后不得不进行构件替换。在历史上则形成了落架大修、替换局部构件等传统修复方式。《奈良宣言》认为这样的修复手法也是应该支持的。

回到中国，梁思成先生曾在审查西安小雁塔修缮方案时说过一句话：“保护古建筑是要使它延年益寿，不是返老还童”。这可谓是精当的比喻，与《威尼斯宪章》基本思想相似，也是今日古建修缮遵循的基本原则。

图5.1、图5.2是雅典卫城的修复情况。图5.1中新大理石的补充部分和原来的柱础在体量上、形式上都是一致的,新加部分与原石柱完全咬合。没有刻意做旧,也尽可能地不舍弃任何一块原有石柱,还原建筑部件的完整性,保证结构安全,同时又能体现出历史痕迹。

图5.1　雅典卫城石柱修复作业

图5.2　希腊雅典那神庙修复后

横店圆明新园所谓1:1复制的圆明园规约桥(图5.3)和历史上的圆明园规约桥(图5.4)相差较大,毫无疑问横店的新桥造型也很优美,材质整洁素雅,亦是一座景观桥。但如果与原桥放在一起,不可避免地失去了一些历史的韵味。如果这是一个老桥的修复工作,那无法寻觅的历史痕迹决定了这个项目注定是失败的。

图5.3　横店1:1复制成品

图5.4　圆明园规约桥

巴塞罗那的残桥修复(图5.5、图5.6)是目前桥梁修复公认的成功案例,设计人员当初在两种方式中做出选择——或是恢复这个破损纪念物的原貌,或是用一种与先前截然不同的新方法重建消失的部分。由于年代久远,没有人完全知道残桥在坍塌前的实际形象。如果尝试去恢复它的以前面貌,那么设计人员不得不去寻找和模拟缺失的结构信息。况且,人们已经习惯于它残破的样子,也习惯于它的名字,EL Pont Trencat,即残桥。因此,最终选用现代结构来重建残缺的部分,反映出新的与现有的遗存部分的鲜明对比,而不是设法创造一个仿制品。工程师Xavier Font以“无为而为”的概念设计了这座步行桥,基于原始遗存融入了颇具时间感的锈蚀钢板材料,和现代一体化箱梁三点支撑的钢结构,钢质尖拱和桥栏采用了昔日完整石桥的轮廓,但构造是完全的创新。

图 5.5　巴塞罗那残桥修复前

图 5.6　巴塞罗那残桥修复后

为了强调旧桥立面的轮廓,桥梁的护栏沿残存的结构方向延伸,形成新老桥视觉上的连续。新的钢拱结构的内弧面遵循了旧桥原有的形态,保留了原始桥梁的缺失形象。2003 年残桥竣工了,既不是复原,也不是放弃,历史在可见的断痕中继续,看上去却是那么自然;走在桥上,轻快而赏心悦目,只有木板铺地间特意裸露出的两片石砌路面提醒了我们——从桥的这一端到另一端,原来已经跨越了五百多年。

5.3　我国文物桥梁保护案例

5.3.1　济南泺口黄河铁路桥

位于济南市北郊泺口镇的津浦铁路线上的泺口黄河大桥[4]于 1912 年建成,从而结束了津浦铁路以黄河为界,南北两段通车的局面。共 12 孔,总长 1255.2m。桥梁下部按双线桥设计,宽 9.4m,单线铺轨通车。由德国孟阿恩桥梁公司承包设计和监造。实景详见图 5.7。

图 5.7　泺口黄河铁路桥

在开工之前,山东地方官绅丁达意顾虑到桥墩会阻拦洪水,危及济南城区,要求把桥址迁移至 100 余公里之外的地方,未允;又要求增大跨度,减少桥墩数量,双方相持不下。正在主持修建京张铁路的詹天佑总工程师,被清政府邮传部派到济南解决纠纷。他向熟悉河务的地方官员了解情况,并实地查看历年水文变化,作出决定:桥位不变,仅对跨径大小做一调整,由原来的 21 孔、1271m 长,减少为 12 孔、全长 1255.2m,布置为 91.5m + 128.1m + 164.7m + 128.1m + 8 × 91.5m。改变后的桥型方案符合实际,使得桥梁主跨径达到 164.7m,在新中国成立以前为最大。

20 世纪 90 年代,由于桥址河床淤高 2.3m,期间河堤连续加高三次。从 1991 年 4 月 21 日起,对全桥予以封闭,1992 年进行修复改造;1998 年梁的抬高工程开工,2000 年 5 月 31 日又正式恢复通车;2006 年,随着京沪铁路进行电气化改造,这座百年老桥再次焕发生机,日通行列车 28 对。

大桥历经多次洪灾战乱,应用科学手段,及时修复改造,长达 106 年不倒,并不断焕发青春,仍继续通车,已被列为中国第 7 批重点文物保护单位。

5.3.2 云南五家寨铁路桥

五家寨铁路桥是滇越铁路线(中国昆明至越南河内)之间上一座大型肋式三铰拱钢梁桥,因其形恰似汉字“人”,故得名“人字桥”。又因其造型别致如弓弩,称为“弓弩手桥”。该桥位于云南省红河哈尼族彝族自治州屏边苗族自治县和平乡五家寨四岔河大峡谷上。长 67.15m,宽 4.2m,桥面离谷底深泓线高 102m,全用钢板、槽、角钢、铆钉连接而成。始建于 1907 年 3 月 10 日,由法国巴底纽勒工程建筑公司的工程师保罗·波登设计,并由其公司承建。该桥以精良、高难度的制造、施工工艺及对地方经济发展所发挥的作用,1998 年 11 月 13 日被公布为云南省文物保护单位。2006 年 5 月 25 日被国务院批准列入第六批全国重点文物保护单位名单。实景详见图 5.8。

图 5.8 五家寨铁路桥

1907 年,滇越铁路修建工程沿南溪河岸溯流而上,当铁路延伸到地势险恶的四岔河谷时,又面临一个铁路工程技术的世界级难题:必须架设一座铁路桥梁,以跨越一道高 100m、宽约 70m 的深峡,连接两端的隧道。法国铁路公司的建桥方案一再失败,所以向外征集方案,最终在 8 个竞争方案里,选中法国巴底纽勒工程建筑公司的工程师保罗·波登所提方案。该方案不仅满足了技术、经济方面的高要求,而且以独特的美学价值赢得了各方赞许。优异的设计得以实现有赖于精良、高难度的制造、施工工艺。

1960 ~ 2003 年,人字桥曾进行过 5 次大修,对桥梁病害和隐患进行整治。特别是 1982 年年底开始的大修,除锈油漆 3425m^2,更换桥面钢板 190 块、人行护栏 140m、铆钉 1005 颗、梁部腹杆 37 根,增设避车台 2 座及扶梯、扶栏,校正杆件 23 处,工程量大、技术复杂、工期达 16 个月,在昆明铁路局和桥梁历史上尚属首次。

该桥托起的不仅是 180t 重的桥梁自身。百年来,它承载过南来北往的列车数十万趟次,运送旅客人员数以亿计。1910 年滇越铁路滇段开通，当年年运量为 6 万余吨，2004 年年运输量达 750 万 t，对地方经济发展起到了不可替代的作用。人字桥更见证了中国与世界的一系列重大事件：河口起义、护国起义、抗日战争、解放战争、援越抗法、援越抗美、自卫反击、对外开放、东盟贸易，是一座具有丰富历史文化内涵的桥梁。

5.3.3 郑州黄河铁路桥

第一代郑州黄河铁路桥[4] 1905 年建成。当时清政府采用了比利时一家公司的设计方案，并由该公司承建，历时 6 年。该桥建成之初实际上就是一座危桥，主要原因有二：其一为桥位于黄河在中下游交界处，此处黄河水面宽 3km，河床易冲刷，但桥梁基桩长度仅 14 ~ 16m；其二为 3km 长的桥采用中等跨径，设置 102 个桥墩，阻水面积增大。运营期间，铁路职工连续抛石加固地基，维持通车。无奈的是，1958 年，一场黄河特大洪水，冲倒了北岸 11 号墩，两孔钢梁落水，南北交通中断了 13 天。1960 年 4 月，这座第一代老铁桥被叫停，之后被拆除，只运营了 54 年。至今特意保留了南岸一段 5 孔长的老桥，供后人凭吊那段令国人耻辱的历史，详见图 5.9。

图 5.9　黄河第一铁路桥遗址

1958 年，铁道部大桥局临危受命，奋战两年，于 1960 年建成第二代郑州黄河新桥，双线，全长 2890m，列车时速可达 110km。采用武汉大桥成功应用过的管柱基础，直径扩大到 3.6m，入土 30m 深。即便如此，面对铁路提速的压力，技术标准要求的提高，仍感基础还不够深，横向刚度还不够大，导致第二代桥梁于 2014 年退役，同样运营了 54 年。

2014 年 5 月 16 日，又一座京广铁路郑州黄河四线三主桁架梁铁路桥正式通车，全长 11.3km，时速 160km，其主墩基础的钻孔桩入土深度在 80m 以上，有的近 100m。

归结起来，缺乏严谨的科学态度以及历史的局限性，无疑是郑州老铁桥失败的主要原因。

5.3.4 经验及启示

回顾百年老桥的历史，有温故知新之感。“以古为镜，可以知兴替”[4]。

济南泺口黄河大桥，以严谨的科学态度、合理的结构设计、与时俱进的修复改造，使大桥在 106 岁的高寿仍可以继续货运通行，服务于社会，成为国家第 7 批重点文物保护单位。

云南五家寨“人字桥”，以造型别致的设计、精良和高难度的施工而著名，为国家第六批重点文物保护单位。

郑州老桥，涉外合同主体职责不明确，比利时人“第一次吃螃蟹”，对水流冲刷估计不足。大桥勉强维持通行 54 年后被拆除，仅保存 5 孔桥。

兰州中山桥，以文化底蕴深厚、精细管理见优，长寿109年，为国家第6批重点文物保护单位并入选国家档案遗产名录。

外白渡桥，在桥梁保固期到达之日，收到一封来自英国的文件，提醒管理方及时采取必要措施。设计单位不仅通过精细化的设计使这座经典桥梁得以问世，更是在一个世纪后仍能心系桥梁，其严谨负责的态度，令人尊敬。

总结上述经验教训，使桥梁设计使用年限真正达到百年，有如下几点值得反思。

1）合理的设计

设计是灵魂。设计的桥梁是否能经得住未来100年自然环境、荷载的检验？设计的桥梁是否与环境协调，能否在未来100年被后人欣赏或接受？设计总体方案是否合理非常重要。总体方案合理、局部有缺陷的桥梁尚能通过后天维护解决，若总体方案不合理，如郑州老桥跨径过小、桩基过短，则往往留下致命隐患。

2）精良的施工

施工是关键。我国桥梁的建设速度常常使外国同行发出难以置信的惊叹。然而，过短的施工工期并不是一件好事，它带来了许多遗憾，留下了不少质量隐患，这是我们必须正视的问题。另外，由于要谨防不良施工而出现的工程事故，往往设计中会放大安全系数，在材料的选择、结构的计算上更为浪费、保守。这无疑会影响工程造价和造型美感。

3）完整的档案

档案是依据。兰州中山桥因其建桥资料齐全，合同管理细致，该桥档案已于2002年入选首批“中国档案文献遗产名录”。这些档案为百年来桥梁维护提供了基础资料，做出了重要贡献。浙江路桥、外白渡桥原始设计蓝图，是后续桥梁“修旧如旧”维护的依据。正如赵学勐先生所讲，桥梁档案是建设桥梁强国所必须做好的一项内功[4]。

4）科学的管理

管理是保障。预先做出安排，有各座桥梁专用的养护管理手册。对桥梁结构的变形和基础沉降等实时监测，切实保证桥梁健康安全。根据桥梁状态进行合理的处置，如兰州中山桥，2009年百年期满，当地政府及时、适宜地将公路桥改为步行桥，是具有远见的表现。因其位于城市中心，长度适当，设施齐全，适应了旅游文化生活的需求。

在桥梁建设技术越来越成熟，设计、施工周期越来越短的今天，前人对桥梁美学与桥梁规划上的认真态度、钻研精神也给我们以启示：在桥梁规划设计、施工、管养中，精益求精的工匠精神十分宝贵。希望通过我们的努力，为后人留下一座座百年服务期后仍值得他们修葺保存、珍视回忆的精品之桥、文化之桥、历史之桥。

5.4 苏州河桥梁群保护

根据苏州河桥梁建设规划研究，苏州河景观规划研究分为东、中、西三段，依次为文化保持区、文化延续区及文化发展区（图5.10）。具有历史价值的桥梁集中于苏州河东段，平均间距约230m，是上海的历史见证。东段区域是旧上海时期金融中心、外贸机构的集中带，也曾是上海公共租界中区，因此东段桥梁亦深受英、法等国的文化影响，桥梁风格古典、欧式。东段桥梁各有自己的历史价值，年龄最大的外白渡桥已有111岁，详见表5.1、图5.11。

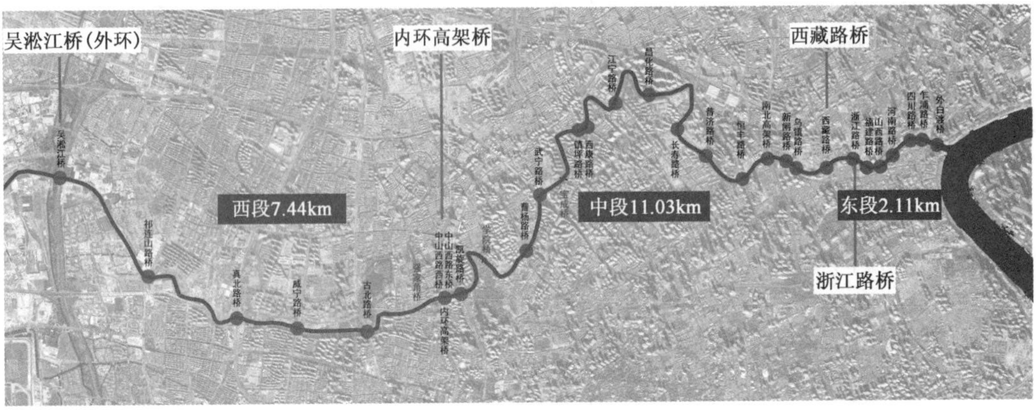

图5.10　苏州河桥梁分布图

苏州河东段部分桥梁　　表5.1

序号	桥梁名称	桥型	建成年份	文物信息
1	外白渡桥	桁架桥	1907	上海市优秀历史保护建筑
2	乍浦路桥	混凝土梁桥	1927	上海市优秀历史保护建筑
3	四川路桥	混凝土梁桥	1922	上海市优秀历史保护建筑
4	浙江路桥	桁架桥	1908	上海市级文物保护单位
5	西藏路桥	混凝土梁桥	1922	

a)桥梁群

b)外百渡桥

c)乍浦路桥

图　5.11

d)四川路桥

e)河南路桥

f)福建路桥

g)西藏路桥

图 5.11 苏州河东段部分桥梁

苏州河东段以居住、办公、商业用地为主,城市经济发展、空间布局变化对苏州河的桥梁又有新要求。苏州河东段上的桥梁都是梁式桥,体量相当,造型优美,每一个细节都是前人推敲揣摩后的结果,虽是一座座功能性的过河通道,却也是一座座无与伦比的艺术品。国外类似的河段还有法国的塞纳河、英国的泰晤士河,这些流域上的桥梁跨越了几个世纪,仍然受世人追捧,是世界上璀璨夺目的文化瑰宝(图 5.12、图 5.13)。在桥梁建设与维护方面,苏州河应借鉴巴黎的塞纳河、伦敦的泰晤士河、东京的多摩川,使其成为国际大都市中一条具有文化、游憩、旅游、生态等综合功能的景观河流。

图 5.12 塞纳河上的系列桥梁

图 5.13　泰晤士河上的系列桥梁

5.5　浙江路桥文物价值

浙江路桥建成于 1908 年,采用非常罕见的鱼腹式钢桁架结构形式,充分体现了 19 世纪工业革命时期的艺术性和科学性,极具时代特点。由于具备较高的科学、技术、情感和艺术价值,文物行业行政主管部门经专家评审和相关部门的鉴定,将本桥鉴定为市级文物。

由于浙江路桥既是十里洋场的老上海悠久历史的见证人,又是国际化大都市的新上海外滩旅游景观的一个重要组成部分。它不仅具有城市道路功能,更重要的是具有独特的历史、文化、艺术价值。

5.5.1　历史价值

浙江路桥位于上海市区苏州河上,南接黄浦区浙江中路,北连静安区浙江北路。浙江路桥是苏州河从外白渡桥过来的第七座桥,也是苏州河上仅存的第二座钢结构老桥。浙江路桥鸟瞰实景见图 5.14。

图 5.14　浙江路桥鸟瞰图

清光绪六年(1880 年),上海工部局在苏州河上建造浙江路步行木桥,光绪十三年(1887 年),因木桥已有毁损,遂将其拆除,另建一座宽 5.19m 的新桥,仍为木结构。光绪三十二年十月(1906 年),工部局又拆去木桥,改建成鱼腹式简支梁钢桁架桥梁,下部结构为木桩基础重力式桥台,新桥长 59.74m、宽 13.9m。光绪三十四年(1908 年),桥上铺设单轨,通行英电 5 路、6 路有轨电车。浙江路桥相关历史信息详见图 5.15 ~ 图 5.23。

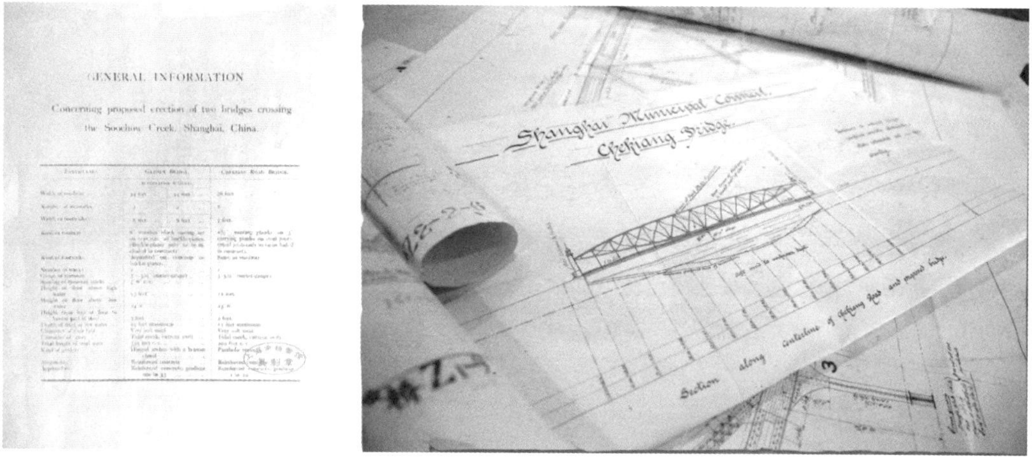

图 5.15 1906 年承建浙江路桥时编写的设计信息与当时的设计图纸

图 5.16 1908 年的浙江路桥

图 5.17 1909 年上海《图画日报》及当时发行的明信片

图 5.18　1910 年的浙江路桥

图 5.19　20 世纪 50 年代的浙江路桥

图 5.20　1999 年的浙江路桥

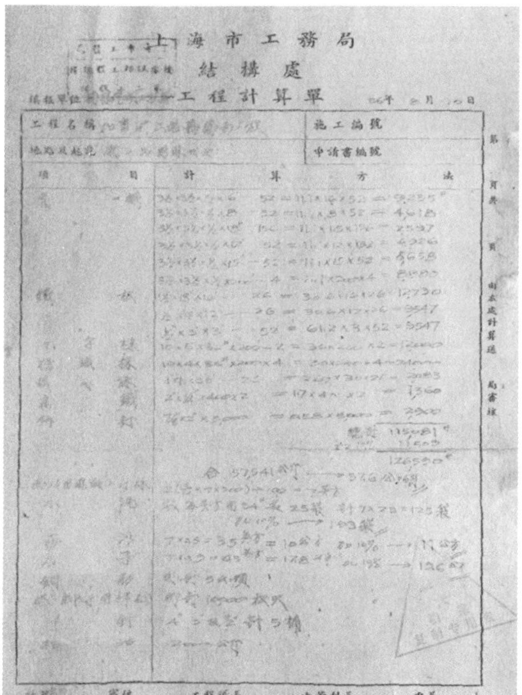

上海市工務局

結構處

工程計算單

工程名稱

施工編號

地點及執照

申請書編號

計算

審核

工程係長

主管科長

處長

图 5.21　1936 年档案

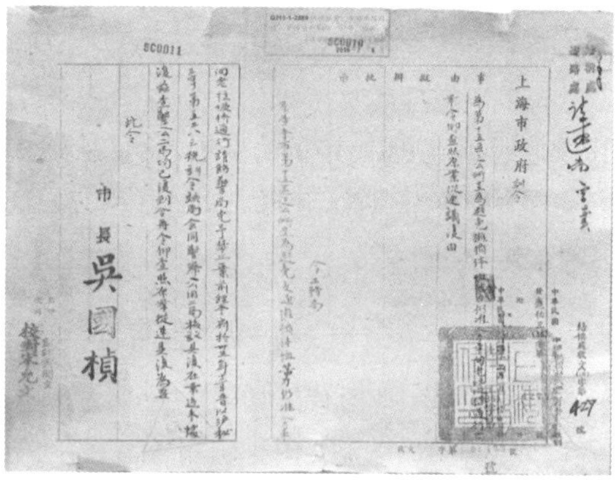

上海市政府訓令

市長 吳國楨

图 5.22　1947 年档案

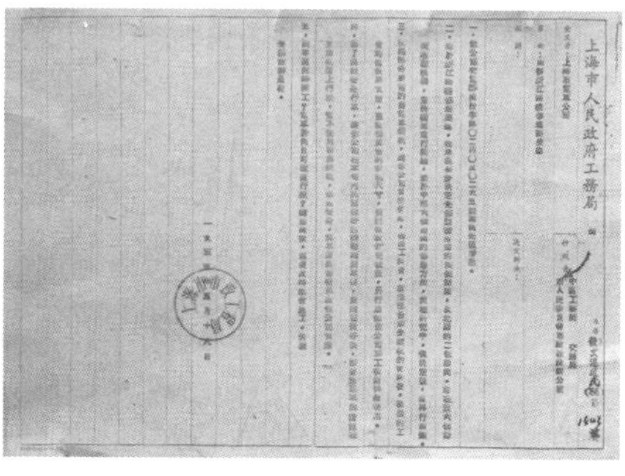

上海市人民政府工務局

图 5.23　1955 年档案

5.5.2 文化价值

桥梁具有交通、象征、景观、场所、地标、文化等多种功能,是人类文明的产物。一部桥梁发展史,就是一部浓缩的人类文明史。文物桥梁具有较为深厚的文化底蕴,包含了周边居民大量的情感,是人们长久的城市记忆,具备较高的文化价值。文化是一个城市的灵魂,桥梁文化将城市的文化演绎得更加深远。一座经典的桥梁,是可以和人沟通的,是人与城市发生情感,留下记忆轨迹的地方,可以给人们带来阅读感。

浙江路桥比外白渡桥年轻一岁,在苏州河桥梁大家族排“老二”。它既是十里洋场的老上海悠久历史的见证者,又是国际化大都市的新上海外滩旅游景观的一个重要组成部分,具有城市道路、历史和景观三位一体的功能和重要地位。在上海一代又一代人的心里,浙江路桥已经不仅仅是一座桥,它是苏州河的坐标,是儿时的惊鸿一瞥,青年人成长的记事本,老年人回忆往事的一道风景,是人们心里一份恒久的烙印。

浙江路桥承载着南来北往的车辆,承载着几代人的悲欢离合。它是情感的纽带,是文化的桥梁,它是上海人和生活在上海的人们人生和生活的一部分。它沟通了上海的昨天与今天,今天与明天,明天与未来。作为上海变迁发展的一份历史见证与上海文物建筑,浙江路桥的文化价值与历史意义重大,位列上海市不可移动文物名单。从未来的发展来看,很有必要作为上海城市的一大特色保存下去。

与遗址型桥梁及年代久远的古桥不同,浙江路桥是工业时代的产物,仍然发挥着桥梁的使用功能,承载着现代繁重的交通, 同时还拥有桥梁遗产的各项价值内涵。该类型文物桥梁被定义为活态桥梁遗产,并被包含在工业遗产的范畴。因此,大桥宜修旧如旧,让这份文化与建筑的经典传承下去。

5.5.3 艺术价值

桁架桥是工业时代开始后的产物。预示着工业时代到来的第一座大型桥梁是英国的大铁桥,即建造于 1779 年英国科尔布鲁克代尔的 Severn 桥(图 5.24)。它是工业革命的象征,对科学技术和建筑学的发展产生了巨大影响。由于当时的技术水平有限以及审美较重装饰,钢铁桥都是以较为细密的小杆件通过规律的排列组成的。

图 5.24　Severn 桥

而如今由于材料、连接及施工技术的进步，钢桁桥在设计上也有较大变化。总体而言，风格逐步由烦冗向简约过渡，由较多采用曲线元素向较多采用直线元素过渡，构件则由细密小杆件向大体块杆件过渡。图5.25～图5.29为不同时代桥梁风格的对比。

图5.25　悉尼大桥(1932年)

图5.26　上海外白渡桥(1907年)

图5.27　兰州中山桥(1907年)

图5.28　魁北克桥(1917年)

图5.29　上海龙华港桥(2010年)

浙江路桥由英国人设计，结构形式符合19世纪初期、工业革命后的建筑风格。同时，浙江路桥为我国仅存的一座鱼腹式钢桁架结构桥梁，独特而美观(图5.30)。

浙江路桥至2018年满110年，它见证了苏州河沿岸百余年的历史变迁和上海近代工业文明的发展历程。浙江路桥钢梁采用铆接形式，是工业时代的重要象征，不仅具有文物价值，也具有重要的科普价值。作为世界上为数极少、我国仅存的鱼腹式钢桁梁，其结构造型优美，最初设计的弧形横联、网状人行栏杆等体现了工程师对细部造型的关注和对美的追求。可惜这些特点在历次功能改造和维修加固中消失了。人们对桥梁美的要求在不断提高，大修中应尽量关注细节造型的设计。

图 5.30　浙江路桥

5.6　浙江路桥文物修复

5.6.1　文物桥梁现状

作为一座百年老桥，浙江路桥所承载的文物价值、景观效应及其所担负的交通功能都是大桥改造时需充分考虑的因素。

1）结构安全问题

经过了一个多世纪的运营，桥梁许多部位出现了较为严重的病害，威胁到结构整体安全。作为一座百年老桥，浙江路桥长期遭受环境侵蚀、荷载作用以及结构自然退化。经过检测分析，桥面以上的病害较轻且范围较小，桥下病害较多，特别是下弦杆和纵横梁在跨中和支点附近锈蚀均非常严重（图 5.31）。《浙江路桥检测评定报告》也明确指出浙江路桥的完好状态等级为不合格级。如不修复，局部严重的锈蚀会变成一颗定时炸弹，在日后的某一天对安全造成严重威胁。

2）文物元素的遗失

（1）桥门架与上平联

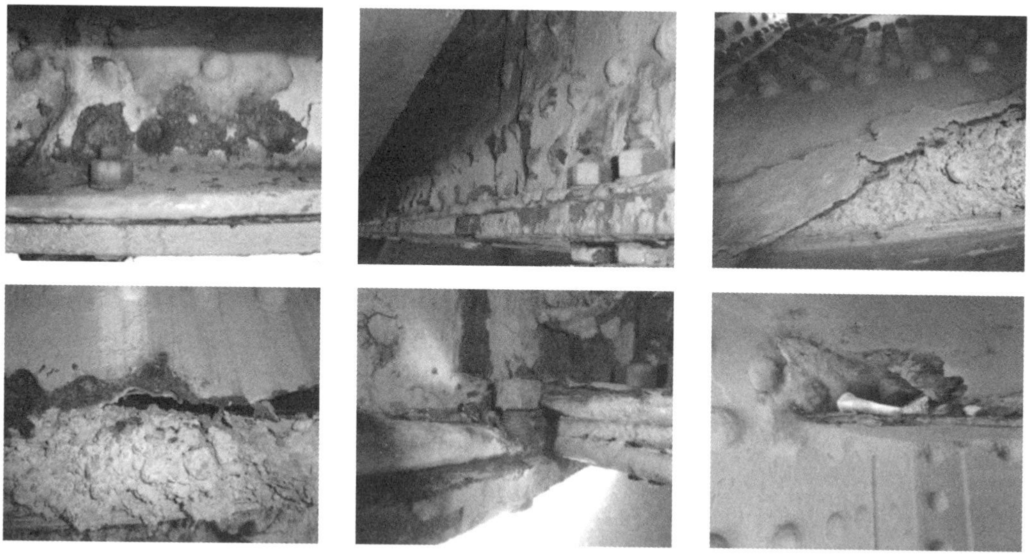

图 5.31　浙江路桥结构锈蚀

浙江路桥原设计桥门架为曲线桁架形式，横向风撑为直线桁架形式，上平联与主桁竖腹杆之间通过弧形三角托架连接，造型优美。桥门架以及托架的设置一方面增大了桥梁刚架的整体刚度，另一方面增强了桥梁的整体景观效果，自建成后在人们的心目中留下了深刻的印象。后续浙江路桥大修过程中，为施工方便，上平联基本全部被更换。桥门架由最初的曲线桁架梁变为了直线实腹工字梁，横向风撑也从直线桁架形式变为了框架形式，且取消了三角托架（图 5.32）。

图 5.32　桥门架与上平联变化

（2）人行栏杆

浙江路桥原设计人行道栏杆造型优美，非常富有老上海滩十里洋场的时代气息。经过历次维修，挑臂仍保留存在，但人行道栏杆、扶手及木人行道板铺装均已被更换，景观效果不够美观（图 5.33）。

（3）其他

其他更改还有考虑施工方便，数次大修将原有的连接铆钉也部分替换成了螺栓等。

图 5.33　栏杆变化

5.6.2　修复依据和原则

1）文物修复依据

（1）文物保护相关法规；

（2）浙江路桥老图纸和老照片；

（3）浙江路桥的历史调查资料。

2）文物修复原则

（1）结构安全耐久；

（2）功能价值与文物价值相结合；

（3）修旧如旧；

（4）桥梁外观、桥型、色调和材质上要以修建之初为参考；

（5）桥梁结构的材料、建造工艺、细部设计和建桥之初风格统一。

钢结构桥梁保护，与木结构的文物建筑保护较为类似，也存在钢结构杆件材料锈蚀，耐久性不及石材建筑的问题，无法完全保留原有桥梁中的所有部件。维修加固，首先考虑浙江路桥作为文物应尽量做到“原汁原味”，不能仅满足于结构安全，还应保留其历史信息，包括早期铆接工艺、小构件组拼、细部构造处理等。其次，也要体现时代的进步和功能需求变化，如在耐久性方面现代技术更有优势、交通方式有明显改变等。

5.6.3　修复总体方案

本次桥梁大修，最初有三种方案可供选择。

1）方案一：造一座新型桥梁

桥梁跨径为 60m 左右，可结合苏州上下游的桥型方案，做一个一跨过河的景观梁桥，梁桥没有桥上建筑物，与整条苏州河流域的桥梁形式和谐统一，造价低，结构耐久。

这个方案又包括了两种情况：①保留老桥在边上，可定期简单维修改为人行桥，起到历史文物的保留与展示作用。但这种方案对交通组织不利，且两座并行桥在景观上也互相干扰。②拆除老桥，这无疑在情感上难以让人接受。

2)方案二:仿老桥造新桥

按原来的图纸,用现代的工艺,做一座看上去一模一样的“浙江路桥”。虽然看着各方面条件都不错,包括工期、造价等都更为合理,又响应了老桥的历史情怀,但无疑会和横店的圆明园规约桥一样,成为一座不伦不类的“复制品”。既体现不出当代工艺,也记录不了当下的建筑风格,最终成为一座仿古桥梁。

3)方案三:新旧融合,修复为主

兼顾文物保护和交通安全,尽量保留主桁原始结构,更换损坏严重的构件;按照“修旧如旧”原则,根据老桥图纸及相关照片,在满足功能要求的前提下,使大修后桥梁尽可能与原桥在外观上保持一致。

三个方案详细比选见表5.2。

大修与整桥新做方案比选 表5.2

方案	方案一:造一座新型桥梁	方案二:仿老桥造新桥	方案三:新旧融合,修复为主
外观效果	景观新桥	确保新建如旧	确保修旧如旧
社会影响	拆除一座有着百年历史的建筑,感情上难以让人接受,可能存在“合法不合理”的争议	仿造桥梁虽外观一致,但少了历史的沉淀和韵味,仅在外观上模仿出历史的痕迹,有违文物保护的初衷	在确保桥梁结构安全的同时,能够较好地达到保护文物的目的,延长桥梁寿命,已有外白渡桥大修工程的成功实施先例,社会反响好
耐久性	使用寿命100年	使用寿命100年	使用寿命超过50年
造价系数	1	1.2	2
结论	比选	比选	推荐

对于不可移动文物的保护,《中华人民共和国文物保护法》中有明确规定:

第二十一条,包含:对不可移动文物进行修缮、保养、迁移,必须遵守不改变文物原状的原则。

第二十六条:使用不可移动文物,必须遵守不改变文物原状的原则,负责保护建筑物及其附属文物的安全,不得损毁、改建、添建或者拆除不可移动文物。

上诉条例是我国对不可移动文物的修缮指示。虽然文物桥梁的特殊性使大修必须对原有桥梁进行改建、增建,但尽可能地保留老杆件,是目前可行方案中最能体现出文物法精神的,且最能保留历史痕迹、最为尊重历史的工程方案。

总之,对于像浙江路桥这样一座复杂的钢桁架结构的桥梁,完全按照图纸重新制作一座一模一样的新桥,或者重建一座景观良好、经济实用的现代桥梁,工期和造价均不高于大修方案,无疑是很有竞争力的方案。但是这样一来,文物内涵会损失很多,甚至有“赝品”的嫌疑,因此在方案讨论初期,就确定下来按照大修的方案进行。

5.6.4 修复方案设计

在浙江路桥百余年的历史中,历经多次维修,更换了许多构件。受制于当时的技术和资金等因素,许多更换构件的形式被简化,连接部位采用了现代栓接、焊接工艺代替传统铆接工艺。文物整体风貌受到了改变,初始的艺术性和时代性被削弱了很多。本次大修是一次千载难逢的好机会,大修设计中查阅了大量的历史资料和原始设计图纸(图5.34),仔细对比结构上的不同点，按照初始风格对被更换的构件进行设计，让文物桥梁以本来面目呈现在世人面前。另外，对于已有百余年寿命，承担着繁重交通任务的桥梁，日常管理养护与维护对于延长桥梁使用寿命是至关重要的。本次大修中，结合桥梁结构的特点，制订了完整详细的管理养护方案，定期对结构进行“体检”，使得百年老桥更加健康长寿。本次大修进行了恢复，主要有以下几个方面内容。

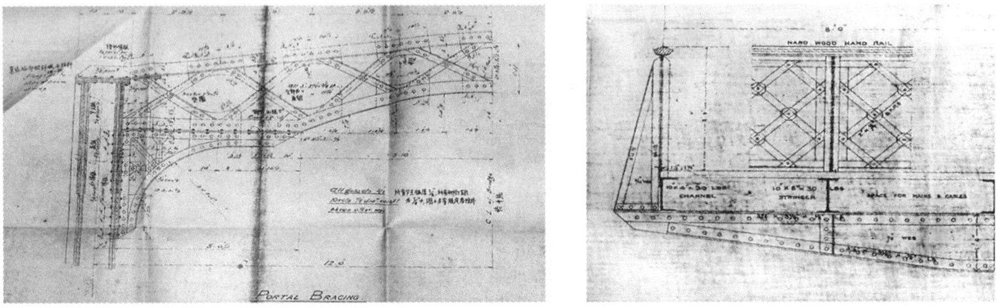

a）桥门架布置图　　b）原人行栏杆布置图

图 5.34　原始设计图纸

1）主桁

作为一座仍在正常使用的文物桥梁，与陈列在博物馆展览的文物不同，其结构安全性始终是被放在第一位的。为了达到这一目标，通过材性试验、金相照片等检测手段，对原结构进行了完整彻底的检查，充分掌握每一个构件的力学情况。为尽量保存浙江路桥的文物信息，保留两片鱼腹式主桁主体结构，仅置换一些锈蚀严重的杆件及节点（图 5.35）。在保证结构安全的前提下，尽可能保留原有构件，能不换就不换，最大限度保留文物的原汁原味，使得百年的历史得以传承。

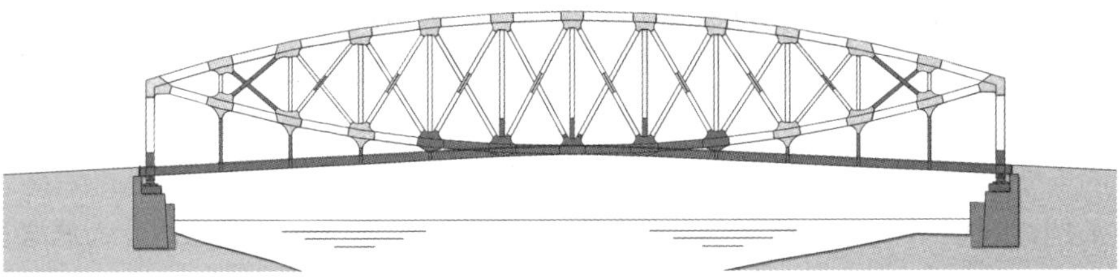

图 5.35　浙江路桥大修方案

大修后立面造型未有可视变化，保持了老桥的原有风貌，详见图 5.36。

a）大修前　　b）大修后

图 5.36　浙江路桥大修前后立面造型对比

2)桥门架

本次大修方案由于主桁间距加大,桥门架需拆除,无法继续利用。考虑在历次大修过程中,桥门架已简化为直线实腹工字梁形式,外观变动较大。本次大修参照原设计图纸,按最初的风格设计桥门架,恢复浙江路桥1908年的原始曲线桁架梁形式,使它以原始面貌流传于世,详见图5.37。

a)大修前门架

b)大修后门架

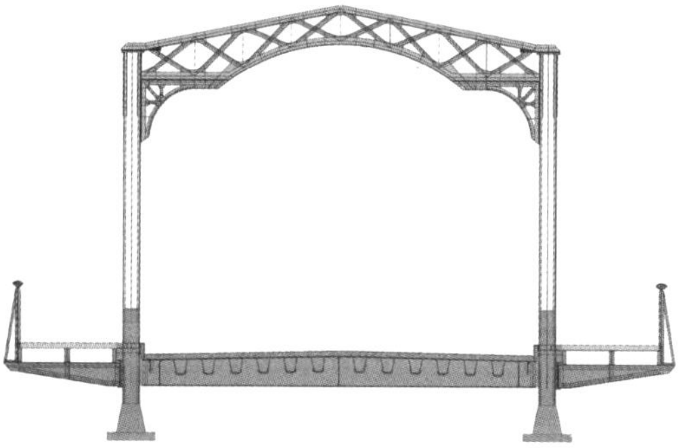

c)门架替换示意

d)1908年时桥门架

图5.37 浙江路桥桥门架修复

随着时代变化,根据实际交通需求,主桁间距需要进行调整,无法按原始尺寸恢复桥门架。大修时,桥门架设计只能参照原始设计图纸。根据改造后主桁间距,遵循“形散神不散”理念,进行了三个方案比选,详见图5.38。

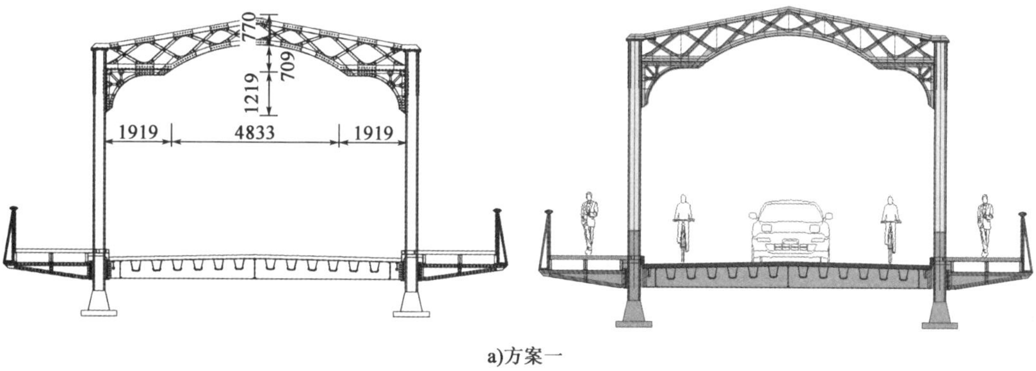

a)方案一

图 5.38

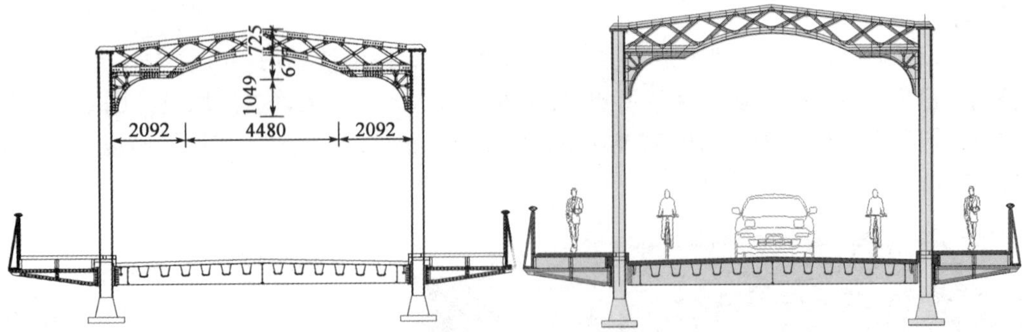

b)方案二

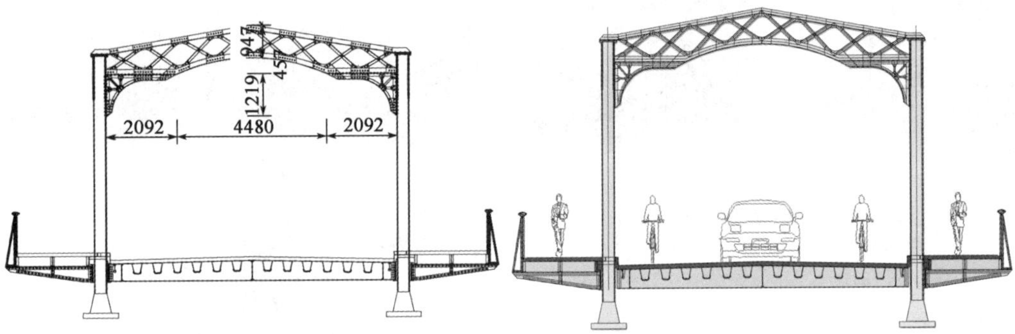

c)方案三

图 5.38　桥门架方案比选(尺寸单位:mm)

由图 5.39 可见,方案二桥门架较为平坦,拱起的高度不够,气势上稍弱。由图 5.40 可见,方案三下弦稍低,即桥门架自身高度较大,略显笨重。方案一桥门入口和空间会更加开阔,且较轻盈,具有与原始桥门架神似效果,最终按该方案实施。

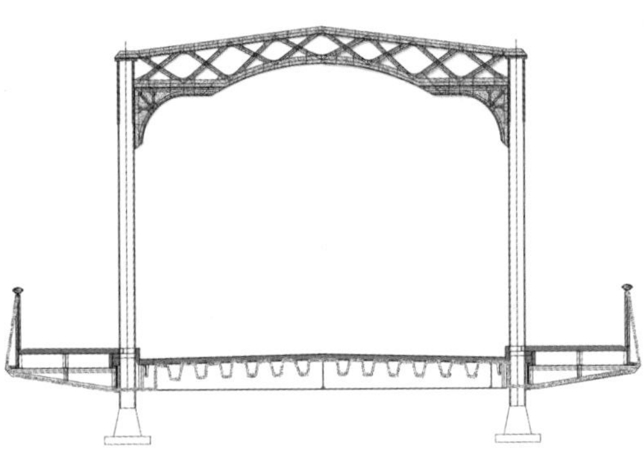

图 5.39　方案二分析

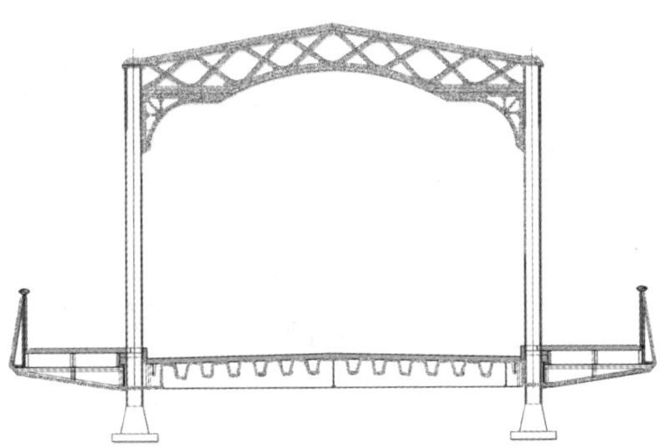

图 5.40　方案三分析

3)上平联

本次大修方案由于主桁间距加大,上平联都要拆除,无法继续利用。考虑在历次大修过程中,上平联构件已更换为矩形框架形式,且无三角托架,外观变动较大。本次大修参照原设计图纸,按最初的风格设计上平联,恢复浙江路桥 1908 年的原始桁架形式,并在风撑两端设弧形三角托架,使它以原始面貌流传于世,详见图 5.41。

a)大修前上平联

b)大修后上平联

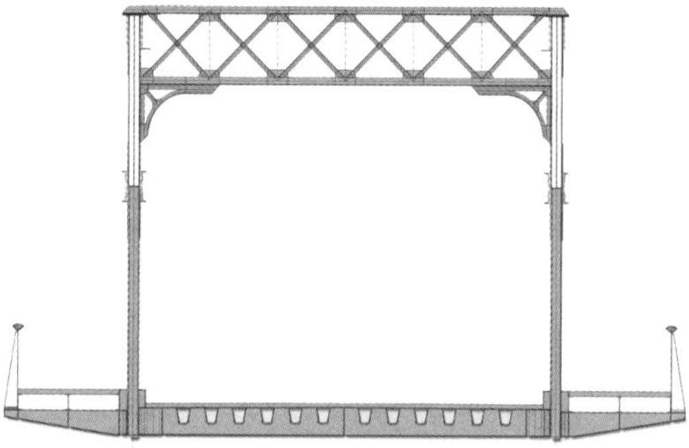

c)上平联替换示意

d)1908年时上平联

图 5.41 浙江路桥上平联修复

4)铆接连接

老桥钢构件之间的连接采用铆接工艺,这一施工工艺由于耗时长、效率低等缺点,已被更加先进的焊接工艺和螺栓连接工艺所取代。在大修过程中,为保持文物外观的整体效果,对于视线所及部位依然采用铆接工艺,仅在桥梁腹部等看不到的部位采用焊接工艺,最大限度保持了全桥风格的统一。另外,替换了之前历次大修中使用的螺栓,恢复为铆钉连接形式。大修后桥面以上铆接连接详见图 5.42。

图 5.42 即将重新开放交通的浙江路桥(刘秀国摄)

5）人行栏杆

大修前，人行栏杆为常规格栅式栏杆，本次大修按照原设计图纸恢复为网状外观，详见图5.43。

a)1908的栏杆

b)大修前的栏杆

c)大修后的栏杆

图5.43　浙江路桥栏杆修复

6）桥头小品

利用百年老桥上拆换下来的X形构件做成了桥头小品，老物新颜，起到了纪念与科普的作用，呼应了大桥的鱼腹式桁架形式，同时也寓意年年有余。桥头小品实景详见图5.44。

a)日景

b)夜景

图5.44　鱼形小品实景

7)夜景照明

浙江路桥整体结构犹如一片树叶般连接着苏州河两岸。本次的灯光方案设计引进“绿色照明”设计理念,合理改造原有灯光设计,使灯具安装隐蔽(图5.45),“见光不见灯”,电缆也尽量沿桥体工形杆内部空腔敷设。用科学艺术的灯光设计,突出桥梁的建筑特色。整座桥的轮廓采用LED变色洗墙灯进行勾勒,中央的钢结构按照其形状铺设特制洗墙灯,勾勒出鱼腹的双线条,更加突出了桥梁的结构特点,使桥的整体性在夜晚能够完美地展现。

图5.45 灯具隐蔽布置

5.6.5 修复后效果

苏州河上,再度跨越的浙江路桥身披“交通灰”色彩,桥身焕然一新、沉稳大气。鱼腹式的钢结构主桁架重新彰显出百年老桥雄伟矫健的身姿和独有的历史风韵。修葺一新的浙江路桥,白天在阳光的照射下,灰色的桥身显示出古朴厚重的历史感;夜晚,精心设计的白色灯光勾勒出经典优美的鱼腹式结构轮廓。修复后实景详见图5.46~图5.52。

图5.46 新桥日景

5.6.6 市民反馈

一些热心市民始终关注着浙江路桥的大修工程,对他们来说,浙江路桥就像一位老朋友,见证了几代人的青春和回忆。其中有一位市民翟老伯，更是用相机将大修的过程拍摄了下来，辑录成册，在镜头前细细讲述着他与这位特殊“老朋友”的情谊，这一幕感人至深，也令人动容（图5.53）。

图5.47　晨曦中的浙江路桥

图5.48　从东往西看浙江路桥

图5.49　照明系统最终调试（刘秀国摄）

图 5.50 新桥夜景——正视图

图 5.51 新桥夜景——鸟瞰图

图 5.52 从西往东看新桥夜景

图 5.53　热心市民的采访片段

市民对于浙江路桥本次大修的满意是对尽可能保留老物件，新旧融合大修方案的肯定与鼓励(图 5.54)。

图 5.54　市民庆祝浙江路桥开通

5.7　小　　结

浙江路桥作为工业时代的遗产，既具有实际交通功能，又具有重要的文物价值。由于浙江路桥是上海市文物，在过去一百多年内经过了多次改造，已经失去了很多重要的文物属性。下部松木桩具有显著的历史价值和文物属性，通过减轻上部结构荷载，使得下部基础得以完整保存。上部钢桁梁通过参照桥梁原始设计图纸以及历史照片，提取桥梁原始关键设计元素，遵循“修旧如旧”和“最小扰动”原则，恢复了百年前的原始风貌，让文物桥梁以本来面目呈现在世

人面前。本工程大修中,文物保护方面的工作总结如下:

(1)为尽量保存浙江路桥的文物信息,遵循“修旧如旧”的原则,保留两片鱼腹式主桁,按原始风格设计主桁间桥门架、上平联、人行栏杆及钢制辊轴支座,在铆钉连接、桁式风撑、鳞状栏杆等方面恢复原始风貌,同时对严重损坏的节点和杆件按原始风格进行更新,恢复百年桥梁历史风貌,加强与周围环境的融合。

(2)维修过程中,尽量恢复结构形态和构造细节与原设计一致。对于新增的构件,桥面以上因“修旧如旧”的需要采用铆接,桥面以下采用焊接连接。

(3)整体移运施工过程中在综合考虑保护文物及方便吊装的条件下,提出利用装配式抱箍件对吊杆截面进行加固的方式,保证了文物桥梁风貌的完整性。

(4)通过浙江路桥信息化模型的建立,记录新老构筑物的安装年限以及现有的施工相关信息,并编制管养手册,方便后期运营维护。

本章参考文献

[1] 钢结构加固设计规范(征求意见公示稿)[S]. 2015.

[2] 杨鹏.历史遗产保护的原真性——从《威尼斯宪章》和《奈良宣言》谈起[J].中州建设, 2014(9):72-73.

[3] 曾纯净,罗佳明.威尼斯宪章:回顾、评述与启示[J].天府新论,2009(4):86-88.

[4] 赵学勐. 黄河老桥启示录——黄河上三座老铁桥的纵横观[J].桥梁杂志,2018.

6 大修工程信息化技术

6.1 概 述

房屋建筑工程由于具有空间构型复杂、使用功能多样、专业众多、施工手段多样等特点,率先大量应用了 BIM 技术。桥梁工程作为一种双向跨越式带状构筑物,对 BIM 的应用有着不同的需求与特点。普通的桥梁工程结构形式相对于建筑工程更加简单、专业涉及较少,因此 BIM 技术在其中的应用相对滞后。浙江路桥本次大修之初针对中小桥梁以及城市立交的设计有少量的 BIM 技术应用案例,且多局限于前期模型的建立以及利用模型出图,或者仅是对部分复杂位置的桥梁段进行施工模拟;对于大型桥梁的 BIM 应用重点仍集中在新建工程的施工阶段,在桥梁结构大修项目中缺乏典型的应用案例。

浙江路桥为百年老桥,是上海市市级文物,针对百年文物桥梁受关注程度高、施工工期紧、施工方案复杂等特点,将信息化技术在工程大修改造设计、施工到后期的运维阶段进行全生命周期的应用很有必要。设计方配合施工方建立 BIM 模型,施工方利用 BIM 模型在施工方案、质量管理、施工管理等方面开展应用,以指导移桥、大修作业,运维方整合设计阶段和施工阶段的成果,方便后期管养。桥梁 BIM 模型的建立完整地记录了新旧构件相关的施工信息,不仅指导了大修设计,更为日后运营维修留下了信息档案;利用三维激光点云扫描仪记录下的浙江路桥老桥、大修过程中、成桥状态时的形态,为日后运营维修留下了宝贵的历史档案,并进行施工质量管控;利用高精度扫描设备,在指导新构件的制作、加快施工进度方面作了有益探索。在浙江路桥大修改造工程中,BIM 技术应用方面积累了一定的经验,对今后复杂文物桥梁的改造具有一定的指导意义。

6.2 总 体 方 案

6.2.1 BIM 应用思路

浙江路桥大修工程,首先利用重型机械将桥梁整体移位到厂房内进行结构构件的更新和替换,大修工序完成后再整体移运至原桥址处。作为一个异位修复改造的项目,浙江路桥的施工具有以下特点:

(1)始建于 1908 年的浙江路桥具有一百余年的历史,其不单是一座桥梁,也是一件珍贵的历史文物。改造完成后将对桥梁原有结构进行拓宽,其原有结构状态将有所改变。

(2)整个桥梁的移位过程较为复杂,涉及水面的驳船、地面的模块化平板车、空中的履带吊等设备共同配合施工。

根据以上特点，制订浙江路桥大修工程的几个 BIM 应用点。

(1)建立浙江路桥信息化模型：记录新老构筑物的安装年限以及现有的施工相关信息(零件编号、零件类型、零件材质、重量、安装时间、施工单位、建设单位)，为历史文物留下信息档案。

(2)重要施工工序的模拟：老桥移位进厂房的过程以及钢结构在厂房内大修的过程均较为复杂，其中多个施工工序较为关键，施工方案的动态化可以提前发现方案的漏洞，为真正的施工起指导作用。

(3)点云扫描的数据采集及应用：利用点云扫描设备对浙江路桥老桥、新桥(厂房未铺装)、新桥(含铺装)三种状态记录整桥的形态，并将三种状态下的整桥数据进行比对，得出相关的施工数据分析。

(4)高精度扫描设备的数据采集及应用：利用高精度的扫描设备对需要拆换的节点板进行数据采集，并还原成二维图形发到工厂进行新构件的制作，提高施工的效率。

6.2.2 软件与硬件的选择

浙江路桥是一座拥有悠久历史的古建筑物，本次大修工程涉及多个方面的 BIM 应用点，因此过程中采用的 BIM 软件类型也非常多，同时还应用到了机械行业的精度控制软件。

主桥模型建立的过程中应用了美国天宝公司的 Tekla、Dassault 公司的 CATIA[1]，施工机具设备的建立应用了美国天宝公司的 SketchUp、Bentley 公司的 Sliodworks，场地模型建立应用了 Autodesk 公司的 3D Max。根据模型的不同特点，应用各个软件的优点最终将其整合，制作施工方案的动态模拟。模型的浏览软件采用一款轻量化的软件——TeklaBIM-sight。

浙江路桥的逆向数据采集过程采用的都是美国天宝公司的 TX-5 型号激光点云扫描仪及加拿大 Creaform 公司的 GO！SCAN 50 系列手持扫描仪，处理软件选择美国天宝公司的 Realworks 及加拿大 Creaform 公司的 Vxelements，对采集到的主桥现场数据进行质量管理控制。

浙江路桥大修工程的 BIM 应用过程中，硬件的选择上采用了一台高配置的计算机：处理器为八线程的英特尔 Corei7—4900MQ CPU@2.80GHz，32G 的内存，显卡为 NVIDIAQuadroK2100M。

6.2.3 应用成果与创新

浙江路桥大修工程是一个设计、施工总承包工程，具有两个难点：第一个是古建筑文物的修复工程关注程度高。浙江路桥始建于一百年前，属历史文物，各方面的关注程度较高且处于市区交通要道，施工工期非常紧张。第二个是施工方案复杂。本次大修方案涉及了海陆空机械的共同配合，协调的工作量巨大。

浙江路桥大修工程主要包括以下 BIM 应用点：

(1)利用三维激光点云扫描仪记录下浙江路桥老桥、大修过程中、成桥状态时的形态，为日后运营维修留下历史档案(图 6.1)。

图6.1 桥梁三维扫描

(2)建立浙江路桥主桥的BIM模型,记录下主桥相关的施工信息,为日后运营维修留下信息档案(图6.2)。

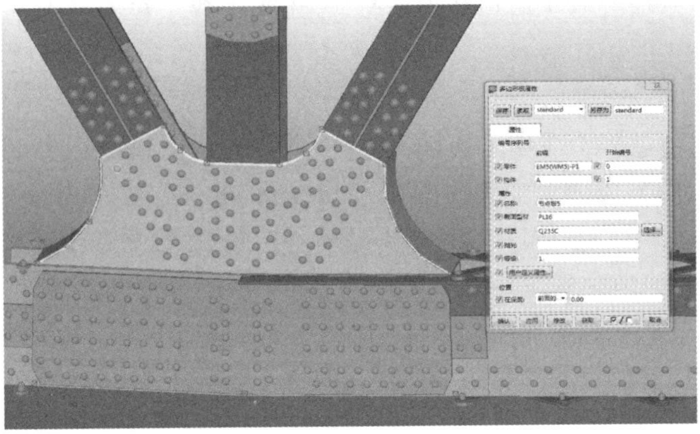

图6.2 桥梁三维模型

(3)浙江路桥属于历史文物,在此大修工程上采用点云扫描设备和高精度扫描设备对施工质量进行管控,属行业内首次(图6.3)。

图6.3 三维扫描及精度控制

6.3 BIM 模型建立与应用

6.3.1 建模软件

TEKLA 是一家芬兰公司的软件,是世界通用的钢结构详图设计软件,在钢结构节点这方面的设计处于同行业中的领先地位,同时在混凝土行业也有着独特优势,可以集成钢筋信息与建筑材料信息。它具有强大的兼容性,可以与目前主流的 BIM 软件实现模型的互通,在使用方面的具体特点和功能如下:

(1)界面简洁明了,工程师在短期内容易上手操作。

(2)软件中有许多模块,建模速度快,模型中不仅包括零件的几何尺寸,也包括材料规格、横截面、节点类型、材质、用户批注语等在内的所有信息。而且可以用不同的颜色表示各个零部件,用鼠标实现连续旋转功能,从不同方向连续旋转观看模型中任意零部位。

(3)图纸与报表均以模型为准,在软件中工程师可以很容易地发现构件之间连接有无错误,保证钢结构详图深化设计中构件之间的协调性。

(4)软件自动生成的各种报表和接口文件(数控切割文件),可以服务(或在设备直接使用)于整个工程。

(5)软件中包含了 600 多个常用的钢结构节点,在创建节点时非常快速方便。

(6)Tekla 软件是一个智能软件包,模型中所有元素包括梁、柱、板、节点螺栓等都是智能目标,即当梁的属性改变时相邻的节点也自动改变。

(7)可以快速创建复杂的钢筋,同时可以集成弯曲钢筋表之类的钢筋信息与建筑材料信息并将其用于施工的解决方案。

(8)可以和分析与设计、管理信息系统(MIS)、加工机械、项目管理、建筑及工业整合、成本估算行业内广泛的软件互通,如 Robobat、STAAD Pro、SAP2000、StruSoft、ArchiCad、Revit、MagiCAD 等。

(9)Open API 的应用编程接口可链接到多种不同系统,它是支持协同工作和标准化的开放式平台,同时针对不同的行业可以做二次开发。

(10)TEKLA 建立的模型可以导进 BIMsight 软件中进行浏览,操作简单,且安装方便,建模零基础的人都能很轻易地看懂。

目前 TEKLA 软件在房建的钢结构专业用得居多,它具有强大的二次开发的能力,鉴于浙江路桥也是一座钢结构桥梁,因此在众多的 BIM 软件中选用 TEKLA 软件来建立浙江路桥的 BIM 模型。

6.3.2 模型建立

由于浙江路桥的主桥为全钢结构,因此利用现有的 BIM 软件建立浙江路桥的 BIM 三维模型[4],包括每个桁架和节点的细节。

建模分为两个阶段。

阶段一:采用达索公司 CATIA V5 软件,建立不含节点细节的粗模型[3],主要用于施工动作仿真模拟(图6.4)。

图6.4　阶段一:不含铆钉细节的主桥模型

阶段二:采用TEKLA公司的TEKLA STRUCTURE 20.0软件建立包含铆钉的信息化模型(图6.5、图6.6)。由于主桥的连接形式采用铆钉连接,此工艺为一百年前的施工工艺,现已很少采用,现有的BIM软件中都没有现成的铆钉模型,故在工程项目初期建立无铆钉模型进行方案比较及施工方案动态模拟。

图6.5　阶段二:包含铆钉细节的主桥模型

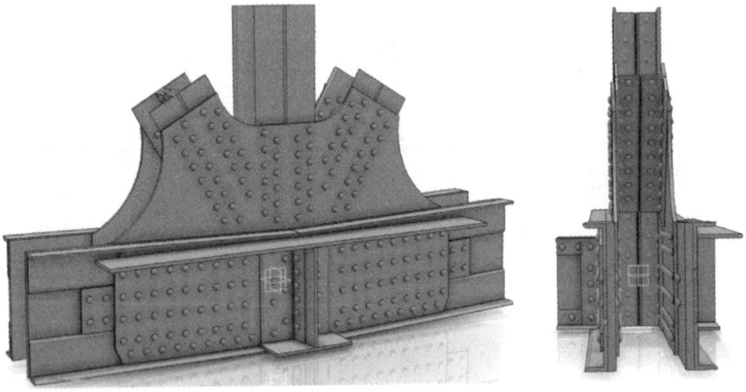

图6.6　阶段二:包含铆钉细节的下弦节点模型

1)无信息模型的建立

在浙江路桥大修工程项目的设计阶段及施工阶段初期,采用达索公司CATIA软件建立主桥不带铆钉的三维模型用于设计方案比较及施工方案动态模拟,建立无信息不带铆钉的模型速度较快，同时模型数据量较小，易于方案的动态仿真模拟。具体详见图6.7。

图6.7 无信息不带铆钉的浙江路桥模型

2)参数化铆钉模型的建立

浙江路桥构件之间的连接为传统的铆钉工艺，在目前的工程建设中已经很少采用。在所有的BIM软件中均没有预设这种连接形式，因此本课题组为浙江路桥订制开发了多种尺寸的参数化[2]铆钉模型(图6.8)——螺杆直径分别为22mm、19mm、16mm。

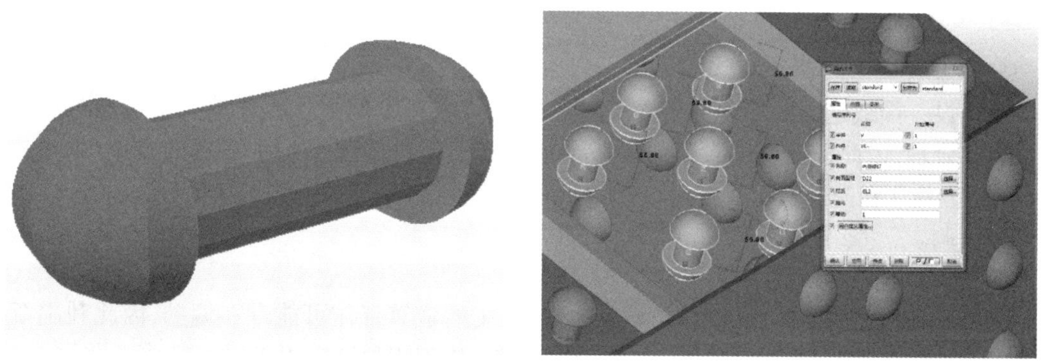

图6.8 铆钉参数化模型

3)信息化模型建立

为了留存设计过程以及施工过程的信息数据，在建立主桥模型的同时将一些相关的信息数据录入，例如：零件编号、零件类型、零件材质、重量、安装时间、施工单位、建设单位。详见图6.9。

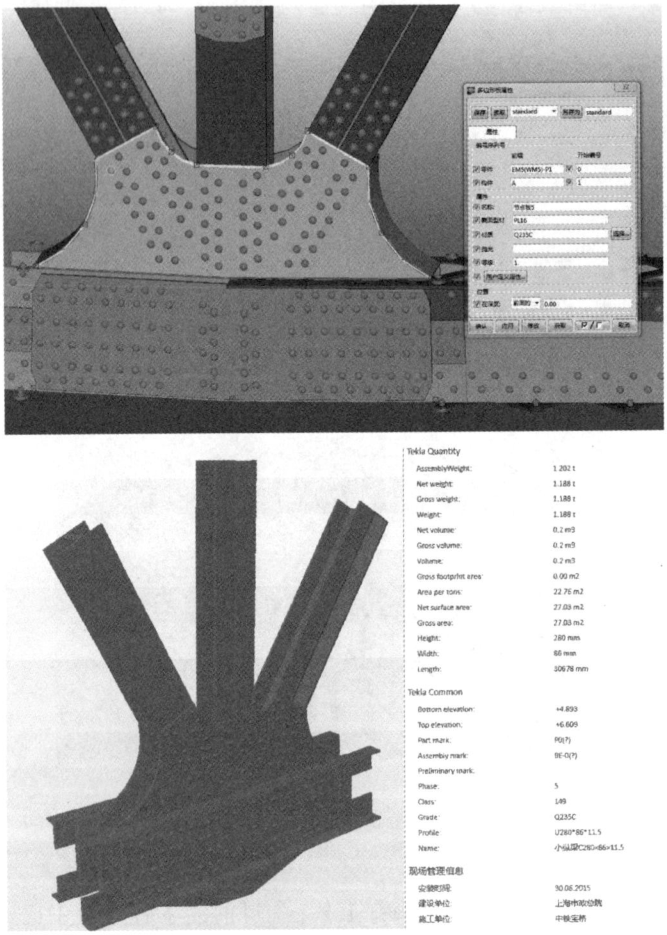

图 6.9　带有信息的浙江路桥模型

6.3.3　模型应用

1)模型可视化方案比选

根据设计图纸建立浙江路桥新桥模型,在施工现场模型使用过程中发现主桥上防水盖板设计得不合理,因此根据设计人员的要求直接在新模型上修改了防水盖板的方案(图 6.10、图 6.11)。由于新防水盖板的构造较为异形,利用三维模型方便了设计人员与施工人员之间的沟通协调。

2)铆钉数量统计

在进行工程量清算时,由于铆钉数量较多,人工的清算工作可能存在偏差,因此利用新桥的 BIM 模型,由软件计算统计得到了 50035 个铆钉,为工程量计算提供了准确数值(图 6.12)。

3)材料重量统计

由于浙江路桥移运方案采用一台大吨位的吊机进行,因此浙江路桥整体的重量对吊机的选型很重要,利用新桥的 BIM 模型,统计得到浙江路桥的总体重量为 450t 左右,具体详见图 6.13 ~ 图 6.19。

图6.10 防水盖板方案变更前

图6.11 防水盖板方案变更后

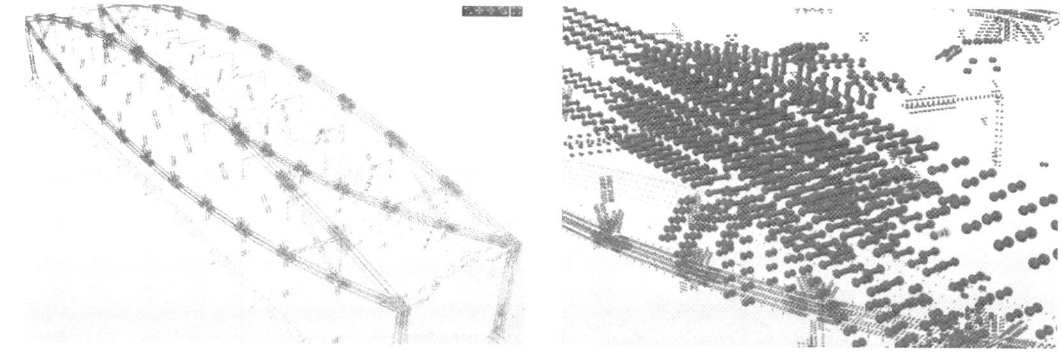

图6.12 浙江路桥铆钉模型

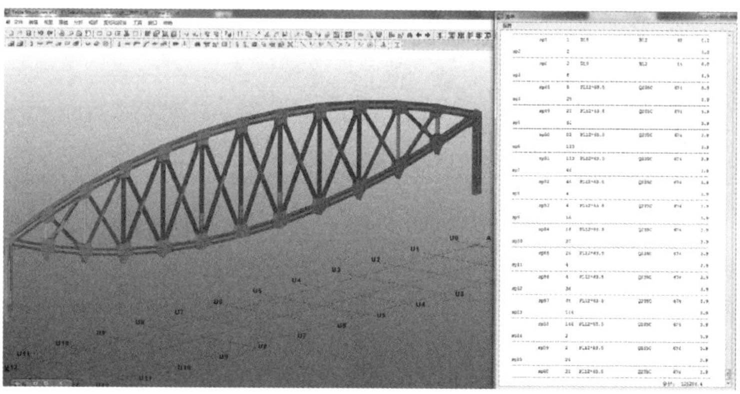

图6.13 单片桁重量:125286.4kg

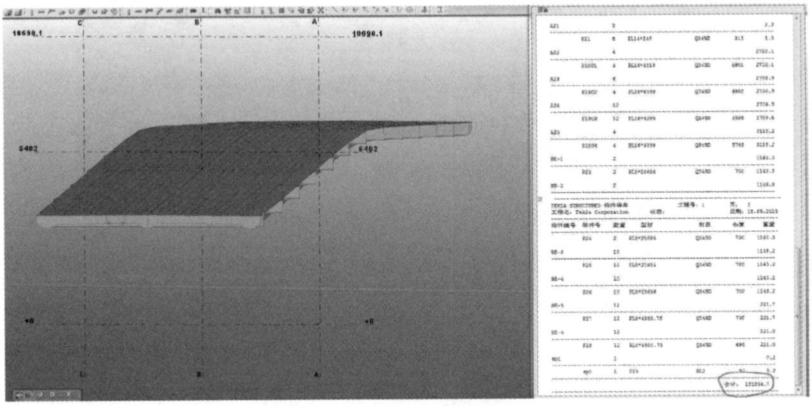

图6.14　桥面系重量:131034.7kg

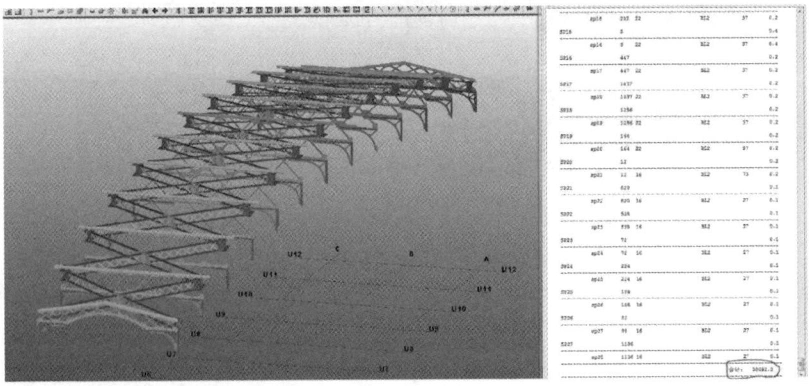

图6.15　上平联重量:38092.3kg

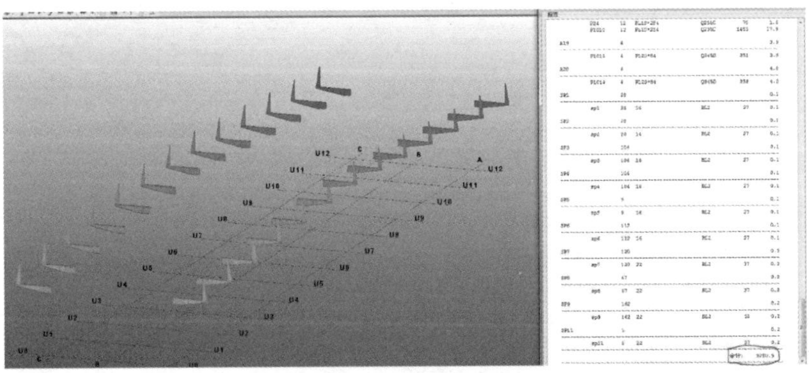

图6.16　人行道托架重量:9250.5kg

6.3.4　模型数据交付

建立完成的浙江路桥 BIM 模型以.ifc 格式导出到 BIMsight 软件中进行浏览查看(图6.20),模型导出也支持其他的格式,如.dwg、.skp 等。BIMsight 软件为 TEKLA 软件配套的模型轻量化浏览软件,一般配置的笔记本电脑就可运行,安装简单,操作方便,可随时用于施工现场方案讨论的三维直观表达。同时软件中也可进行模型的基本查看操作,如测量尺寸、剖切视图、标记、缩放尺寸、移动旋转、查看信息、制作基本动画等,基本满足多方开会时对模型方案讨论的直观需求。

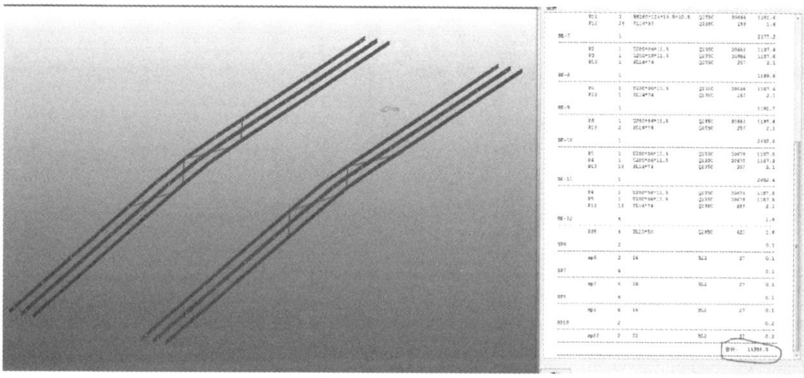

图6.17　人行道纵梁重量:15288.3kg

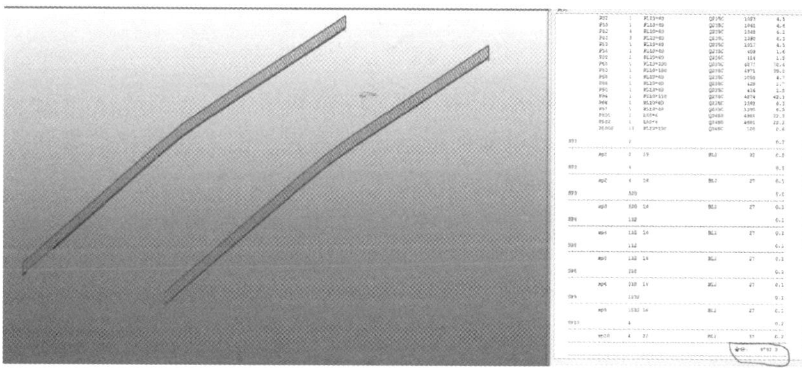

图6.18　人行道栏杆重量:9792.3kg

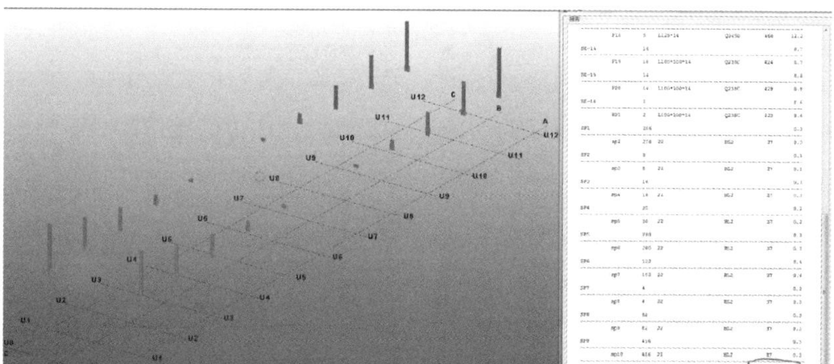

图6.19　吊杆重量:5439.5kg

图 6.20　BIMsight 中的浏览模型

6.4　重要施工工艺模拟

考虑到浙江路桥的文物价值和历史内涵，施工尽量利用原结构钢材，对于锈蚀严重或力学性能不满足要求的构件予以更换，尽可能保留老桥的原貌。因此整桥移动维修的过程是本项目的关键工序之一，其中涉及诸多大型机械设备之间的协调工作，且施工区域较为狭窄，因此有必要对老桥平移至厂房及钢结构在厂房内大修的过程进行动态的施工模拟，从而确保施工方案的合理性。

6.4.1　相关模型建立

大修施工方案仿真模拟中涉及的模型不仅有浙江路桥主桥模型，还包括场地模型、600t 履带吊模型、液压平板车模型、导轨模型、浮箱模型、抱箍模型、厂房模型、支墩模型等临时设备模型的建立（图 6.21）。

图 6.21　设备整合布置图

1)场地模型

浙江路桥是位于苏州河入口处的第三座桥梁,邻近上海市中心,周边建筑物较多,场地空间狭小。场地模型中包括周边主要建筑物、道路主干道、河道、维修厂区、施工围挡等(图6.22)。

图6.22 场地模型

2)机具设备模型

(1)600t履带吊模型

在施工方案动态模拟中,履带吊模型不需要具体的参数信息,因此利用SktechUp软件建立履带吊的外包尺寸,包括超起配重、底座转盘等,均为按照真实尺寸建立(图6.23)。

图6.23 600t履带吊模型

(2)液压平板车模型

在施工方案动态模拟中,液压平板车模型不需要具体的参数信息,因此利用SktechUp软件建立平板车的外包尺寸,包括动力头、360°转动轮轴等,均为按照真实尺寸建立(图6.24)。

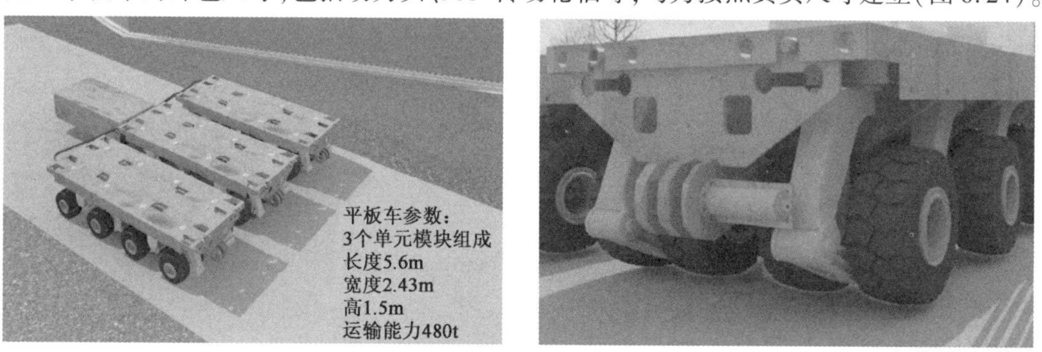

图6.24 液压平板车模型

车身部分的建模，考虑了轮轴竖向伸缩、旋转的自由度。

(3)浮箱模型

在施工方案动态模拟中，浮箱模型不需要具体的参数信息，因此在3D Max软件建立浮箱的外包尺寸，均为按照真实尺寸建立(图6.25)。

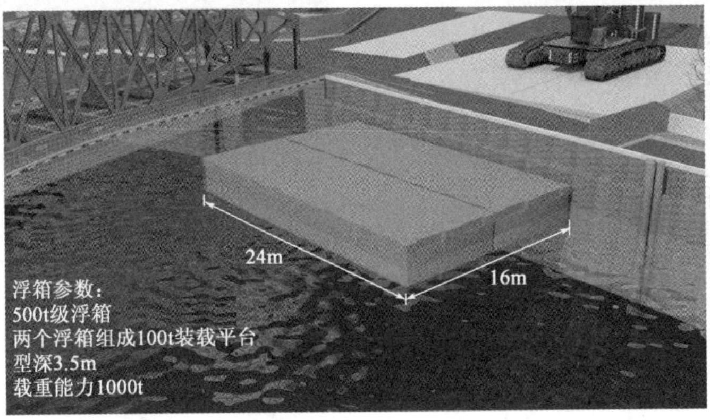

图6.25　浮箱模型

(4)抱箍、滑移轨道及铰支座模型建立

在浙江路桥大修工程的施工工艺中还涉及多种临时设备的模型建立，主桥吊装时用到的抱箍加固设备(图6.26)、运输中用到的铰支座设备(图6.27)及桥体滚装时用到滑移轨道(图6.28)，采用Solidworks软件按照真实尺寸建立。

图6.26　抱箍模型

图6.27　铰支座模型

图6.28　滑移轨道模型

3)厂房设备模型

(1)厂房模型

由于浙江路桥移运的空间狭小，为了验证梁桥移运进厂房的可行性，故建立厂房的三维模型。浙江路桥大修厂房的结构形式为钢结构,用TEKLA软件建立厂房的三维模型(图6.29)。

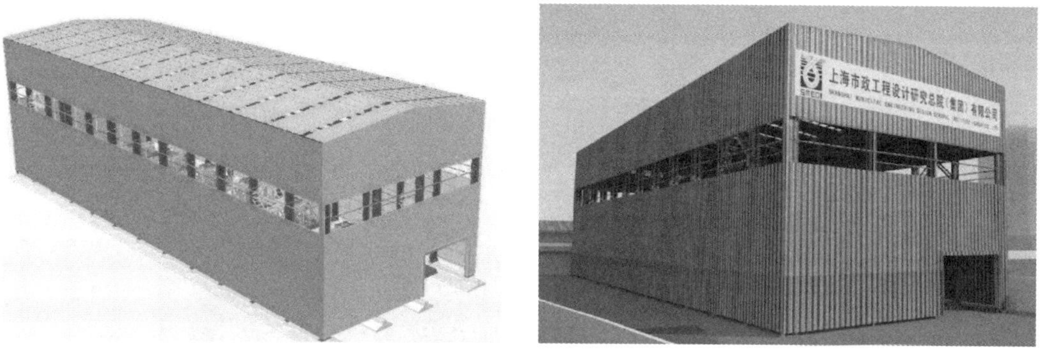

图6.29 厂房模型

(2)临时固定结构模型

采用TEKLA软件建立厂房内桥梁大修时用到的临时固定结构,如三角支撑、支撑墩等模型(图6.30)。

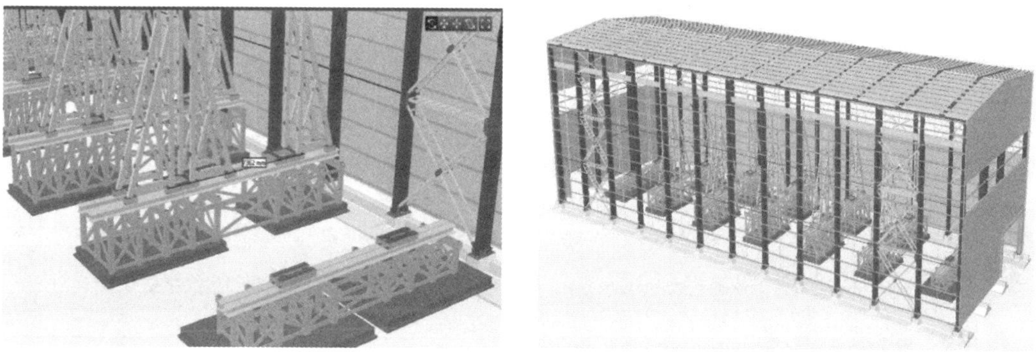

图6.30 厂房内临时设备模型

上述所有模型最终转换为.dwg格式导入至Autodesk 3DsMax中进行动作合成以及渲染。

6.4.2 施工方案动态模拟

在开始进行浙江路桥大修工程施工方案动态模拟前,撰写了方案的文字动画脚本,同时通过与分包单位参建各方的沟通,前后多次修改,形成了最终确定的版本,并据此制作方案动态模拟视频。

浙江路桥大修工程施工方案的动态模拟的制作平台采用Autodesk 3DsMax软件,将桥梁、机具设备、厂房设备等模型导入其中,实现方案的三维仿真模拟。

1)老桥移运动态模拟

采用Autodesk 3DsMax对主桥移桥过程进行动态模拟。模拟过程将三维动态展示整个桥梁移运的施工过程,并检查施工方案的合理性,如主桥是否与周边构筑物相碰,或者在工序安排上是否可行等,同时对其中相关的重要参数控制进行验证(图6.31~图6.33)。

图 6.31　老桥移运方案模拟

图 6.32　主桥落架控制参数

图 6.33　平板车停运控制参数

2)桥梁大修动态模拟

(1)大修整体模拟

采用 Autodesk 3DsMax 对主桥在厂房内大修的过程进行动态模拟。模拟过程将三维动态展示整个桥梁大修的施工过程,并检查施工方案的合理性,如优化桥梁在工序上的安排,同时对其中相关的重要参数控制进行验证(图 6.34)。

图 6.34　主桁平移施工模拟

(2)节点拆换顺序模拟

由于单个节点的内外面均由多块板件组成:铆钉、外侧小板、腹板、角钢、节点板、竖杆,现场拆换的顺序至关重要。在需要拆换的4~8节点上,利用BIMsight软件进行动态模拟构件拆换,并指导现场施工(图6.35)。

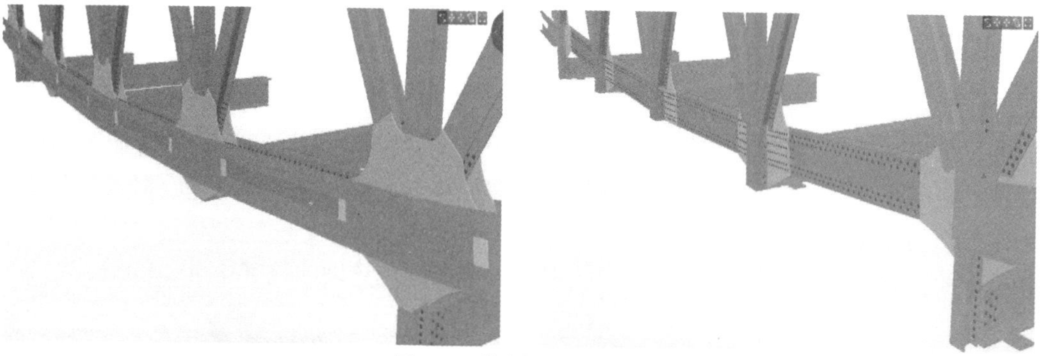

图6.35 节点拆换动态模拟

6.5 桥梁模型激光扫描还原

浙江路桥的激光点云扫描[6]工作进行了三次:移桥前老桥的模型(图6.36)、新桥改造完成后在厂房内未涂装的模型(图6.37)、新桥移位后的模型(图6.38)。

图6.36 移桥前老桥的模型

图6.37 新桥改造完成后在厂房内未涂装的模型

图6.38 新桥移位后的模型

由于浙江路桥为百年老桥，期间进行过多次的局部构件更换及处理，再加上经过百年的运营，主桁结构的变形现状无法得知，因此很有必要对浙江路桥的现有结构形式进行扫描，对确认老桥的尺寸起到指导作用。

对改造完成后的新桥进行点云扫描数据采集，可以为以后的运营管理提供基础数据。

6.5.1 扫描原理

三维激光点云扫描仪主要用于详细的测量和三维建档，其工作的基本原理为扫描仪旋转着以激光触摸四周，根据激光束测量扫描仪与物体之间的距离，加上两个旋转角数据，得以确定物体的空间坐标，结合照相技术仅在几分钟内即可得到数百万个三维彩色数据点。此外，不同测站的扫描数据，通过公共的靶标球配准到同一坐标系中，形成一个整体，从而生成有关复杂环境的非常详细的三维图形和几何形状，对已有状态进行精确的数字化再现(图6.39)。

图6.39 三维激光点云扫描原理

6.5.2 设备参数及功能

本次三维激光点云扫描的设备为美国天宝公司的TX-5型，扫描距离为0.6～120m，扫描精度为±2mm，扫描的速度为97.6万点/s，色彩选项为3900万像素/s，照明要求为黑白点云情况下不需要任何照明，扫描特点为非接触式激光扫描。

6.5.3 现场扫描方案

浙江路桥为钢结构铆钉连接形式，精度需求较高，因此提前制订扫描方案。全桥共设了22个测站点，采用S形的走向，每个测站之间的间距约为10m，并设了多个角度的测站，如桥底视角、登高车视角、居民楼顶视角等(图6.40～图6.44)。

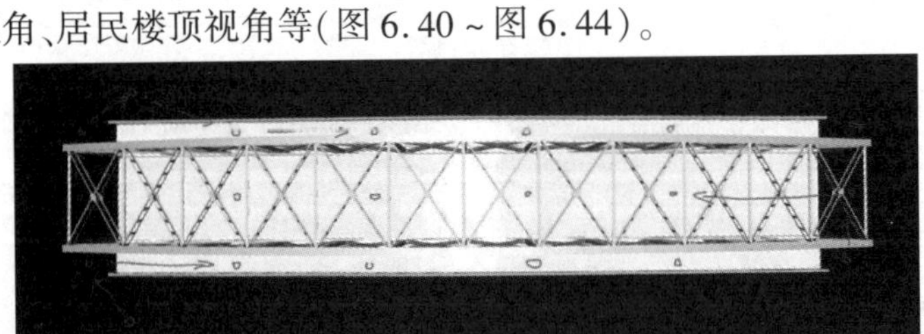

图6.40 总体站位布置图

图6.41 桥底岸边站点

图6.42 居民楼顶站点

图6.43 登高车站点

图6.44 桥面站点

6.5.4 数据分析

1)数据拼接

三维激光扫描仪在各个分站点测到的数据,采用天宝公司自带的处理设备——Realworks 软件将其拼接成整体模型,此模型不仅包括主桥模型还包括了周边地物的模型,因此在软件中需清理掉周边的地物点云数据,留下完整的全桥模型,也可减轻数据量(图6.45、图6.46)。

图6.45 浙江路桥的点云模型

图6.46　桥梁细节点云模型

拼接完成可以形成.asc、.bsf、.dgn、.dwg、.dxf、.las、.laz、.rcp、.rcs、.pod 等多种格式。

2)数据测量

拼接完成的全桥点云模型,可以直接在处理软件——Realworks 中进行数据的量测工作(图6.47),也可将点云数据采用.xyz 格式直接输出到 CAD 软件中(CAD 软件的版本需为2015 版以后,同时对计算机配置要求较高)。

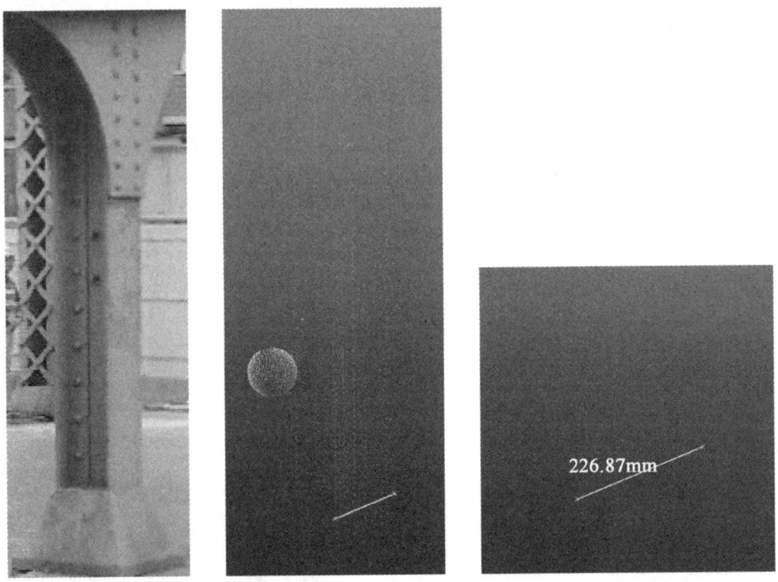

图6.47　竖杆点云模型的数据量测

3)数据交付

点云模型采用另一种轻量化的交付,即为 IE 浏览器版的网页模型,只需在打开的同时自行下载天宝公司的浏览插件就可浏览带有图片形式的点云模型。这种查看方式对计算机要求不高,方便快捷。同时网页版的点云数据不仅可以自由地浏览整桥模型,还可以在模型上进行尺寸的量测,为现场施工方案的讨论提供模型依据(图6.48)。

图 6.48　浏览器中查看主桥并进行尺寸量测

6.6　节点板手持扫描仪检测

浙江路桥主桁结构需更换多个铆接节点上的节点板及填板构件,为保证大修施工精度及质量,新制构件上铆钉孔尺寸及位置需与原构件完全相同。由于设计图纸为一百年前的英制版本,利用图纸加工节点板与实际构件的误差较大,需将原有的节点板从上海运回扬州的钢结构加工厂进行放样匹配加工。但大修工程时间紧迫,运输节点板所需的时间较长,根据项目施工的实际情况,引入高精度的三维扫描设备——白光扫描仪进行节点板及其上铆钉孔的尺寸及定位扫描,白光扫描仪扫描精度可以达到 1m 内 0.1mm,完全满足工程需求。

本工程采用的手持扫描仪为加拿大 Creaform 公司的 GO! SCAN 50 系列。通过手持扫描仪,扫描拟进行置换的老节点板,按扫描成果再精确控制新节点板上螺栓孔位,确保新老结构在连接上的匹配。采用这种源于制造业的技术手段,可以有效提高节点板改造时的精确度。

6.6.1　扫描原理

手持扫描仪主要用于构筑物形态的高精度逆向还原,其基本原理是手持设备上的 LED 灯将白光图案投影到扫描物体上,在整个光图案中,通过两个摄像头探测到扫描物体上面或周围的定位标点,然后将其实时传送到配套的扫描软件中,形成扫描物体的几何形态(图 6.49)。

采用高精度扫描仪进行节点数据的采集,在扫描工作开始前需要进行一些准备工作:板件上需要贴上数个带有磁性的定位点、扫描工作需在光线暗的地方进行、板件上需没有杂物。扫描过程中需要打开计算机的扫描软件,在进行扫描工作时,采集到的数据会实时传入扫描软件中,可以边扫描边看到数据的完整性。

图 6.49　手持设备扫描原理

6.6.2　设备参数及功能

该设备主要用于小范围内的构筑物、物体的逆向扫描工程。本设备的大小为 150mm × 171mm × 251mm，质量为 950g，精度可达 0.1mm，扫描速度为 550.000 测量/s，分辨率为 0.5mm。扫描的过程可实时在计算机屏幕上看到正在执行的操作，以及还需要执行的操作，简单方便。

6.6.3　数据分析

1）模型处理

手持设备扫描完成后的数据包括了一些不需要的地形数据、构件数据等，因此需要进行些相关的清理工作。主要包括构筑物未扫描完全的修复工作，在扫描软件配套的处理设备——Vxelements软件中进行这些工作，完成的模型数据可处理成.igs 格式。数据处理前后对比详见图 6.50、图 6.51。

图 6.50　数据处理前

2）模型导出成 CAD

完成节点板的模型处理后，导出.igs 格式的模型数据，再通过 CATIA 软件导出 CAD 格式。此格式的数据可以在 CAD 软件中直接捕捉点，提供给设计方进行数据的再处理，随后可以发给加工厂，直观地得到节点板的原始数据。

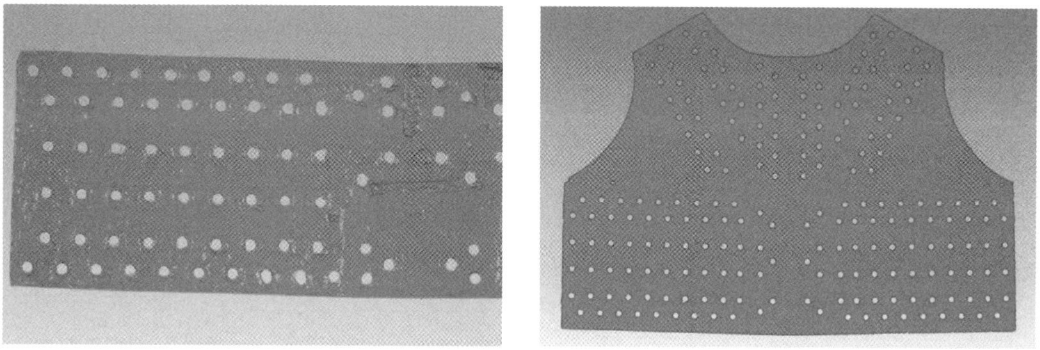

图 6.51 数据处理后

利用现场已拆下来的节点板进行扫描工作，具体详见图 6.52 ~ 图 6.65。

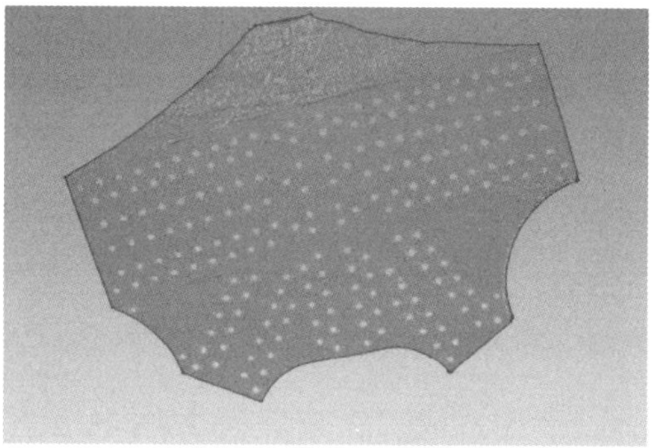

图 6.52 M4 节点板扫描数据

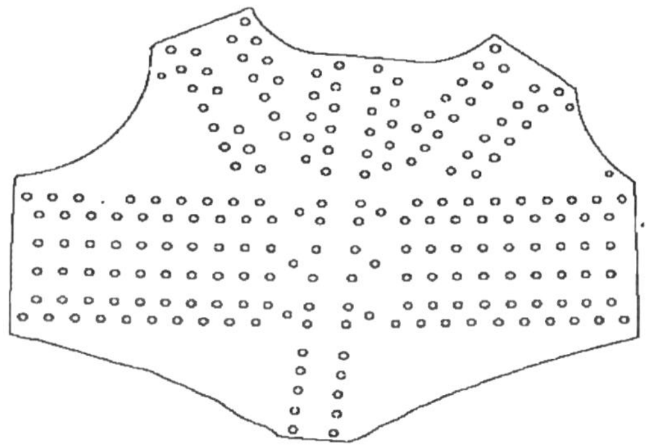

图 6.53 M4 节点板-投影后

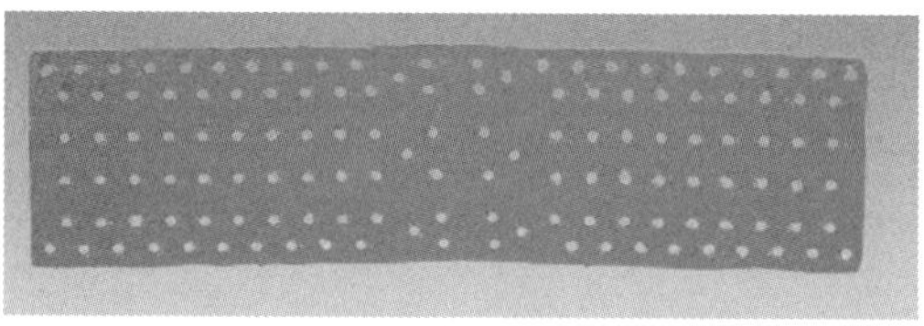

图 6.54 M4 节点填板扫描数据

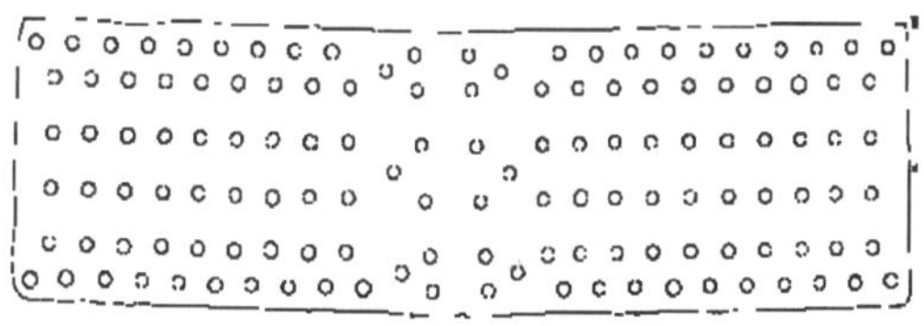

图 6.55 M4 节点填板-投影后

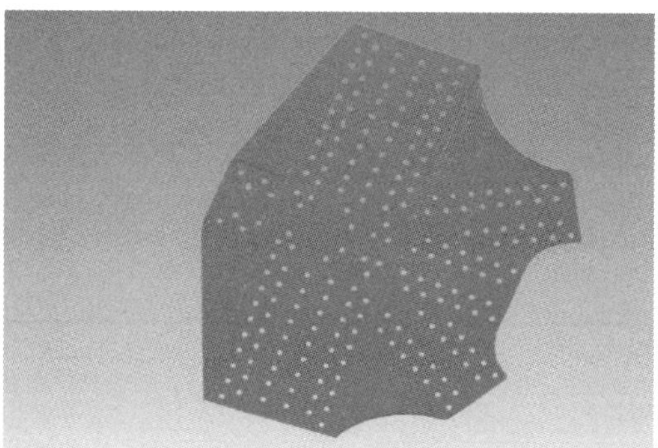

图 6.56 M5 节点板扫描数据

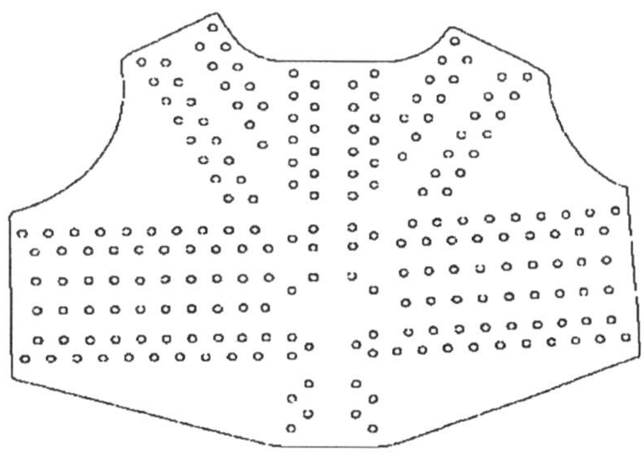

图 6.57 M5 节点板-投影后

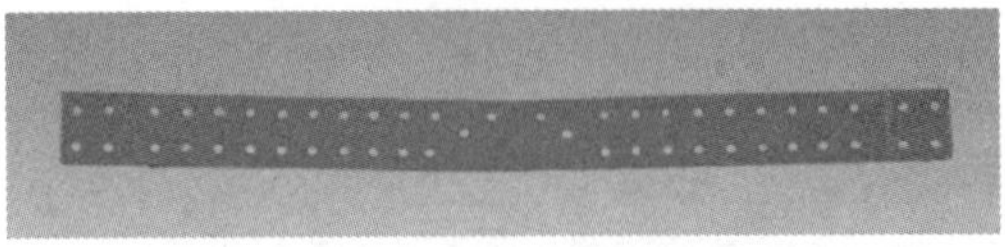

图 6.58　M5 节点填板扫描数据

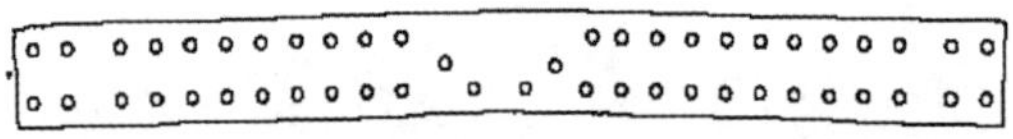

图 6.59　M5 节点填板-投影后

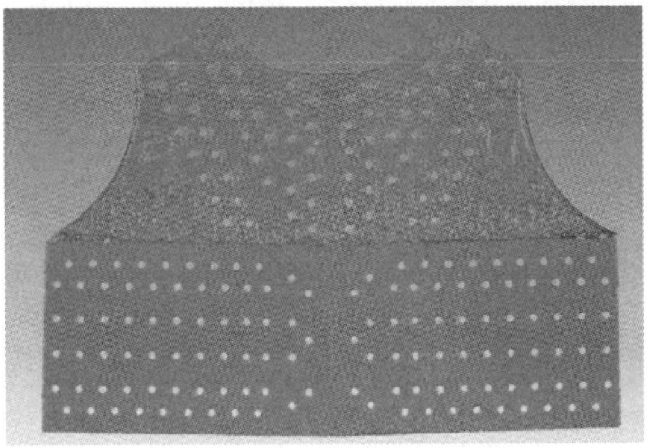

图 6.60　M6 节点板扫描数据

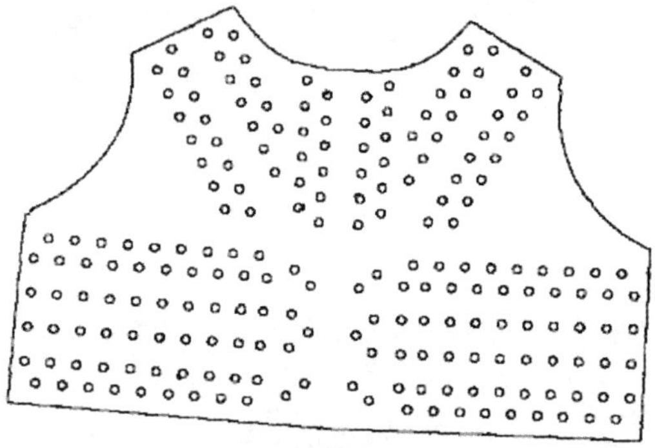

图 6.61　M6 节点板-投影后

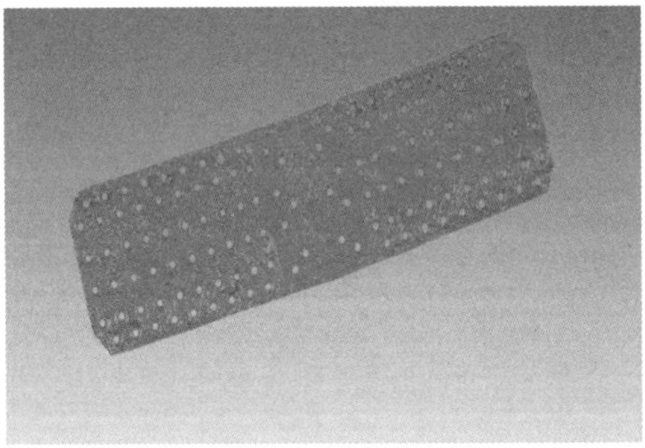

图 6.62　M6 节点填板扫描数据

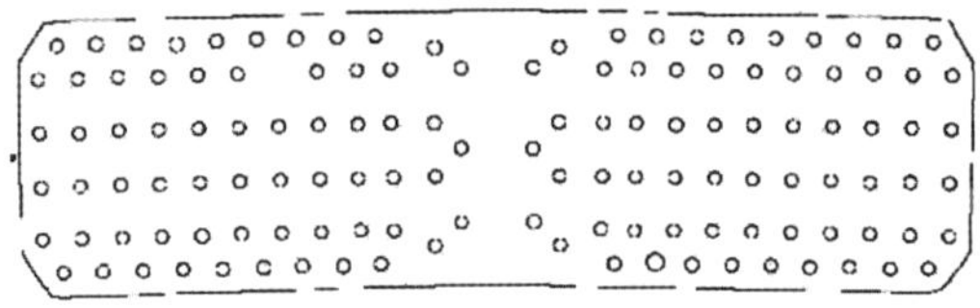

图 6.63　M6 节点填板-投影后

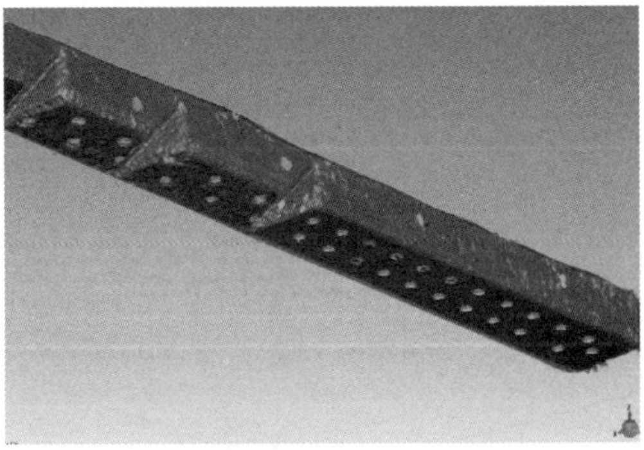

图 6.64　M7-M8 节点间角钢扫描数据

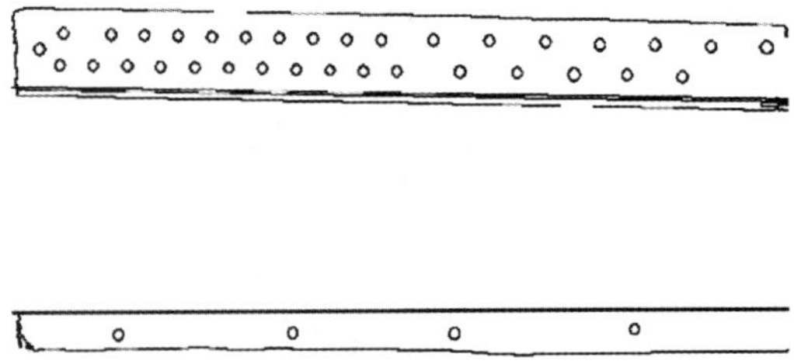

图 6.65　M7-M8 节点间角钢-投影后

(1)M4 节点板
(2)M4 节点填板
(3)M5 节点板
(4)M5 节点填板
(5)M6 节点板
(6)M6 节点填板
(7)M7-M8 节点间角钢

6.7 点云数据比对分析

浙江路桥为历史文物,且大修后需继续运营 50 年,因此有必要对维护质量进行管控。利用 BIM 技术对大修后桥梁位形进行数据比对为检验施工质量的有效手段。以下针对两个方面进行比较,一是老桥与新桥(含铺装)点云数据的单片主桁比对,二是理论模型与新桥厂房内(未铺装)点云数据的全桥比对。

6.7.1 新老桥单片主桁比对

1)比对原理

浙江路桥新桥的质量比对首先采用的数据为新桥带铺装的点云数据(图 6.66)和老桥的点云模型(图 6.67)。由于整桥的点云数据文件非常大,高配的工作站计算机在导数据格式时非常缓慢,因此截取单片主桁作为比对对象,同时将点云的数据抽稀为点与点之间间距为 2mm,以.xyz 格式导出。

图 6.66 新桥(含铺装)单片主桁点云模型

图 6.67 老桥单片主桁点云模型

比对的原理为首先将两个数据的点云转换为面片模型(图 6.68、图 6.69),然后利用未改造的 1 号、2 号、3 号、9 号、10 号、11 号节点的结构作为特征对齐。

图 6.68 新桥(含铺装)单片主桁面片模型

图 6.69 老桥单片主桁面片模型

2)数据分析

通过两个点云模型的特征对齐后,选取两个方向作为分析依据:一是单片主桁的横向比对分析,二是单片主桁的竖向比对分析。

(1)单片主桁横向比对

由图6.70~图6.72可见,两个点云模型偏差较小,主桁的大部分结构偏差值约为2cm。

图6.70　分析结果云图

图6.71　细节展示云图1

图6.72　细节展示云图2

(2)单片主桁竖向比对

由图6.73~图6.75可见,两个点云模型偏差较小,主桁的大部分结构偏差值约为2cm,桥面系偏差值在5cm以内。

图 6.73　分析结果云图

图 6.74　细节展示云图 2

图 6.75　细节展示云图 2

6.7.2　理论模型与新桥全桥比对

1）比对原理

浙江路桥新桥的质量比对其次采用的数据为新桥未铺装的点云数据（图 6.76）和理论模型（图 6.77）。由于整桥的点云数据文件非常大，理论的新桥模型也非常细致，模型的数据量非常大，高配的工作站计算机在导数据格式时非常缓慢。因此新桥的理论模型去除了五万多个铆钉模型，同时去除了桥面板以下的结构和人行道结构，比对的理论模型为主桁结构、平联、桥门和桥面板结构，经过 TEKLA 软件、SketchUp 软件最终导出的格式为. obj。为了减少数据量，点云的模型只截取主桥本身，同时对点云的数据抽稀为点与点之间间距为 6mm，以. xyz 格式导出。

图6.76　新桥(未铺装)主桁点云模型

图6.77　桥梁理论模型

比对的原理为将点云数据转换为三角网格面片模型(图6.78、图6.79),利用软件自动找形的原理进行理论模型和点云模型的自动拟合。

图6.78　新桥(未铺装)主桁面片模型

图6.79　理论面片模型

2)数据分析

通过点云模型和理论模型的自动拟合后,选取两个方向作为分析依据:一是主桥的横向比对分析,二是主桥的竖向比对分析。

(1)主桥横向比对

由图6.80～图6.82可见,结构大部分的偏差不大,主桁整体横向偏差约为2cm。

图6.80　分析结果云图

图6.81　细节展示云图1

图 6.82 细节展示云图 2

(2)主桥竖向比对

由图 6.83 ~ 图 6.85 可见结构大部分的偏差不大,主桁整体竖向偏差约为 2cm。

图 6.83 分析结果云图

图 6.84 细节展示云图 1

图 6.85 细节展示云图 2

6.7.3 理论模型与新桥单片桁比对

1)比对原理

浙江路桥新桥的质量比对最后采用的数据为单片主桁未铺装的点云数据(图6.86)和理论模型(图6.87)。为了数据运行比较顺畅,主桁的理论模型去除了铆钉模型,比对的理论模型为主桁结构,经过TEKLA软件、SketchUp软件最终导出的格式为.obj。为了减少数据量,对点云的数据抽稀为点与点之间间距为4mm,以.xyz格式导出。

图6.86 单片主桁点云模型(未铺装)

图6.87 单片主桁理论模型图

比对的原理为将点云数据转换为三角网格面片模型(图6.88、图6.89),利用未改造节点作为特征对齐。

图6.88 主桁(未铺装)面片模型

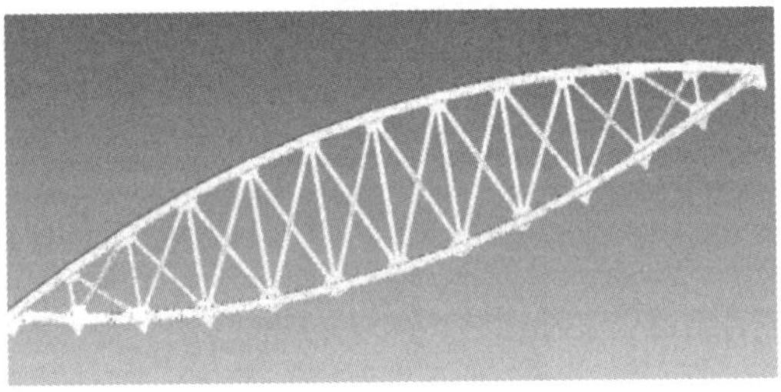

图6.89 理论面片模型图

2)数据分析

通过点云模型和理论模型的特征对齐后,选取两个方向作为分析依据:一是单片主桁的横向比对分析,二是单片主桁竖向比对分析。

(1)单片主桁横向比对

由图6.90~图6.92可见结构大部分的偏差不大,主桁整体横向偏差约为2cm。

图6.90 点云结果云图

图 6.91　细节展示云图 1

图 6.92　细节展示云图 2

(2)单片主桁竖向比对

由图 6.93～图 6.95 可见结构大部分的偏差不大,主桁整体竖向偏差约为 2cm。

图 6.93　点云结果云图

图 6.94　细节展示云图 1

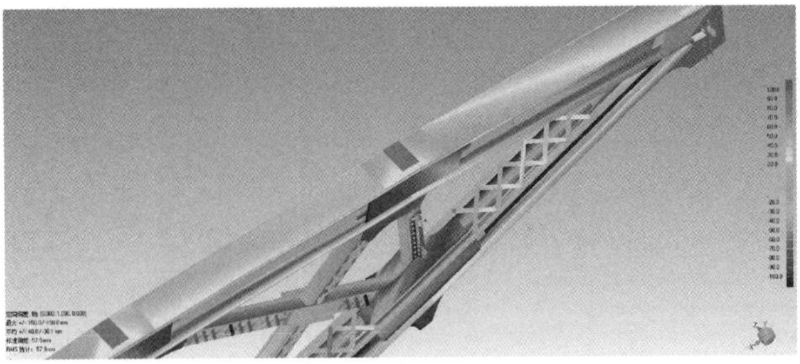

图 6.95　细节展示云图 2

6.8　与互联网技术结合

结合我国 2015 年政府工作报告首次提出的“制定互联网 + 行动计划”，将互联网技术与传统行业融合，提高管理效率和服务质量。

浙江路桥总承包项目实施过程中进行了 BIM 和工程管理信息化开发。该开发任务主要利用互联网未来的趋势——移动互联技术作为开发平台，可实现 BIM、施工模拟、施工过程、工程量、工程进度等及其他工程管理信息在互联网上的推送[5]，可大大提高管理效率与提升服务品质(图 6.96、图 6.97)。

图 6.96　APP 部分界面

图 6.97　现场施工同步直播

6.9 小　　结

浙江路桥大修工程是对百年文物桥梁的一个设计、施工总承包工程，BIM 技术基本做到了全生命周期的应用。浙江路桥大修工程开启了我国文物桥梁大修 BIM 技术应用的先河，对于复杂桥梁的新建工程及类似的大修工程均有一定的指导意义。

(1)开发了参数化的铆钉连接形式，实现了全桥的高效数字化建模，并面向全生命周期作了构件信息的录入，建立了包含复杂桥梁的结构、文物信息的完整 BIM 模型，为后期科学运维奠定基础。

(2)基于移桥异位维修的复杂工况，完成了高精度的全过程动态施工模拟，保障了移桥、构件替换工序的顺利开展。

(3)浙江路桥为历史文物，采用三维激光点云扫描设备，留下了三维历史档案；通过大修前后点云模型比对，精确了解了结构的形态以及变形量，确保了结构安全，有效控制了成桥质量。

(4)对老桥留存的节点构件进行精细化扫描，指导新构件下料加工，保证新旧零件尺寸一致，在加快施工进度、提升工程质量方面进行了积极的探索。

本章参考文献

[1] 高志华，刘国涛，郭圣路，等. CATIA V6 从入门到精通[M]. 北京：电子工业出版社，2011.
[2] 顾晓华，仲梁雄. 基于知识工程的参数化设计[J]. 设计与研究，2001，30(4)：17-18.
[3] 黄俊炫，张磊，叶艺. 基于 CATIA 的大型桥梁三维建模方法[J]. 土木建筑工程信息技术，2012，4(4)：51-55.
[4] 代荣杰，董玮. 三维模型在建筑设计中的应用[J]. 土木建筑工程信息技术，2012，4(3)：87-91.
[5] 常茜. BIM 平台下的人员与工程统筹[J]. 土木建筑工程信息技术，2012，4(4)：43-46.
[6] 徐鹏. 海量三维点云数据的组织与可视化研究[D]. 南京：南京师范大学，2013.